KÖLN KRIMI
25

Martin Schüller, Jahrgang 1960, lebt in Köln. Er kam über die Musik zum Schreiben. Im Emons Verlag erschienen seine Romane »Jazz«, »Killer« und »King«, außerdem »Kunst?Blut!« unter dem Pseudonym Jagomir Krohm.

Dieses Buch ist ein Roman. Handlungen und Personen sind frei erfunden. Ähnlichkeiten mit lebenden oder toten Personen sind rein zufällig.

Martin Schüller

Verdammt lang tot

Emons Verlag

© Hermann-Josef Emons Verlag
Alle Rechte vorbehalten
Umschlagzeichnung: Heribert Stragholz
Druck und Bindung: Clausen & Bosse GmbH, Leck
Printed in Germany 2004
ISBN 3-89705-325-X

www.emons-verlag.de

»Where's Jazz going?
I don't know. Maybe it's going to hell.«
Thelonious Monk

Es war der Geruch nach Rauch, der sie aufblicken ließ, als sie in die Lintgasse einbog. Feuer war keines zu entdecken, aber über der Mansarde des Hauses mit der Nummer 5 stand ein Faden dünnen Qualms reglos in der stickigen Nachmittagsluft. Sie begann zu laufen. Als sie die Haustür erreichte, stolperten ihr die ersten Bewohner entgegen. Sie drängte gegen den Strom der Fliehenden, doch sie schaffte es nicht hinein, ein Mann hielt sie fest, an beiden Armen. »Mädchen, wo willst du denn hin?« – »Gregor! Er ist noch oben!« – »Da kommt keiner mehr rauf. Da brennt alles.« Ein knallendes Splittern hallte durch die schmale Gasse, es regnete Glas. Eine Sekunde später schlug etwas mit einem nie gehörten und unvergesslich ekelhaften Geräusch zu ihren Füßen auf das Kopfsteinpflaster. Der Mann drehte sie zu sich und presste mit der Hand ihren Kopf an seine rußverschmutzte Hemdbrust. »Nicht hinschauen, Mädchen«, sagte er. »Schau nicht hin.«

*

Jan Richter entdeckte Jupp Löwenstein weit oben auf der Tribüne. Als er sich gerade auf den Weg zu ihm machen wollte, stieg ein zischendes Gemisch aus Stöhnen und unterdrücktem Anfeuern aus der Menge auf. Jan drehte sich um. Das Feld war auf die Gerade eingebogen. Die Stimme des Sprechers wurde hektisch. »Carion vor Night Dance, Siro und Linette. Carion weiter vorne, innen kommt Karaneba, Carion mit einer halben Länge, Karaneba kommt auf, Night Dance fällt zurück.«

Einige Zuschauer erhoben sich von ihren Sitzen, erst Einzelne, dann immer mehr.

»Night Dance ist geschlagen, Carion noch vor Karaneba, Karaneba kommt auf, Carion mit einem Kopf vorn, Carion, Karaneba, Siro kann nicht mithalten …«

Das Zischen wurde intensiver.

»Carion oder Karaneba, Carion, immer noch Carion, Karaneba jetzt gleich auf, Karaneba und Carion, Karaneba, Karaneba mit halbem Kopf ...«

Aus dem Zischen wurde ein Kreischen, als die Pferde sich der Ziellinie näherten.

»Karaneba oder Carion, Karaneba oder Carion, KARANEBA!«

Das Kreischen klang in einem enttäuschten Seufzen aus, unterbrochen von vereinzelten jubelnden Jauchzern.

»Karaneba gewinnt das vierte Rennen des heutigen Tages vor Carion und Siro ...« Die Menge erhob sich langsam und machte sich auf den Weg, um am Totalisator weiteres Geld zu vernichten. Löwenstein blieb sitzen. Mit unbewegtem Gesicht nahm er die obersten drei von einem ziemlich dicken Packen Wettquittungen und ließ sie achtlos zu Boden segeln.

»Kein guter Tipp?«, fragte Jan und setzte sich neben ihn.

»Todsicher, hat man mir gesagt.« Falls er es ironisch meinte, ließ er es sich nicht anmerken. »Lange nicht gesehen, Jan. Vier Jahre?«

»Viereinhalb.«

»Seit wann bist du wieder in Köln?«

»Ein paar Tage. Wie geht es dir?«

Es war eine höfliche Frage, eigentlich eine rhetorische. Es ging Löwenstein beschissen, das hatte man Jan bereits erzählt – und man sah es ihm an. Sein Magen war hin, seine Herzkranzgefäße auch, er hatte Rheuma und ein halbes Dutzend anderer Sachen. Seine Frau Gisela lag mit Leberkrebs im letzten Stadium in der Uniklinik, und vor zwei Jahren hatte jemand in Niehl seinen Leibwächter und Paladin Atze abgeknallt. Dass der Mörder nie gefasst wurde, musste an Löwenstein nagen: Etwas entzog sich seiner Kontrolle. Heute ließ er sich von einem Mann bewachen, den er als Ilja vorstellte. Ilja sah aus wie Wladimir Kaminer in groß. Ilja saß auf dem nächsten Sitz und hatte Jan bisher nicht mehr als einen flüchtigen Augenaufschlag gewidmet.

»Mir geht's gut«, sagte Löwenstein. »Wie immer. Was willst du? Geld?«

»Natürlich, Jupp.« Jan zündete sich eine Zigarette an. »Was sollte ich sonst von dir wollen?« Er blies den Rauch geradeaus, aber der Wind trieb ihn Löwenstein ins Gesicht. Er hustete unfreundlich. Sein Kopf, bisher wie festgenietet auf das Grün des Turfs gerichtet, wandte sich langsam in Jans Richtung.

»Hattest du dir das Rauchen nicht abgewöhnt?«

»So was ist in Lissabon schlecht durchzuhalten, Jupp.«

»Du hast dich verändert, Jan. Kann das sein? Ein bisschen ... großspurig geworden?«

»Ich bin nicht mehr der kleine Kneipier, den man einfach so verarscht, falls du das meinst.« Das war zweifellos richtig. Er war jetzt ein mittelgroßer Kneipier, und man musste sich schon Mühe geben, ihn zu verarschen. Und das tat man auch. Deswegen hatte Löwenstein Recht: Er hatte heute eine Menge Erfahrungen, die er bei ihrem letzten Treffen nicht hatte. Als Jan vor vier Jahren nach Lissabon gegangen war, war es ihm dort wie im Paradies vorgekommen. Er hatte Erfolg mit seinem Laden – so viel, wie man mit einem Jazzschuppen eben haben kann. Also machte er einen zweiten auf. Und dann einen dritten, in den ehemaligen Docks unter der Brücke. Er zahlte Pacht und Löhne, Abgaben und Steuern, Versicherung, Gebühren, Zinsen und Bestechungsgelder. Als schließlich noch ein paar gut gekleidete und ausgesucht höfliche Herren eine erhebliche monatliche Summe für den garantierten und umfassenden Schutz seines Lokales erbaten, schmiss er sie raus, machte die zwei neuen Läden wieder dicht und war so pleite wie vor viereinhalb Jahren, als er knapp Löwensteins armbrechendem Geldeintreiber Atze entgangen war. Er hatte begonnen, die Lust an der Stadt zu verlieren, als Bob Keltner nach Lissabon gekommen war.

»Von welcher Summe reden wir, Jan?«, fragte Löwenstein. »Für wie viel bist du zurzeit gut?«

»Ich rede nicht von einem Kredit, Jupp. Es geht um eine Investition.«

»Wie aufregend. Wenn so was von dir kommt, ist es doch bestimmt legal, was? Und wenn ich Gewinn mache, muss ich ihn versteuern.«

Ilja stieß ein glucksendes Lachen aus, das nach zwei Sekunden wieder verstummte, ohne dass er jemanden angesehen hätte.

»Es geht auch nicht wirklich um Gewinn, Jupp. Es geht um Jazz.«

»Ein Abschreibungsunternehmen, meinst du?«, brummte Löwenstein.

Ilja begann wieder zu glucksen. Löwenstein unterbrach das Geräusch mit dem Kommando: »Geh uns mal drei Bier holen.« Ilja stand ohne weitere Reaktion auf und verschwand in Richtung Ausgang. »Jazz, hm?«

Jazz war das einzige Thema, das Löwenstein auch dann interessierte, wenn mal nichts dabei heraussprang. Und weil das so war, war Jan hier. Mit vernünftigen Leuten war das Projekt nicht zu stemmen. Er brauchte einen Spinner. Einen Spinner mit Geld.

*

Es war der erste Tag gewesen, an dem sich der Sommer ahnen ließ. Am Tejo-Ufer unten war die Luft noch frisch, doch weiter oben herrschte staubige Hitze. Die Straßenbahn kreischte holpernd die steile Gasse hinauf. Jan hätte gern sein Jackett ausgezogen, aber die Bahn war zu voll. Eingeklemmt stand er zwischen den anderen Passagieren und nestelte immer wieder am Knoten seiner schwarzen Krawatte herum. Er ärgerte sich über seine Aufmachung. Für wen tust du das eigentlich, dachte er, aber er ließ den Knoten, wie er war. Als er die Bahn verließ, streifte er sofort das Jackett ab und atmete durch. Ein startendes Flugzeug donnerte über ihn hinweg, ohrenbetäubend.

Wie schon vor einem Jahr, bei seinem letzten Besuch hier, hockte ein halbes Dutzend alter Frauen in schwarzen Kleidern vor dem Tor des Friedhofes. Jan versuchte, nicht an übergroße Krähen zu denken. Er ignorierte sie, doch als er an ihnen vorbeiging, griff eine von ihnen nach seinem Ärmel und hielt ihn fest.

»Deine ganze Zukunft für einen Euro, mein Sohn«, krächzte sie, zumindest war es das, was Jan verstand. Jan gehorchte seinen Reflexen, wenn ihn jemand anbettelte: Er gab nichts und hatte den Rest des Tages ein schlechtes Gewissen; oder er gab etwas und ärgerte sich für dieselbe Zeit. Als ihm das klar geworden war, hatte er sich für den Rest dieses Tages geschämt, was er nicht einmal Quitéria erzählt hatte. Die Frau in Schwarz hatte Glück, diesmal ließ der Reflex Jan stehen bleiben.

»Gib mir deine Hand«, sagte sie, obwohl sie sein Handgelenk längst mit ihren knochigen Fingern umschlossen hielt. Mit steinern freundlicher Miene öffnete Jan die Faust.

Sie zog seine Handflächen vor ihre Augen, geschäftig murmelnd ließ sie ihren dürren Zeigefinger den Linien darin folgen. Nach ein paar Sekunden schüttelte sie den Kopf.

»Schlecht«, sagte sie. »Wenn du bleibst, wird es schlecht. Gehst du fort, wird es auch schlecht. Bleiben oder gehen. Beides nicht gut.« Sie sah zu ihm auf. Ihre Augen lagen tief in den Höhlen ihres mageren Gesichtes. Jan glaubte, echte Sorge darin zu erkennen, doch er schalt sich einen sentimentalen Narren. Eine alte und arme Frau, die vor dem Friedhof kauerte, auf dem ihr Mann und vielleicht ihre Kinder lagen, würde immer Sorge in ihren Augen tragen. Er entwand ihr seine Hand und suchte nach seinem Portemonnaie. Sie nahm den Euro mit würdigem Nicken in Empfang und wandte sich ihren Kolleginnen zu, die ihren Erfolg mit einem Chor keuchenden und zahnlosen Lachens quittierten.

Er betrat den Friedhof, der so gar nichts mit den Friedhöfen seiner Kindheit zu tun hatte – dem fetten Grün zwischen den Gräbern des Nordfriedhofes, wo Oma Riehl begraben lag, oder den riesigen Bäumen, die um Opa Braunsfelds Grab auf Melaten standen. Dies hier war wirklich ein Ort der Toten. Stein überall. Die Wege waren gepflastert mit großen hellen Platten, die Gräber gemauert, oft aus Marmor, wie winzige weiße Paläste, dicht an dicht nebeneinander, getrennt durch schmale Spalte, durch die gerade eine Katze passen mochte, wenn sich tatsächlich einmal eine hierher verirren sollte – Futter konnte sie nicht erwarten.

Ein Flugzeug nach dem anderen dröhnte vom Flughafen heran. Die Luft war kerosingeschwängert. Er ging fast zehn Minuten, bis er das Grab erreichte. Ein Urnengrab, eine Steinplatte zwischen vielen anderen, die gemeinsam mit ihr eine mannshohe Mauer bildeten, darauf eine unscheinbare Metallplakette: »John ›Jojo‹ McIntire, Trompeter, *1929 †2001«.

Jan zog das Grablicht aus der Tasche. Er stellte es auf den Boden und suchte nach Feuer, aber er fand keines. Leise fluchend wühlte er seine Taschen durch. Er fuhr zusammen, als plötzlich ein Schatten neben ihm auftauchte. Wie aus dem Nichts stand ein

Mann da. Der schlanke Schwarze nickte ihm ernst zu, dann bückte er sich und entzündete das Grablicht mit einem Metallfeuerzeug. Es war goldfarben, vielleicht sogar echt.

Jan schätzte den Mann auf Ende fünfzig. Er trug einen eleganten hellgrauen Anzug und einen Panamahut. Er war das, was man »für sein Alter gut aussehend« nennt.

»Sie müssen Jan Richter sein«, sagte er auf Englisch.

»Woher wissen Sie das?«, fragte Jan. Der Mann kam ihm irgendwie bekannt vor. Ein Musiker, dachte er, aber er konnte ihn nicht genau einordnen.

»Jojo hat oft von seinem Freund Jan erzählt. Der sei ein schlaksiger, dunkelhaariger Weißer, Ende dreißig. Das passt auf Sie.«

»Und von ›gut aussehend‹ hat er nicht gesprochen?«

Der Mann lachte. »Nein. Aber dafür sagte er, Sie seien cool.«

»Wahrscheinlich, weil er Schulden bei mir hatte.«

Der Mann zog ein silbernes Zigarettenetui heraus und hielt es Jan hin. Jan nahm eine Zigarette und ließ sich Feuer geben.

»Ich finde es schon ziemlich cool, jemandem wie Jojo Kredit zu geben. Er war am Ende doch fast ein Penner. Und jetzt stehen Sie hier am Jahrestag seines Todes – mit einer Kerze.« Er zündete seine Zigarette an und grinste. »Doch wohl kaum, weil Sie hoffen, mit himmlischem Beistand Ihr Geld zurückzubekommen?«

Jan zuckte die Achseln. »Mir selbst bedeutet das nichts. Ich habe kein Verhältnis zu Gräbern. Aber Jojo schien wirklich was daran zu liegen, dass sich wenigstens ab und zu jemand an ihn erinnert. Kurz vor seinem Tod hat er über nichts anderes mehr geredet. Da hab ich es ihm versprochen. Also komme ich einmal im Jahr her und zünde eine Kerze an … Und was treibt *Sie* hierher?«

»Wir haben oft zusammen gespielt, früher … vor sehr langer Zeit, noch in den Sechzigern. Er war eine Art väterlicher Freund, ein Lehrer, Mentor, wie Sie wollen. Irgendwann verschwand er einfach von der Bildfläche, niemand wusste genau, wohin und warum. Erst vor drei Jahren habe ich erfahren, dass er hier in Lissabon war. Ich habe ihn noch ein paarmal besuchen können, jedes Mal, wenn ich in Europa war, bin ich nach Lissabon gekommen. Aber als ich das letzte Mal kam, war er tot … Er hat wenig Glück gehabt in seinem Leben, aber am Ende schien er eigentlich ganz zufrieden zu sein, obwohl er in dieser lausigen Hütte hauste. Er hat gesagt, Sie seien sein Freund.«

Wieder zuckte Jan die Achseln. »Wenn er das gesagt hat ...« Sein Gedächtnis arbeitete die Fotos zahlloser Plattencover ab auf der Suche nach seinem Gegenüber, bis es plötzlich an einer Aufnahme aus den frühen Siebzigern hängen blieb, vielleicht eine Produktion von Gigi Campi oder dem WDR, jedenfalls aufgezeichnet im großen Sendesaal im Funkhaus am Wallrafplatz. »Sie sind Bob Keltner«, sagte Jan, »Posaunist.«

Der Mann nickte grinsend. »Bingo. Ein Experte.«

»Und ein Kölner. Sie hatten ein legendäres Sextett dort.«

Das Grinsen verschwand aus Keltners Gesicht, und ein melancholischer Funke tauchte in seinen Augen auf. »Lassen Sie uns irgendwo einen Drink nehmen«, sagte er. »Es ist heiß.«

*

Das »Cool Moon of Lissabon« war um diese Zeit noch nicht geöffnet. Jan schloss die Vordertür auf und bat Keltner hinein. Quitéria saß hinter der Bar, beschäftigt mit einem Stapel Rechnungen. Als er sie vorstellte, sah sie Keltner auf eine Art an, die er noch nie an ihr gesehen hatte. Er wusste diesen Blick nicht zu deuten, aber er war ohne Frage unfreundlich.

»Wir kennen uns«, sagte sie kühl.

»In der Tat.« Keltner nahm ungerührt auf einem Barhocker Platz.

»Ich habe in der Küche zu tun«, sagte Quitéria. Sie verschwand, ohne sich noch einmal umzudrehen.

»Woher kennen Sie meine Freundin?«, fragte Jan.

»Wir haben uns vor sechs oder sieben Jahren auf einer Session kennen gelernt, als ich mit Marsalis hier auf Tour war.«

»Sie scheint sich nur ungern daran zu erinnern. Was ist vorgefallen?«

»Es hat ein Missverständnis gegeben. Nichts Dramatisches. Sie wird es Ihnen bestimmt erzählen. Ich hätte gern einen Bourbon.«

Jan nahm zwei Flaschen aus dem Regal. Er schenkte Keltner einen Wild Turkey und sich selbst einen Talisker ein.

»Ich bin nicht zufällig in Lissabon«, sagte Keltner, als sie angestoßen hatten. »Jojo hat mir die Sache mit der Kerze erzählt. Ich war gespannt, ob Sie Ihr Versprechen halten würden.«
»Und wenn ich es nicht getan hätte?«
»Dann säßen wir jetzt nicht hier.«
»Wohl wahr. Und darum sind Sie nach Lissabon gekommen? Um mit mir einen Drink zu nehmen?«
»Ich habe schon ungewöhnlichere Geschichten gehört.« Das Grinsen kehrte auf Keltners Gesicht zurück.

Jan nahm einen Schluck von seinem Malt. Er wurde aus dem Mann nicht schlau. Zu gern hätte er Quitéria gefragt, was sie gegen ihn hatte, aber das war im Moment ohne Unhöflichkeiten nicht möglich. Er nahm einen zweiten Schluck und wählte den geraden Weg.

»Sie sind hier, weil Sie irgendwas von mir wollen.«

Bob Keltner lachte. »Gut! Der Mann ist verdammt noch mal nicht dumm.« Entgegen Jans Erwartung kam Quitéria aus der Küche zurück und begann, die Tische zu schrubben. Immer noch würdigte sie Keltner keines Blickes.

»Ich möchte das Sextett noch einmal zusammenbringen«, sagte der. »Und ich möchte, dass du das für mich managst, Jan. Ich darf doch Jan sagen? Natürlich müsstest du dafür nach Köln.«

Nach Köln. Jan zwang sich, seine Augen bei Keltner zu lassen, obwohl alles in ihm zu Quitéria sehen wollte. Er zog mit nachdenklicher Miene an seiner Zigarette und hoffte, dass es nicht so affektiert aussah, wie es war.

»Warum ich?«, fragte er dann betont bedächtig. »Ich kenne von den Musikern nur Heiner Küfermann. Er war ein paarmal im alten »Cool Moon«, aber die anderen ... ich erinnere mich nicht mal an alle Namen. Warum fragst du nicht Gigi Campi? Wäre der nicht besser geeignet?«

Keltner nahm einen bescheidenen Schluck von seinem Bourbon. Für einen Sekundenbruchteil stahl sich wieder der traurige Funke in seine Augen, doch als er Jan ansah, war er spurlos in seinem Grinsen verschwunden. »Ich war sehr lange nicht mehr in Köln, bald dreißig Jahre. Seit die Band sich aufgelöst hat. Ich weiß nicht, ob sich dort jemand an mich erinnert.«

Jan hob die Brauen. Das war keine Antwort auf seine Frage und zudem schlichter Unfug. Auch heute noch war Bob Keltner in Köln zweifellos erheblich bekannter als Jan Richter. Er fing einen Blick Quitérias auf. Was darin stand, verunsicherte ihn. Sie schien seine Antwort schon zu kennen, obwohl er glaubte, sich noch nicht ansatzweise entschieden zu haben. »Ist damals nicht einer von den Musikern ums Leben gekommen?«, fragte er. »Bei einem Brand oder so?«

Keltner sah zur Seite, aber er nickte. »Gregor Vasteels, unser Saxofonist.«

Jan war zu jung, um eigene Erinnerungen daran zu haben. Damals hörte er eher Wencke Myrrhe als Jazz. Er versuchte zusammenzubringen, was man ihm erzählt hatte, aber es war nicht viel. Vom Tod Gregor Vasteels' hatte die Band sich nicht mehr erholt. Kurze Zeit später verließ Keltner Deutschland, und das Sextett war Historie.

»Wer soll ihn denn ersetzen?«

»Das weiß ich noch nicht. Niemand wahrscheinlich. Gregor ist nicht zu ersetzen. Das war er schon damals nicht.«

»Ich wüsste gern mehr über diese Geschichte«, sagte Jan. »Was ist passiert, damals?«

Keltners Ausdruck verschloss sich. »Ich denke, jeder in der Gruppe erinnert sich auf seine Weise«, sagte er. »Ich kann mir kaum vorstellen, dass meine Version glaubhafter ist als die der andern.« Er trank seinen Bourbon aus und stand auf. »Entscheide dich in Ruhe, aber bald. Ich habe nicht viel Zeit. Ich rufe dich an.« Beim Hinausgehen winkte er Quitéria zu, sie ignorierte ihn.

Jan sah ihm nach und zündete sich eine neue Zigarette an. Er bemerkte ein nervöses Ziehen in den Unterarmen. Nach Köln. Musik möglich machen. Große Musik. Das Bob-Keltner-Sextett wiederbeleben – auch wenn es nur noch ein Quintett war. Es gab viele Fragen, die zuvor geklärt werden mussten, in Lissabon wie in Köln, aber die einzige Frage, die in seinem Herz auftauchte, war: Wann geht's los?

Quitéria trat hinter die Bar. Sie stellte zwei Gläser und eine Flasche Absinth vor ihn und schenkte ein. Er lächelte sie an, aber sie stieß nur ernst ihr Glas gegen seines.

»Was ist los?«, fragte er. »Hat Keltner dir was getan?«

Sie hob das Glas an die Lippen und trank es auf einen Zug aus. »Es gab ein Missverständnis.«

»Das sagte er bereits. Ist er dir an die Wäsche gegangen?«

»O nein.« Sie schüttelte den Kopf, und so etwas wie ein Lächeln tauchte in ihren Augenwinkeln auf. »Es war nach dieser Session, damals im ›Hot Clube de Portugal‹. Da waren er und zwei oder drei von Marsalis' Gruppe. Jeder Musiker in der Stadt wollte dabei sein. Ich hatte Glück, ich war die einzige Sängerin an dem Abend. Danach hat er mich über den grünen Klee gelobt, und ich hab die Gelegenheit am Schopf gepackt und ihn gefragt, ob er Branford Marsalis mal mitbringen oder mich ihm wenigstens empfehlen könnte. Gott, war ich naiv. ›Na klar doch‹, hat er gesagt. Am nächsten Tag trafen wir uns zufällig im ›Café Bebop‹. Ich wollte wissen, ob er Branford gefragt und was der gesagt hätte. Keltner hat mich angesehen wie eine Idiotin und gefragt, ob ich ernsthaft glaubte, jemand hätte Bock auf eine Frau in der Band, solange es auch ohne ginge. Ich habe ihm meinen Kaffee in den Schritt geschüttet und bin gegangen. Zwei Straßen weiter konnte man ihn noch heulen hören.«

Jan begann zu lachen. Sie sah ihn an, und für ein Dutzend glückliche Sekunden lachten sie gemeinsam, bis Quitéria wieder ernst wurde.

»Und jetzt will er dich mir wegnehmen«, sagte sie.

»Quatsch«, sagte Jan und sah zu Boden.

Sie schenkte ihr Glas wieder voll und stieß erneut an seines, das noch unberührt vor ihm stand. Sie trank auch das zweite Glas aus und stellte es langsam ab. »Du wirst nicht wiederkommen«, sagte sie.

»Wie kommst du darauf, dass ich weggehe?« Jan konnte ihrem Blick nicht standhalten. Hastig kippte er den Absinth hinunter. Er verschluckte sich, der Husten bewahrte ihn davor, ihr in die Augen sehen zu müssen.

»Ich denke, du hast Heimweh«, sagte sie.

Jan zog die Nase hoch. »Nein«, sagte er, und dann: »Ja.«

*

»Also, ich fasse mal zusammen«, sagte Löwenstein, »Bob Keltner hat dich beauftragt, hier in Köln den Rest seines Sextetts wieder zusammenzubringen. Dafür hat er dir die Rechte an der Konzertaufzeichnung überlassen – an dem Konzert einer Band, die es seit über dreißig Jahren nicht mehr gibt, richtig?« Löwenstein schüttelte den Kopf. »Und was willst du von mir?«

»Die Sache muss produziert und hergestellt werden. Und dafür habe ich kein Geld. Du weißt, was so eine Aufnahme kostet, von der Herstellung ganz zu schweigen. Und schließlich soll es ja auch nicht irgendein durchschnittlicher Mist werden.«

»Du hast doch schon mal eine CD produziert, wenn ich mich nicht irre. Mit diesen Wuppertalern. Wie viel habt ihr verkauft? Fünfhundert?«

Jan brummte zustimmend. Es waren einhundertundsiebzehn gewesen.

»Und wie viele willst du vom Bob-Keltner-Sextett-Reunion-Concert verkaufen? Tausend?«

»Zweitausend sind locker drin«, sagte Jan und versuchte, nicht wie ein völliger Idiot zu klingen. »Das Bob-Keltner-Sextett, live, produziert von Richter und Löwenstein. Stell dir das mal vor. Dein Name auf so einer Scheibe. Spuren hinterlassen. Wie wäre das? ›He, wer hat noch mal diese Platte produziert? – Mann, das war Jupp Löwenstein, weiß doch jeder‹.«

Löwensteins Zunge pulte in seinen Backenzähnen. »Du scheinst mich wirklich für total bescheuert zu halten«, sagte er, aber der Blick, der starr das Geläuf fixierte, passte nicht dazu. »Ich sehe noch nicht, dass irgendwas aus dieser Sache wird.«

»Ja und, Jupp? Was macht das für dich aus. Welches Risiko hättest du, wenn es nicht zu dem Konzert kommt? Null. Keine Aufnahme, kein Risiko.«

Ilja kam die Treppe herauf, drei Nulldreier Kölsch umklammert. Sie nahmen ihm zwei ab und stießen an. Das Bier war schal und nur mäßig kühl. Löwenstein nahm einen Schluck und stieß ein Grunzen aus. Er schüttelte den Kopf. Plötzlich trat ein halbes Grinsen in seine Mundwinkel. »Bis zur Höhe der Produktionskosten gehen die Einnahmen an mich, danach fifty-fifty«, sagte er, ohne Jan anzusehen.

Jan grinste auch. »Siebzig-dreißig«, sagte er.

Löwensteins Brauen schoben sich leicht nach oben. »Sechzig-vierzig. Und ich will keinen Ton mehr hören.«

Er hielt ihm die Hand hin. Jan schüttelte sie.

»Noch was«, sagte Löwenstein. »Es heißt: ›Produziert von Löwenstein und Richter‹.«

*

»Ich biete dir diese Rechte an, weil ich kein Cash habe.« Keltner hob die Hände in einer verständnisheischenden Geste.

Sie saßen im »Cool Moon of Lissabon«. Es war Nachmittag und noch geschlossen. Die kühlen Winde vom Meer hatten den ersten Angriff des Sommers abgewehrt. »Ich fliege am Donnerstag«, sagte Jan.

»Hast du ein Handy?«

»Nein.« Jan hasste die Dinger. Er hatte eines gehabt, aber er hatte es irgendwann irgendwo liegen gelassen, wie er vermutete, weil sein Unterbewusstsein eine Entscheidung für ihn getroffen hatte. Nicht nur das quiekende Ding war ihm auf die Nerven gegangen – das Schlimmste war die ständige Erreichbarkeit gewesen.

Keltner reichte ihm einen Zettel. »Meine Tourdaten und Telefonnummern. Dort kannst du mich jeweils erreichen, wenn es Neuigkeiten geben sollte. Wo wirst du in Köln wohnen?«

»Bei Freunden«, murmelte Jan und hoffte, das stimme. Er hatte noch keinen seiner Freunde in Köln erreicht, zumal sich deren Zahl bei genauerer Prüfung als erheblich kleiner als angenommen erwiesen hatte.

»Ruf mich einfach an, wenn du es weißt.« Keltner griff nach seinem Bourbon, aber er trank nicht, er hatte ihn noch gar nicht angerührt. Gedankenverloren sah er auf die Tischplatte.

»Wir sind also klar?«, fragte Jan.

»Ja …« In Keltners Augen war plötzlich ein Glimmen, dunkel, aber intensiv. »Bis auf eines, das du noch wissen musst. Die Sache muss innerhalb von drei Monaten gelaufen sein.«

Jan setzte sich auf. »Drei Monate? Und das erfahre ich *jetzt*?

Wie soll ich das schaffen? Und wieso überhaupt? Wieso diese Eile nach zweiunddreißig Jahren?«

Jetzt nahm Keltner einen kräftigen Schluck Bourbon und quittierte ihn hustend. »In drei Monaten tritt mein neuer Plattenvertrag in Kraft. Das Label hat bei den Verhandlungen eine Lücke im alten entdeckt, die sie mit dem neuen schließen werden: Ich habe das Recht, mit Gruppen, die vor Vertragsabschluss schon existierten, Aufnahmen zu machen und diese zu vermarkten. Wäre meinem Agenten, diesem Penner, das vorher aufgefallen, wäre ich jetzt nicht so unter Zeitdruck. Dann hätte ich das schon vor Jahren gemacht. Aber ich wusste ja gar nicht, dass ich es durfte. Es geht nicht ums Geld. Ich will einfach die Gelegenheit nicht verstreichen lassen.«

Jan schüttelte den Kopf. »Drei Monate sind zu kurz. Das kann nur gehen, wenn alle sofort mitmachen und alles klappt, und das habe ich im Jazz noch nie erlebt.«

»Ich traue dir das zu – nein, ich *weiß*, dass du es schaffst.«

»Das mag mir ja schmeicheln, aber helfen tut es nicht.«

»Jan! Du bist doch *cool*!« Er sah Jan in die Augen, bis der endlich widerwillig nickte. Das Glimmen erlosch.

Keltner klopfte ihm zum Abschied auf die Schulter. An der Tür drehte er sich noch einmal um. »Danke, Mann«, sagte er und ging hinaus.

*

Sie kauerte auf einer der Treppenstufen, die zum Fluss hinunterführen, frierend in der Schwüle des Hochsommers. Stunden schien sie hier schon zu sitzen, aber sie war sich nicht sicher. Stimmengewirr hinter ihr auf der Rheinpromenade, manchmal meinte sie, ihren Namen zu hören. Sie antwortete nicht. Starr blickte sie auf das strömende, stinkende Wasser. Ein Fisch trieb vorbei, den weißen Bauch der Sonne zugekehrt. Später irgendwann fühlte sie eine Hand auf ihrer Schulter, jemand sprach sie leise an. »Gregor ist tot«, hörte sie sich sagen. »Ich weiß«, sagte die Stimme. Sie verbarg ihr Gesicht in den Händen. Endlich konnte sie weinen.

*

Marleens Adresse war am Krefelder Wall, am hinteren Ende eines großen Innenhofes. Jan drückte auf den Klingelknopf und sah sich im Hof um. Aus dem trübseligen, schlaglochübersäten Areal war ein schmuck gepflasterter, ordentlich deutscher Garagenhof geworden, sogar die Haustür war neu. Marleen war seine letzte Hoffnung auf eine kostengünstige Unterkunft in Köln. Schon von Lissabon aus hatte er versucht, sie zu erreichen, aber niemand hatte abgenommen, und einen Anrufbeantworter gab es nicht. Die ersten beiden Nächte hatte er noch bei Chris aus dem »Metronom« schlafen können, aber der bekam heute Besuch aus den USA.

Jan zählte bis zwanzig, bevor er erneut schellte, dann stellte er seine Reisetasche ab und begann einen Plan B zu entwerfen. Alle Leute, denen er die Dreistigkeit eines Überraschungsbesuches zumuten konnte, hatte er schon durchtelefoniert: in Urlaub, Mutter krank, unbekannt verzogen, kein Platz mehr, weil mittlerweile zwei Kinder oder einen Kater, der keine Männer mochte.

Er zog seine Brieftasche und zählte die fünf Hunderter darin, so zärtlich, als würde sie das zur Vermehrung anregen. Für die nächsten vier Wochen war auch seine Kreditkarte noch okay, rein technisch gesehen zumindest. Er erinnerte sich an ein billiges Hotel an der Moselstraße. Mit ein bisschen Glück gab es das noch. Es hatte etwas Trostloses, die Tasche zu nehmen und sich auf den Weg zur KVB am Hansaring zu machen.

Er hatte nie einen Gedanken daran verschwendet, in Köln einmal in einem Hotel wohnen zu müssen. Hier, in seiner Stadt. Aber war es noch seine Stadt? Das war die erste, die große Frage gewesen, als er vor zwei Tagen nach über vier Jahren wieder vor dem Bahnhof gestanden hatte. Er hatte sich gefreut auf den Moment, aber das Gefühl war fremd gewesen.

Die Zeit hatte ihn weiter von seiner Heimat entfernt, als räumliche Distanz es vermocht hätte. Der Dom war da, wo er immer war, natürlich, direkt gegenüber, aber dort, wo Jan hinter ranzigen Schwaden die alte »Rievkochebood« erwartet hatte, war nun eine Baulücke. Dass die so hässlichen wie sinnfreien Sichtbetonpilze hinter den vier Fahrspuren der Trankgasse noch standen, war fast eine Erleichterung gewesen. Die mürrische Miene des Köbes, der ihm in der Schwemme des »Früh« sein Kölsch servierte, störte ihn, dabei gehörte sie doch hierher wie der Heinzelmännchenbrunnen vor der Tür. Er hatte nach zwei Glas das Brauhaus verlassen und war dann in einer seltsam angespannten Stimmung die wenigen Schritte zum Wallrafplatz gegangen.

Gigi Campi aß in seinem Café zu Mittag, mit einigen WDR-Leuten und einem, der aussah wie Peter Herbolzheimer. Jan hatte sich ziemlich unverfroren dazugesetzt. Er hatte mit einiger Begeisterung von seinem Projekt berichtet und zumindest mit Campis Interesse gerechnet, aber der hatte während Jans Vortrag keine Miene verzogen.

»Kennen Sie die Herrschaften, Herr Richter? Die sind ziemlich alt geworden. Oder ziemlich satt. Oder beides. Verstehen Sie mich bitte nicht falsch. Ich kenne und respektiere Bob Keltner seit langem, aber auf diesem Plan liegt kein Segen, glauben Sie mir.«

Auf Jans Einwand, es handele sich um nicht weniger als die Rückkehr einer Legende, hatte Campi nur höflich gelächelt und ihn dann mit einem huldvollen Kopfnicken verabschiedet. Jan war mit dem Eindruck hinausgegangen, etwas Wesentliches nicht zu wissen.

Campi schien Recht zu behalten mit seiner Annahme, auf dem Plan läge kein Segen. Es gab nicht viele Adressen, bei denen Jan anklopfen konnte, um finanzielle Unterstützung für eine Jazzproduktion zu erhalten, sie waren schnell abgefragt. Der Einzige, der ihm blieb, war Löwenstein.

»Kein Segen«, ging es ihm auch jetzt, zwei Tage nach der Begegnung mit Campi durch den Kopf, als er am Barbarossaplatz aus einem stickigen Straßenbahnwaggon kletterte und seine Reisetasche die Pfälzerstraße hinunterschleppte. Das Hotel gab es noch, und er bezog ein düsteres Einzelzimmer im dritten Stock. Die grüne Tapete hatte bessere Zeiten gesehen, das Fenster ging zur Straße und den Bahngleisen dahinter, wo sich in der Dämmerung gerade die gelben Lampen zu entzünden begannen. Er sah auf die Uhr, es ging auf sechs. Zögernd hob er den Hörer des Telefons ans Ohr und drückte die Neun, um ein Amt zu bekommen. Er wählte die Nummer des »Cool Moon of Lissabon«, doch bevor das Freizeichen kam, legte er wieder auf.

Zu teuer vom Hotel aus, dachte er, aber er wusste, dass er sich anlog. In Wahrheit wollte er nicht mit Quitéria sprechen. Der Sarkasmus, mit dem sie ihm bei seinem letzten Anruf gesagt hatte, es gehe schon ohne ihn, hatte ihn mehr verletzt, als er zugeben wollte. Sie hat ja Recht, dachte er. Für eine Weile stand er am Fenster und beobachtete die rangierenden Züge, dann legte er sich aufs Bett und döste eine halbe Stunde, bis er hochschreckte. Er ging durch den dämmrigen Flur und das Treppenhaus hinunter zur Rezeption und lieh sich das Kölner Telefonbuch aus. Die alte Dame dort rückte es nur widerwillig und gegen das hohe Versprechen heraus, es unversehrt zurückzubringen. Jan schwor und versuchte, sie mit einem Lächeln zu besänftigen, aber damit mussten schon viele vor ihm gescheitert sein. Er trug seine Beute in das Zimmer hinauf und suchte nach den Nummern und Adressen der verbleibenden Musiker des Bob-Keltner-Sextetts. Sechs minus Keltner minus Gregor Vasteels ergab vier. Er war gespannt, wie viele davon noch in Köln wohnten.

Heiner Küfermann, der Schlagzeuger, war der Erste auf seiner Liste. Er hatte ihn an diese Stelle gesetzt, weil Küfermann der Einzige der vier war, den er wenigstens vom Sehen her kannte. Die anderen drei hatte er nur auf Schallplatten gehört und sich die Fotos darauf angesehen. Küfermann hatte nach Keltners Abgang noch ein paar Jahre halbherzig in der Kölner Free- und Newjazz-Szene mitgemischt, seit '75 trommelte er nur noch gelegentlich auf Sessions oder Privatveranstaltungen. Jan hatte ihn noch nie live spielen hören. Er fand die Nummer und einen Straßennamen, den er nicht kannte.

Richard Jung, der Bassist, wohnte in Lindenthal, die Adresse – Schnitzler-Straße – las sich recht nobel. Wenn es während Jans Abwesenheit dort nicht zu ernsthaften sozialen Verwerfungen gekommen war, würde Jung mit dem zur Verfügung stehenden Geld kaum zur Zusammenarbeit zu überreden sein. Jan musste auf seinen Idealismus hoffen.

Olaf Kranz, der Trompeter, den Keltner immer nur »Okay« genannt hatte, fand sich unter einer Anschrift, die Jan in Mengenich vermutete, was keine Schlüsse auf seine soziale Situation erlaubte. Dort gab es Wohnblocks und schmucke Reihenhäuser Tür an Tür.

Er suchte nach dem Namen der Pianistin, aber unter Vera Petalovich fand er keinen Eintrag, nur eine Sandra Petalovich gab es, in der Ursulagartenstraße. Dass Vera nicht im Telefonbuch stand, passte ins Bild. Keltner hatte ihn nicht direkt gewarnt, auch hatte er jegliches Detail ausgespart, aber er hatte wenig Zweifel daran gelassen, dass die Petalovich den schwierigsten Brocken bei Jans Auftrag darstellte.

Jan notierte die Nummern der Musiker und die von Sandra Petalovich, dann warf er einen Blick auf die Uhr. Kurz vor sieben, eine gute Zeit, um anzurufen. Er saß auf seinem Bett und starrte auf den Zettel, schließlich gab er sich einen Ruck und griff nach dem zerbrechlich leichten, hellblauen Apparat. Zögernd tippte er Heiner Küfermanns Nummer ein. Bereits nach dem ersten Klingeln wurde abgehoben, und eine Kinderstimme fragte: »Hallo?«

»Guten Abend, ist da Küfermann?«

»Ja-a.«

»Ist dein Papa da?«

»Nein.«

»Wann kommt er denn?«

»Mama!«, krähte die Stimme. »Für Papi!«

Schritte näherten sich.

»Wer ist da?«, fragte eine unfreundliche Frauenstimme.

»Mein Name ist Jan Richter, ich hätte gern Ihren Mann gesprochen.«

»Mein Mann wohnt nicht hier.«

»Oh ... das tut mir Leid.«

»Warum?«

Kein guter Anfang, dachte Jan. »Hätten Sie denn vielleicht eine Telefonnummer für mich, oder eine Adresse?« Er bemühte sich, locker zu klingen, aber das Bemühen blieb unüberhörbar.

»Wie sind Sie überhaupt zu dieser Nummer gekommen?«, fragte die Frau kalt.

»Sie steht im Telefonbuch –«

»Im Telefonbuch steht diese Nummer unter Heiner Küfermann«, unterbrach sie ihn.

»Ja natürlich, den will ich ja auch sprechen.«

»Oh … Verzeihung.« Sie räusperte sich und hustete leicht. »Sie sagten, es ging um meinen Mann.«
»Ich dachte, das wäre Heiner.«
»Er ist mein Vater.«
»Ach ja?« Jan konnte seine Verblüffung nicht verbergen. Die sind ziemlich alt geworden, hatte Campi gesagt – aber die Vorstellung, dass ein Jazzer nicht nur alt, sondern auch Großvater wurde, war Jan irgendwie fremd.
»Ich bin Johanna Küfermann – also eigentlich heiße ich noch Weiß. Entschuldigen Sie bitte meine Unfreundlichkeit eben, es war …«
»… ein Missverständnis.«
»Genau. Um was geht es denn eigentlich?«
»Spielt Ihr Vater noch Schlagzeug?«
»Schlagzeug? Aber nein.« Ihre Stimme hatte einen verwunderten Klang angenommen, irgendwo zwischen amüsiert und alarmiert. »Im Keller steht zwar noch eins, aber … Das besprechen Sie wohl wirklich am besten mit ihm selbst.«
»Wann wäre er denn zu sprechen?«
»Morgen, ab dem späten Vormittag wieder – aber wenn es dringend ist: Normalerweise ist er um diese Zeit im ›Vogel‹. Kennen Sie das? Am Eigelstein?«
»Natürlich, ich bin schließlich Kölner.« Jan lächelte unwillkürlich.
»Ach? Das hört man aber gar nicht. Ich dachte eben noch, Sie haben aber einen eigentümlichen Akzent.«
»Ich war länger im Ausland«, sagte Jan. Das Lächeln war wieder verschwunden. »Vielen Dank. Wenn ich ihn verpasse, rufe ich morgen wieder an.«
Er legte auf. »Ein eigentümlicher Akzent!«, grummelte er, während er seine Jacke überstreifte.

*

Die Riege im Schankraum beachtete ihn kaum, als er sich dazustellte und ein Kölsch bestellte. Zu seinem Unmut wurde im »Vogel« nicht mehr vom Bock, sondern aus der Anlage gezapft.

Trotzdem trank er sein Glas auf einen Zug halb leer und orderte mit einem Nicken ein zweites. Die beiläufigen Blicke der anderen Gäste signalisierten jetzt die Bereitschaft, ihn ernst zu nehmen – genau das hatte er beabsichtigt. Als er sein zweites Glas erhielt, sah er sich genauer um. Er hatte Küfermann nur ein paarmal gesehen, und zuletzt vor fast fünf Jahren. Er war sich durchaus nicht sicher, ob er ihn erkennen würde. Er entdeckte einen Mann um die sechzig mit einer dunkelroten Baskenmütze: In seiner Erinnerung hatte Küfermann immer eine Baskenmütze aufgehabt. Nach einigem Zögern war er so sicher, wie er sein konnte, Keltners alten Schlagzeuger vor sich zu haben.

»Verzeihen Sie, wenn ich mich irre, aber sind Sie nicht Heiner Küfermann?«, fragte er.

»Wer soll das denn sein?«, fragte der Mann zurück.

Reflexhaft wollte Jan sich für die Verwechslung entschuldigen, aber dann fiel ihm ein, dass er wieder in Köln war, wo eine Frage immer die beste Antwort ist.

»War mal ein bekannter Jazz-Schlagzeuger. Hat mit Bob Keltner gespielt. Ich dachte, ich hätte Sie wiedererkannt. Waren Sie nicht früher ein paarmal bei mir im ›Cool Moon‹?«

Sein Gegenüber trank sein Glas leer und nickte zufrieden.

»Jetzt weiß ich wieder, wo ich sie hinstecken muss. Jan Richter. Sie haben doch das legendäre Jack-Saphire-Konzert veranstaltet.« Er hob drei Finger in Richtung des Köbes, der die Bestellung mit einem Nicken quittierte. »Aber ich bin nicht Heiner Küfermann. Das ist der da. He, Heiner!«, rief er in Richtung eines sehr dicken Mannes, der sich auf einen Stockschirm stützte. Seine pyknische Erscheinung erinnerte an Charles Laughton, und jetzt erkannte Jan auch das Gesicht.

Küfermann sah ihn an und sagte nach einer knappen Sekunde: »Mich laust der Affe. Jan Richter.«

»Ich bin der Otto«, sagte der andere und verteilte drei Kölschstangen.

Sie prosteten sich zu. Küfermann vernichtete den Inhalt seines Glases in perfekter Köbes-Manier, indem er ihn mit einem kleinen Stoß komplett durch die Kehle beförderte.

Jan betrachtete ihn etwas genauer. Ein Mann, der auf diese Art

Bier trank, weckte bei ihm gelinden Argwohn. Die grobporige Nase und die roten Äderchen auf den Wangen fielen ihm auf; das Weiß der kleinen Augen hatte einen Stich ins Graugelbe.

»Was treibt dich wieder ins Land, Jan?«, fragte Heiner.

»Darüber wollte ich mit Ihnen reden. Allerdings …«, er sah entschuldigend zu Otto, »… lieber wäre es mir, wenn wir erst mal unter vier Augen …«

Otto runzelte unwillig die Stirn. »Ich hab schon verstanden«, sagte er. »Ihr seid mir aber noch 'n Kölsch schuldig!« Er zog mit beleidigt hochgezogenen Schultern ab.

»Was kann denn so geheimnisvoll sein?«, fragte Heiner.

»Sie werden sich wundern.«

»Lass uns beim Du bleiben«, sagte Heiner. Kurz darauf saßen sie an einem der Tische im hinteren Schankraum und tranken Kölsch und Wacholder. Heiner griente ungläubig, während Jan von Keltners Plan erzählte. Immer wieder schüttelte er den Kopf und fuhr sich mit den Fingern durch das dünn werdende, aber immer noch blonde Haar.

»Das kann Bob nicht ernst meinen«, sagte er endlich, doch dabei leuchtete sein Gesicht derart in Vorfreude, dass Jans Hoffnung auf ein Gelingen seines Vorhabens wieder wuchs.

»Bist du dabei?«, fragte er.

»Ich?« Küfermann stieß ein überraschtes Keuchen aus. »Na klar! Was denkst du denn, Jung? Noch mal mit Bob auf die Bühne! Da kann ja mal einer versuchen, mich davon abzuhalten.«

»Ich dachte, du spielst nicht mehr.«

»Ja und? Mit wem auch? Mann, ich habe mit *Bob Keltner* gespielt, und dann kommen irgendwelche Halbwüchsigen und beschweren sich über mein *Timing*! Weiß bis heute nicht, was die wollen. Timing war für mich, mit sechs Mann gleichzeitig auf dem Punkt zu sein, und plötzlich verlangen die, dass ich die Eins treffe. *Das* nennen die heute *Jazz*. Ich habe nie mehr jemanden gefunden, mit dem es so war wie mit Bob.«

Die Kellnerin brachte zwei neue Gedecke. Sofort knallte Heiner seinen Wacholder gegen Jans und kippte ihn hinunter. Er bombardierte ihn mit Fragen zu Keltner – wie es ihm gehe, was er erzählt habe, was er plane. Jan antwortete nach bestem Wissen, und ihm wurde klar, dass er fast nichts über Keltner zu berichten hatte außer dessen Plan, das Sextett zu reformieren. Trotzdem blieb das glückliche Grinsen auf Heiners Gesicht, bis zu dem Moment, als Jan fragte:

»Und was werden die anderen sagen?«

»Die anderen ...« Das Grinsen verschwand.

»Was denkst du?«, fragte Jan. »Werden sie mitmachen?«

»O ja. Olaf bestimmt. Wahrscheinlich jedenfalls. Und Richard auch. Ich ... wir ... man müsste mit ihnen reden.«

»Und Vera?«

Heiner sank in sich zusammen, das freudige Rot seiner Wangen verblasste. Lange starrte er auf die Tischplatte und trank an seinem Kölsch. »Ohne sie wird es nicht gehen, was?«, fragte er endlich.

»Bob schien auf sie ganz besonders Wert zu legen.«

»Das kann ich mir denken.« Er griff nach dem Schnapsglas und schob es mit einer enttäuschten Geste fort, als er sah, dass es leer war. Jan reichte ihm seinen Wacholder über den Tisch, Heiner nahm ihn mit dankbarer Geste.

»Ich habe sie nicht mehr gesehen seit ... seit ewig.« Der Wacholder folgte seinen Vorgängern. »Und was ist mit ... Wer soll ... die Nummer sechs sein?«

»So wie ich Bob verstanden habe, niemand.«

Heiner nickte zustimmend. »Das ist wohl auch das Beste.«

»Was ist damals eigentlich passiert mit Gregor Vasteels?«

Heiner starrte auf das leere Glas. Hektisch drehte er es zwischen den Fingern, bis er Jans Blick bemerkte. »Wenn ich das wüsste«, sagte er leise. »Wenn ich das nur wüsste.«

*

Der Polizist sah sie unfreundlich an. »Warum sind Sie eigentlich weggelaufen?« Sie antwortete nicht. Zitternd zog sie die dünne Decke zusammen, die man ihr umgelegt hatte. »Laut Zeugenaussagen kannten Sie Herrn Vasteels gut. Hatte er Grund, sich etwas anzutun?« Sie schüttelte den Kopf, nicht um zu verneinen, sondern weil sie den Sinn der Frage nicht erfasste. »Gregor ist tot«, flüsterte sie vor sich hin. »Das hat doch keinen Zweck«, sagte der andere Polizist. »Ich bring sie ins Krankenhaus.«

*

»Ich hatte außerhalb der Band kaum Kontakt zu Vera. Gut, man sah sich auf Partys, aber persönlich hatten wir nicht viel miteinander zu schaffen. Aber wenn wir gespielt haben …«, Heiner hob die Hände und legte den Kopf in den Nacken, »… wenn wir zusammen gespielt haben! Was war *das* für eine Band. Alle immer auf dem gleichen Trip, egal wo's gerade hinging. Als gäbe es irgendwelche elektrischen Leitungen zwischen uns.« Er ließ die Hände wieder sinken. »Vorbei«, murmelte er und winkte der Kellnerin. Jan war zunehmend irritierter von der Geschwindigkeit, mit der Heiner Küfermann seine Gedecke orderte und verschwinden ließ. »Als Gregor tot war, war plötzlich alles anders …«

»Das ist doch wohl normal, oder?«, wandte Jan ein. »Wenn eine so eingespielte Gruppe jemanden verliert, und dann auch noch so tragisch und unerwartet.«

Heiner schüttelte energisch den Kopf. »Nein, ich meine etwas anderes. Zwischen den anderen war … irgendwas. Ich habe versucht herauszufinden, um was es ging, aber mit mir haben sie nicht darüber reden wollen. Sie haben so getan, als würde ich mir etwas einbilden.« Er legte Jan vertraulich die Hand auf die Schulter, seine Stimme war mittlerweile schwammig geworden. »Ich sag dir, was ich glaube«, flüsterte er in Jans Ohr. »Die haben sich gegenseitig für Gregors Tod verantwortlich gemacht.«

Jan sah ihn konsterniert an. »Ich dachte, es war ein Unfall?«

Heiner winkte ab. »War es ja auch. Aber zwischen den anderen lief irgendwas ab, das ich nicht durchschaue. Gregor hatte was mit Vera, das war klar. Deswegen war sie auch besonders fertig nach der Sache. Aber ich glaube, Bob hatte auch ein Auge auf sie geworfen. Vielleicht war er deswegen sauer auf sie. Was mit Richard und Okay, also Olaf, war, das kann ich nicht sagen. Sie waren total verändert. Ich habe noch etliche Saxofonisten angebracht, als Ersatz für Gregor, aber es hat nicht mehr funktioniert. Die elektrischen Leitungen waren einfach nicht mehr da. Es war nur noch irgendeine Band. Bob hat das natürlich gemerkt. Und ist gegangen. Ende der Geschichte. Na endlich!« Die Kellnerin brachte zwei Kölsch und einen Wacholder. Jan sah zu, wie er den Klaren sofort kippte, und resignierte leicht im Hinblick auf den alkoholtechnischen Verlauf des Abends.

»Gibt es dann überhaupt eine Chance, alle wieder zusammen auf die Bühne zu bringen?«, fragte er.

»Eine Chance, mein Freund, eine Chance gibt es immer. Nur wenn man es nicht versucht, hat man keine Chance. Dann verliert man schon vor dem Start. Also werden wir es versuchen!«

Er stand auf. Entgegen Jans Erwartung ging er ohne jedes Schwanken zur Kellnerin und zahlte. Jan trank sein Bier aus und zog sein Portemonnaie, aber Heiner brüllte: »Du bist natürlich eingeladen!«

Als sie durch die Schwemme zur Tür gingen, rief Otto hinter ihnen her: »Was ist los, seid ihr schon weg?«

»Ich muss nach Hause«, brummte Heiner als Antwort.

»Nach Hause? Jetzt schon? Was willst du denn *da*?«

»Üben«, antwortete Heiner und ging hinaus.

*

»*Hier* wohnst du?«, fragte Heiner, als das Taxi vor dem Hotel hielt.

Jan zuckte die Achseln. »Weißt du was Besseres?«

»Na klar. Du kommst zu mir. Wird vielleicht was eng, aber besser als das da ist es alle Mal. Fahren Sie weiter«, kommandierte er in Richtung des Fahrers.

»Meine Sachen …«

»Holen wir morgen«, stellte Heiner fest. »Für diese Nacht musst du sowieso zahlen, und in *dem* Laden kannst du doch jetzt nicht mehr auschecken.«

Jan ließ sich wieder ins Polster sinken. Er war sich nicht ganz sicher, ob er wirklich Lust hatte, seine gesamte Zeit mit dem trinkfesten Drummer zu verbringen, aber dann dachte er an das graue Kämmerlein im Hotel und nahm die Herausforderung an.

»Willst du morgen mal bei Richard Jung und Olaf Kranz anrufen?«, fragte er Heiner.

»Mmh«, machte der und rieb sich den Nacken. »Ich bin mir nicht sicher, ob das eine gute Idee wäre.«

»Wieso?«

»Nun, wir sind ja nicht gerade als Freunde auseinander gegangen. Vielleicht ist es besser, wenn zuerst du anrufst – als Außenstehender.«

»Was heißt das: nicht gerade als Freunde?«

»Ach, was soll ich sagen? Es ist so lange her.«

Heiners Ton machte klar, dass er nicht mehr zu dem Thema sagen würde, zumindest nicht jetzt. Das Taxi fuhr über die Severinsbrücke.

»Wo wohnst du eigentlich?«

»In Westhoven.«

»Das gehört zu Porz, ja? Ich glaub, da war ich noch *nie*. Wie komm ich denn da wieder weg?«

»KVB. Oder mit dem Fahrrad. Kein Problem. Vielleicht leiht dir meine Tochter auch ihr Auto.«

Jan sagte nichts. Die Erinnerung an den Kölner Verkehr und das Straßennetz war durchaus unerfreulich, aber das Haupthindernis war sein Führerschein, der unerreichbar in irgendeinem Aktenschrank der Lissaboner Polizei lagerte, und das noch für die nächsten sechs Monate. Alkohol am Steuer sah man auch in Portugal nur überaus ungern.

Heiner auf dem Vordersitz erging sich in Tournee-Anekdoten und Heldenerzählungen aus der großen Zeit des Bob-Keltner-Sextetts. In Kassel hatte er einmal ein fünfundzwanzigminütiges Schlagzeugsolo gespielt, und das Publikum hatte Kopf gestanden. »Ach, die Siebziger«, sagte er. »Wenn ich das heute machen müsste, würde ich wahrscheinlich mit einem Herzkasper von der Bühne getragen werden.«

»Erst mal müssen wir dich auf die Bühne raufbringen«, brummte Jan.

»Manchmal habe ich das Gefühl, du bist unentspannt, Jan. Du musst aufpassen, sonst erzeugst du negative Vibrationen.«

Ach, die Siebziger, dachte Jan und hielt den Mund.

»Wenn wir bei mir sind, machen wir erst mal eine schöne Flasche Wein auf«, hörte er Heiner sagen und massierte sich die Schläfen. Eigentlich hatte er sich auf ein bequemes Bett gefreut, auch wenn es noch gar nicht so spät war. Das Taxi hielt vor einem kleinen Einfamilienhaus.

»Ich hab auch was Feines zum Rauchen«, sagte Heiner, als er die Wagentür geschlossen hatte. »Wollte ich nur nicht sagen, solange der Fahrer mithört.«

Jan machte eine abwehrende Geste.

»Vielleicht hast du Recht. *Drinking beer and smoking grass together is like pissing into the wind!*«

»Schicke Hütte«, sagte Jan mit Blick auf das Haus. »Aber bestimmt nicht vom Musikmachen, oder?«

»Bestimmt nicht.« Heiner lachte und schloss die Haustür auf. Sie durchquerten die kleine Diele und betraten ein Wohnzimmer, dessen größte Wand komplett von einem eng gefüllten LP-Regal eingenommen wurde. Vor einer zweiten, etwas kleineren Wand stand eine kaum weniger beeindruckende CD-Sammlung. Jan schätzte, dass es alles in allem fünftausend Stück waren.

»Junge, Junge«, sagte er.

Heiner zuckte die Achseln. »Da ist auch Schrott bei. Meine Frau war Musikjournalistin.«

»War?«

»Ja«, sagte Heiner nur beiläufig. »Komm mal mit. Ich zeig dir was.«

Sie gingen zurück in die Diele. Er öffnete eine Tür und stieg eine Treppe hinunter. Jan folgte ihm. Unten ging es durch eine weitere Tür in einen Hobbyraum voller Kinderspielzeug und noch weiter in eine Art schlecht beleuchtete Rumpelkammer. Heiner stieg über ein paar zusammengerollte Teppiche und zog eine alte Decke weg. Darunter kam ein unordentlicher Stapel Trommeln, Becken und Ständer zum Vorschein. Ein strahlendes Grinsen erschien auf Heiners feistem Gesicht.

»Mein Slingerland«, sagte er und strich zärtlich über die altmodisch rot glitzernden Trommeln. »Morgen bau ich es auf.«

Er warf die Decke wieder darüber und drängte sich an Jan vorbei aus dem Raum. »Komm, das musst du hören.« Er stieg in ei-

ner für seinen Umfang erstaunlichen Geschwindigkeit die Treppe hoch. Jan folgte ihm ins Wohnzimmer.
»Setz dich.« Nach kurzem Suchen zog Heiner eine LP heraus. »Wir. '71 live in Den Haag.« Er ging zum Plattenspieler, einem imposanten Laufwerk auf einer massiven Granitplatte. Der Verstärker war von »Dr. Jazz«, die Marke der Boxen konnte Jan nicht identifizieren, aber sie sahen gewaltig aus. Heiner legte die Platte auf, und Bob Keltners Posaune erfüllte den Raum. Sanft, säuselnd geradezu, mit einem wundervoll weichen, präzise schwingenden Vibrato, dann fiel mit einigen wenigen Zweiklängen das Piano ein, und es entfaltete sich eine zerbrechliche Harmonie, immer auf dem schmalen Grat zwischen Spannung und Dissonanz. Als dann urplötzlich und mit brachialer Präzision der Rest der Band einsetzte, hob es Jan fast aus seinem Sessel. Das war es, was die Faszination der Gruppe ausmachte, eine aus Gemeinsamkeit und Gegensätzen gespeiste Energie. Heiner nickte zufrieden und drehte den Verstärker noch lauter. Das Glitzern in seinen Augen nährte Jans Hoffnung, dass sein Ehrgeiz intakt war, diese Energie noch einmal zu erzeugen. Heiner öffnete einen Schrank und nahm eine Flasche Rotwein heraus. Der Rhythmus blieb stoisch auf einem vertrackten Beat, während die drei Bläser sich in eine gewalttätige Kollektivimprovisation stürzten.
»Wo ist denn der verfickte Korkenzieher«, sagte Heiner gerade, als die Zimmertür geöffnet wurde. Eine Frau betrat den Raum, Jan schätzte sie auf Anfang dreißig. Sie trug einen dunkelblauen Morgenmantel, die schwarzen Haare waren streng nach hinten gebunden. Ihre Haut war von einem hellen, aber deutlichen Braun, und ihre Nase hatte einen unverkennbar negroiden Einschlag. Sie streifte Jan mit einem kühlen Blick. »Vater, bitte! Der Kleine schläft«, sagte sie dann.
»Jaja«, sagte Heiner und drehte den Verstärker minimal leiser. »Manchmal vergess ich einfach, dass ihr im Haus seid.«
»Wenn er um diese Zeit wach wird, schläft er stundenlang nicht wieder ein.« Mit gesenkten Schultern und verkniffenem Mund stand sie vor Heiner wie ein kleines Mädchen. Heiner wies auf Jan. »Das ist Jan Richter, ein Freund. Er wird ein paar Tage bei uns wohnen.«
»Wir haben miteinander telefoniert«, sagte Jan freundlich.

Sie nickte ihm zu. »Wo soll er schlafen?«
»Keine Ahnung – schlag was vor.«
Sie hob die Schultern und schüttelte den Kopf. »Ich nehm den Kleinen zu mir, dann kann er das Zimmer unterm Dach haben.«
»Bitte, ich möchte keine Umstände –«
»Faxen, Umstände«, fiel Heiner Jan ins Wort. »Wir machen's genau so.«
Er sah seiner Tochter in die Augen, und der Blick zwischen den beiden ließ Jan frösteln.
»Ich bezieh Ihnen das Bett«, sagte Johanna Küfermann und ging hinaus.
»Ah, da ist er ja!« Triumphierend zog Heiner ein Kellnerbesteck aus der Schublade. »Ich hab nur noch zwei Flaschen Wein im Haus«, sagte er. »Hoffentlich reicht das.«
»Ja«, sagte Jan. »Hoffentlich.«

*

Jan wurde geweckt, als ihm die Sonne durch das Dachfenster ins Gesicht schien. Er orientierte sich mühsam und suchte nach einer Uhr, aber es gab keine. Ein paar Kuscheltiere auf einem Sessel waren das einzige Anzeichen, dass sonst ein Kind hier schlief. Ansonsten war es eine denkbar schlicht eingerichtete Gästekammer. Jan zog Jeans und T-Shirt an und verließ das Zimmer auf der Suche nach dem Bad. Am Fuß der Treppe stand ein kleiner Junge, eine Spielzeugpistole in der Hand. Er sah ihn mit neugierig gerundeten Augen an. Als Jan hinunterkam, hob er die Pistole.
»Pengpengpeng«, sagte er.
Jan machte »Arrgh«, griff sich an die Brust und brach zusammen.
»Maamaa!«, schrie der Junge und rannte ins Erdgeschoss hinunter.
Ich kann mit Kindern einfach nicht umgehen, dachte Jan und folgte ihm. Er stand in der Küche und klammerte sich an die Beine seiner Mutter.
»Keine Sorge, es ist nur ein Kratzer«, sagte Jan, aber der Junge wandte das Gesicht ab und lief aus der Tür.

»Ich habe nur mit ihm spielen wollen«, sagte Jan.
»Aha«, antwortete seine Mutter. »Das Bad ist oben.«
»Danke. Haben Sie vielleicht ein Handtuch?«
»Es liegen welche im Regal. Bedienen Sie sich. Zahnbürste hab ich keine.«
»Passt schon.« Jans Blick fiel auf die Küchenuhr. Er kratzte sich am Kopf. »Ist es wirklich erst halb neun?«, murmelte er und ging die Treppe hinauf. Als er wieder herunterkam, hoffte er halbherzig auf ein Frühstück, aber Johanna Küfermanns Ton war nicht sehr vielversprechend gewesen. Immerhin gab es Kaffee.
»Tut mir Leid, dass ich Ihnen so viele Umstände mache.«
»Halb so wild. Vater hat schon ganz andere Gestalten angeschleppt.«
Jan nippte an seiner Tasse und überlegte, wie dieser Satz gemeint sein konnte.
»Schläft Heiner noch?«
»Ja. Noch eine ganze Weile, wahrscheinlich.«
Schweigend saßen sie sich gegenüber. Jan fiel nichts ein, um die Stimmung aufzulockern, doch das Schweigen wurde ihm bald unangenehm.
»Marco und ich wohnen nur vorübergehend hier bei Vater«, sagte Johanna endlich. »Ich lebe in Scheidung.«
»Verstehe«, nuschelte Jan. Er rieb sich die Nasenwurzel. Die Sonne schien hell in die Küche und blendete ihn. Dies war einfach nicht seine Tageszeit. »Wo ist denn der Kleine?«
»Er spielt im Garten. Das ist schön hier. Ein Garten. In der Stadt muss ich mit ihm immer auf den Spielplatz.« Sie sah in die Sonne, und plötzlich kam es Jan vor, als kämpfe sie gegen Tränen.
»Sie sind nicht gern hier«, sagte er.
Sie zog kurz die Nase hoch und fing sich wieder. »Nein«, sagte sie. Wieder entstand ein merkliches Schweigen.
»Möchten Sie darüber sprechen?«, fragte Jan.
»Nein. Sie sind ein Freund von Vater.«
»Ein Freund? Ich habe ihn gestern erst richtig kennen gelernt. Streng genommen geht es um ein Geschäft.«
»Was haben Sie gestern am Telefon gesagt? Soll er etwa wieder Schlagzeug spielen?«

»Ja. Noch ein Mal. Das Bob-Keltner-Sextett soll wieder auf die Bühne.«

Ihr Kopf zuckte hoch. »Das ist nicht Ihr Ernst?«

»Doch. Bob hat mich beauftragt –«

»Bob Keltner?«, fiel sie ihm ins Wort.

»Ja. In Lissabon.«

Sie atmete tief durch. »Haben Sie vielleicht eine Zigarette?«

Jan schob ihr die Packung über den Tisch. »Ich hoffe, die schmecken Ihnen. Portugiesische.«

Fahrig fummelte sie eine hervor. Jan gab ihr Feuer. Sie hustete nach dem ersten Zug. »Eigentlich hab ich's mir abgewöhnt.«

»Nichts leichter als das. Mach ich zwölfmal im Jahr.«

Sie lachte tatsächlich ein wenig, aber ihr Blick war abwesend.

Jan holte Luft. »Was ist so erschreckend an Bob?«, fragte er. Die Frage stand ihm nicht zu, man hätte sie eine Frechheit nennen können, und genau das las er in ihren Augen. Sie zog an ihrer Zigarette und sah kühl an ihm vorbei. Jan wartete, aber er schien sich für sie in Luft aufgelöst zu haben. Er unterdrückte den aufkommenden Ärger, zuckte die Achseln und stand auf. »Bitte grüßen Sie Ihren Vater von mir. Ich melde mich bei ihm. Ich ziehe wieder ins Hotel.«

»Wenn Sie das tun, wird er mir den Kopf abreißen.« Sie blies Rauch heftig in Richtung Fenster.

Jan verzog das Gesicht. »Was heißt das? Fordern Sie mich auf zu bleiben?«

»Das habe ich nicht gesagt.«

Jan wandte den Kopf ab und zählte in Gedanken bis zehn. »Können wir nicht vernünftig miteinander umgehen?«, fragte er dann. »Tut mir Leid, wenn ich Ihnen hier auf den Wecker gehe, aber ich habe einen Job zu erledigen, für den ich Ihren Vater brauche. Sagen Sie mir, was Sie von mir erwarten, und ich werde versuchen, Ihnen entgegenzukommen.«

»Okay«, sagte sie nach einer Weile, aber dabei sah sie noch immer aus dem Fenster.

»Gut. Dann bleibe ich also. Ich werde telefonieren müssen. Ich glaube nicht, dass Ihr Vater etwas dagegen hat.«

»Telefon steht im Wohnzimmer.« Sie drückte die halb gerauchte Zigarette aus und sah ihn endlich an. »Möchten Sie Frühstück?«

»Gerne«, sagte Jan. Er lächelte ihr ein Friedensangebot zu, und sie lächelte tatsächlich zurück.

*

»Jung«, meldete sich eine weibliche Stimme.

Jan stellte sich vor und fragte nach Richard Jung.

»Um diese Zeit ist der Herr Doktor natürlich in seiner Praxis«, antwortete die Stimme.

»Sind Sie seine Frau?«

Ihr »Ja« ließ genau so lange auf sich warten – und hatte genau den Klang –, dass Jan das Gefühl hatte, eine unverschämte Frage gestellt zu haben. »Seine Sprechstundenhilfe wird Ihnen gern weiterhelfen.«

»Nun, es ist mehr privat ... sozusagen.«

Frau Jung schaffte es, eine Sekunde Schweigen zu einer Beleidigung zu machen.

»Es wäre schön, wenn Sie ein wenig konkreter werden könnten. Sonst muss ich Sie bitten ...« Sie ließ den Satz in der Luft hängen.

»Es geht um das Bob-Keltner-Sextett. Bob möchte die Band noch einmal auf die Bühne bringen.«

Dieses Mal war ihr Schweigen hörbar fassungslos. »Das ist nicht Ihr Ernst«, sagte sie nach Sekunden. »Das Sextett? Nach allem, was passiert ist?«

Was ist denn passiert? Jan musste sich fast auf die Zunge beißen, aber er stellte die Frage nicht. »Ich bin hier bei Heiner Küfermann«, sagte er stattdessen, was von Frau Jung mit einem kühlen »Oh« kommentiert wurde.

»Wann könnte ich mit Ihrem Mann denn einmal persönlich sprechen?«

Wieder ein Schweigen, dieses Mal klang es ratlos, doch dann kam ein entschiedenes: »Gut. Kommen Sie um sechs.«

»Zu Ihrer Privatadresse?«

»Natürlich. Guten Tag.« Sie legte auf. Jan warf einen zweifelnden Blick auf den Telefonhörer. Die Tür zum Wohnzimmer wurde geöffnet, und Marco steckte seinen kleinen Kopf herein. Jan lächelte ihn an und hoffte, damit keinen Fehler zu machen. Marco lächelte auch, darauf winkte Jan mit der Rechten, und der Junge verschwand blitzartig. Jan verzog das Gesicht und nahm seine Telefonliste.

Olaf »Okay« Kranz hatte eine sehr angenehme Stimme, leider auf einem Anrufbeantworter; Jan sprach nicht darauf. Unter der Nummer von Sandra Petalovich meldete sich eine müde Männerstimme. Jan fragte nach Sandra und erhielt die unwirsche Antwort, um diese Zeit sei sie entweder »auf Schicht oder inne Knacke«, es gäbe mithin keinen nachvollziehbaren Grund, zu einer Uhrzeit anzurufen, zu der jeder anständige Mensch noch im Bett liege. Jan schob noch die Frage nach, was von beidem Frau Petalovich denn gerade tue, aber die Leitung war schon unterbrochen. Jan kehrte in die Küche zurück. Der Junge versteckte sich unter dem Tisch, als er hereinkam.

»Sag Herrn Richter guten Tag, Marco«, sagte seine Mutter.

Vorsichtig lugte er hervor, ganz kurz nur. »Tag«, sagte er.

»Hallo, Marco, du kannst Jan zu mir sagen.«

»Tag, Jan«, antwortete es aus dem Dunkel unter dem Tisch, dann Schweigen.

Mehr gibt's nicht, dachte Jan und wandte sich an Johanna Küfermann. »Ihr Vater sprach von einem Fahrrad«, sagte er, wobei er sich nicht genau erinnerte, ob Heiner das vielleicht eher generell gemeint hatte.

»Und?«

»Gibt es eins, das ich mir leihen könnte?«

Sie nahm einen kleinen Schlüsselbund von einem Haken über der Spüle und reichte ihn Jan. »Meins brauch ich selbst. Vaters steht in der Garage. Vorn raus und dann links.« Jan nickte, und sie sagte: »Flickzeug muss da auch irgendwo sein.«

Jan nahm den Schlüssel und ging hinaus. Es fiel ihm schwer, aber er drehte sich nicht noch einmal um.

*

Heiners Rad war seit Jahren nicht bewegt worden, und die Werkzeugauswahl war höchst lückenhaft. Es wurde Mittag, bis Jan das alte Peugeot-Dreigang-Herrenrad halbwegs fahrbereit hatte. Heiner lag immer noch im Bett, also verabschiedete Jan sich von Johanna Küfermann und machte sich auf den Weg in die Stadt. Der Stolz verbot es ihm, Heiners Tochter nach dem Weg zu fragen, obwohl er nur eine vage Vorstellung hatte, wo er sich befand. Aber von der nächsten Ecke aus entdeckte er den Rhein und konnte sich wieder orientieren.

Die Sonne hatte sich verzogen, sobald sie ihn geweckt hatte. Jetzt war der Tag kühl und grau. Jan hoffte, dass es trocken bliebe. Er rollte über den Radweg am Ufer und dann zwischen den Resten der belgischen Kaserne entlang. Von den Poller Wiesen aus sah er auf der anderen Rheinseite eine riesige Baustelle, wo früher das Gelände des Rheinauhafens gewesen war. Offenbar wurde das gesamte Areal umgegraben. Jan nahm den südlichen der Wege über die Südbrücke. Er hätte gern den nördlichen genommen, wegen des Blickes auf die Stadt, aber der war »wegen Baumängeln« gesperrt. Als er seinen Drahtesel – ein anderer Name fiel ihm für das Gefährt nicht ein – die Treppe auf der anderen Seite hinuntergeschleppt hatte, sprang ihm beim Aufsteigen die Kette ab. Flüche murmelnd fummelte er sie wieder auf das Ritzel und versuchte mit seinem letzten Papiertaschentuch, die Finger wieder ölfrei zu bekommen. Als er gerade am Ubierring vorbei war, setzte ein nieseliger Regen ein. Er überlegte, ob das »Früh im Veedel« noch wegen Einsturzgefahr geschlossen war – wie vor vier Jahren –, aber er traute dem Kölner wohl zu, eine Bahnbrücke zur Ruine verkommen zu lassen, jedoch nicht ein Brauhaus. Er suchte sich erfolgreich den Weg durch das Labyrinth des Vringsveedels zum Chlodwigplatz und wurde nicht enttäuscht: Das »Früh« war natürlich längst in schon gar nicht mehr neuem Glanz wieder eröffnet.

Zurück in der Heimat, dachte er, als er aus dem Regen in die vertraute Atmosphäre trat. Er sah sich in dem mittäglich schwach besuchten Gastraum um. Nur wenig erinnerte hier an den hektischen Betrieb im »Früh am Dom«. Einige Rentner, eine Gruppe Studenten (Chemie, dachte Jan, und die Freundinnen heißen alle irgendwie Karin), zwei orange gekleidete Arbeiter in ihrer Mittagspause und ein einzelner ernsthafter Trinker, das war schon die gesamte Besatzung.

Er setzte sich an einen Tisch und nahm sich einen liegen gelassenen zerfledderten Express vor. Drei Kölsch später hatte er die Zeitung durch und den Eindruck gewonnen, dass es während seiner Abwesenheit weder in Köln noch in Deutschland wirklich wesentliche Veränderungen gegeben hatte, und er fragte sich, ob das bedauerlich war, außer dass der FC mal wieder abstieg. Der muffige Blick eines Rentners traf ihn, der ihm hinter einem Gedeck verschanzt gegenübersaß.

Ich vermisse Quitéria, dachte er, und ich vermisse Lissabon. Er nahm sich vor anzurufen, sobald er wieder bei Heiner war, und fragte sich, ob man Heimweh auch in zwei Richtungen haben konnte. Als er gerade sein viertes Kölsch in Empfang genommen hatte, öffnete sich die Tür. Er überlegte kurz, sich hinter der Zeitung zu verstecken, aber es war zu spät. Friedhelm Aufdemsee entdeckte ihn sofort.

»Ja, ist es die Möglichkeit, der Herr Richter!«, rief er in seinem heuchlerischen Wienerisch. Er kam auf ihn zu, in seinem Gefolge eine verhuscht wirkende kleine Brünette, die Jan dümmlich angrinste. »Dürfen wir Platz nehmen?«

»Bitte, ich muss sowieso gleich los.«

»Das ist nicht dein Ernst. Da sieht man sich nach so langer Zeit mal wieder, und der Herr Richter will gleich wieder weg. Wie geht's denn alleweil?«

»Hab schon besser geklagt«, brummte Jan und trank sein Glas leer. Der Köbes kam und knallte drei Kölsch auf den Tisch.

»Ich möchte dann zahlen«, sagte Jan, »stimmt so.« Er legte einen Fünfeuroschein auf den Tisch, den der Köbes mit hochgezogenen Brauen entgegennahm. »Mer sinn hier nit op d'r Nüsserstross, do musste schon noch wat droppleje. Dat waren fünnef.«

»Schreiben Sie das fünfte bei mir auf«, sagte Aufdemsee und lächelte anzüglich. »Der Herr Richter ist immer ein bisschen knapp, nicht wahr?«

Jan stand auf.

»He, Jan, wer wird denn gleich beleidigt sein?« Er hielt ihn am Ärmel fest. »Trink wenigstens noch dein Bier aus.«

Jan setzte sich wieder und nahm sein Glas.

»Zum Wohle«, sagte Aufdemsee und stieß an.

»Zum Wohle«, piepste auch die Verhuschte. Aufdemsee machte keinerlei Anstalten, sie vorzustellen.

»Im Ernst, was treibst du hier? Ich dachte, du bist Großgastronom in Lissabon?«

»*Deine* Gastronomiekarriere war ja nur kurz, wie ich hörte«, sagte Jan finster.

»Immer noch bös auf mich?«, fragte Aufdemsee. »Musst wissen, Kleines, von dem Herrn Richter hab ich damals das ›Cool Moon‹ gekauft. *Ich* verlier Geld, und *er* ist traurig.« Er lachte, und die Frau stimmte pflichtschuldig ein.

Aufdemsee hatte Jan vor viereinhalb Jahren sein geliebtes »Cool Moon Cologne« abgenommen – gut, er hatte einen angemessenen Preis bezahlt, aber Jan hatte nicht wirklich freiwillig verkauft. In seiner Erinnerung war und blieb Aufdemsee ein Erpresser. Nicht genug damit, hatte dieser Kretin nicht mehr als dreiundzwanzig Monate benötigt, das »Cool Moon« endgültig vor die Wand zu fahren. Mittlerweile hatte man einen Spielsalon aus Jans Lebenstraum gemacht. Er stürzte sein Bier herunter und stand auf. »Tut mir Leid, ich muss wirklich los.«

»Ts ts, wirklich nicht sehr höflich, der Herr Richter, muss ich sagen!« Aufdemsees Gelächter schallte hinter ihm her, als er hinaus in den Regen trat, der sich mittlerweile vom Niesel- zum veritablen Landregen entwickelt hatte. Von all den Nasen, die er in Köln kannte, musste ihm ausgerechnet dieser Drecksack über den Weg laufen. »Ganz ruhig, Jan. Heu-wä-gel-chen«, sagte er leise und schob das Rad an der Torburg vorbei zur Severinstraße. Der Verkehr in der engen Straße ließ ihm keine Chance, mit dem Rad gegenan zu fahren.

»Seit wann läuft denn die Einbahnstraße *so* rum?«, fragte er einen Passanten, doch der antwortete nur: »U-Bahn« und hinterließ ihn ratlos. Er schlängelte sich über den engen Bürgersteig, bis er einen Alles-zum-halben-Preis-Laden fand, in dem er eine Regenjacke und eine Kappe kaufen konnte. Er nahm das Billigste, was zu kriegen war, und es sah auch genauso aus. Nun etwas wasserdichter, schwang er sich auf sein Rad, bog in die Jakobstraße ab und machte sich auf den Weg zu seinem Hotel.

Als Letztes seiner Art nahm es keine Kreditkarten. Nachdem

Jan bei einem unwirschen Portier ausgecheckt und seine Tasche vom Zimmer geholt hatte, zählte er seine Hunderteuroscheine – es waren noch vier und ein paar kleine Scheine. Das Geld würde nicht reichen. Er hatte es von Beginn an gewusst, es aber konsequent verdrängt. Den Rest seiner Barvorräte hatte er Quitéria dagelassen, schließlich mussten Rechnungen bezahlt und der Betrieb aufrecht gehalten werden. Wenn ich es nicht in zwei Wochen schaffe, schaffe ich es auch nicht in drei Monaten, dachte er. Im Ernstfall würde er Löwenstein um einen Überbrückungskredit bitten, aber er hatte eine Ahnung, was der ihm antworten würde. Warum tu ich mir das an?, fragte er sich, aber er kannte die Antwort. Es waren nur ein paar Worte. Jazz. Cool. Und: Blues.

*

Er schnallte die Reisetasche auf den Gepäckträger und quälte sich durch den Verkehr über die Moselstraße nach Norden. Es waren noch etliche Stunden bis zu seinem Termin bei Richard Jung. Etwas unentschlossen bog er in die Lindenstraße und dann in die Brüsseler. Langsam fuhr er an seiner alten Wohnung vorbei, dann hielt er doch an und schob sein Rad zurück bis zur Haustür. »crazee@cologne.medienconsulting.com« stand auf seinem Klingelschild. Er sah hoch, in jedem der Fenster klebte ein Schild »Provisionsfrei!« über einer großen Telefonnummer. Die Tür öffnete sich, und einer seiner alten Nachbarn trat auf die Straße.

»Tag, Herr Schulten. Lange nicht gesehen.«

»Tach, Herr …« Herr Schulten lupfte kurz den Hut und ging davon, ohne ihn erkannt zu haben. Ein Reflex ließ Jan vom Rad steigen und die Tür festhalten. Er betrat das Treppenhaus – Rad und Tasche nur mit ungutem Gefühl auf der Straße zurücklassend. Niemand war zu hören oder zu sehen. Mit ein paar Schritten war er an der Tür zum Hof und drehte den klemmenden Schlüssel um. Als er die widerspenstige Tür offen hatte und in den krautbewachsenen engen Hinterhof hinaustrat, traute er seinen Augen nicht. Aber da stand es: überwuchert, verdreckt von vier Jahren Kölner Luft und Regen, rostig an manchen Stellen und mit plattem Vorderrad, aber es war noch da! Sein geliebtes Faggin. Sein

Herz schlug im Hals, als habe er einen totgeglaubten Freund wieder getroffen. Ohne groß nachzudenken, riss er das Rennrad aus der Umklammerung des Unkrauts, was mehr Kraft kostete, als er erwartet hatte, und schob es auf die Straße. Da stand er mit zwei Fahrrädern und hatte keine Ahnung, was er damit anfangen sollte. Dann sah er gegenüber am Hotel Hopper einen Fahrgast aus einem Kombitaxi steigen und machte den Fahrer gestikulierend auf sich aufmerksam. Der Mann erklärte sich bereit, Rad und Tasche zu Heiner nach Westhoven zu bringen, und verlangte dafür einen Preis, der Jan halbwegs realistisch schien. In Lissabon hätte er trotzdem gefeilscht. Der Fahrer ließ Jan mit seinem Handy bei Heiner anrufen, um die Lieferung anzukündigen.

»Dat olle Dingen?«, brummte der Fahrer, als er das Rad einlud. Jan blickte dem Wagen hinterher und fuhr weiter in Richtung Norden. Am Stadtgarten bog er in den Park ab. Die schlammigen Pfützen verdreckten ihm Hose und Schuhe, aber er beachtete es nicht. Er fuhr am Bahndamm entlang. Immer noch rosteten Metall-Statuen bei Ifficial-Art vor sich hin, und er war nicht sicher, ob es neue waren oder immer noch dieselben. Als er auf die Brücke über die Gladbacher fuhr, bremste er scharf und hielt an.

»Weia«, entfuhr es ihm, als er das Hochhaus im Mediapark sah. Irgendwie hatte er nie ernsthaft an die Verwirklichung dieses Gebäudes geglaubt. Das Haus war in der Tat beeindruckend hoch, aber seltsam unproportioniert, als habe man ihm etwas an die Seiten gepappt, was der Architekt eigentlich gar nicht geplant hatte. Aber kein Zweifel: Der Mediapark war tatsächlich *fertig*! Nach nur fünfzehn Jahren Bauzeit, dachte er – das war kaum schneller, als es wahrscheinlich in Lissabon gedauert hätte. Dass sie fertig war, machte die Gebäudeansammlung ebenso wenig schön wie der euphemistische Namenszusatz »Park«. Das Ganze erinnerte Jan an Bilder, die er vom Potsdamer Platz gesehen hatte, nur eben im kleineren, kölschen Maßstab. Als er sich dem Hochhaus näherte, sah er, dass man die Glasfassade bemalt hatte. Er erkannte einigermaßen fassungslos, dass es sich um Motive aus der Kölner Altstadt handelte. Es dauerte einen Moment, aber schließlich begann er zu lachen, bis ihm die Tränen kamen. Ach, Köln, dachte er, während er weiter am Cinedom vorbei zur Maybachstraße fuhr. Als er sich am Saturn unter Lebensgefahr über die Kreuzung kämpfen musste, meinte er wirklich, eine Mediterranisierung in Köln festzustellen, zumindest, was das Verkehrsverhalten anging. Dann fiel sein Blick auf ein gigantisches Werbebanner an der Fassade, und er sagte zum zweiten Mal: »Weia.«

»Geiz ist geil«, behauptete das Plakat, und Jan starrte es erschüttert an. Das können die nicht ernst meinen, dachte er, aber er fühlte, dass er sich irrte. Er hatte den Spruch ein paarmal von deutschen Touristen im »Cool Moon of Lissabon« gehört, ihn aber für irgendeinen blöden Scherz gehalten. Das hier war todernst. In diesem Land ist doch einiges passiert, was ich nicht mitgekriegt habe, dachte er.

*

Er gelangte tatsächlich ohne übertriebene Umwege in die Ursulagartenstraße und war schon ein bisschen stolz, sich nicht verfahren zu haben. Seine Orientierung funktionierte noch, solange er sich nicht um Einbahnstraßen kümmern musste. »Petalovich/Freudenberg« stand auf dem Klingelschild, und auf sein Klingeln wurde sofort geöffnet. Er stieg die Treppe hinauf und las suchend die Namen auf den Türen. Im zweiten Stock wartete ein nicht mehr ganz junger Mann mit schulterlangem Haar auf ihn. Er war barfuß und trug Boxershorts und ein bedrucktes T-Shirt. Jan vermutete in ihm den Mann, den er heute Morgen aus dem Bett telefoniert hatte, und erwartete deswegen wenig Entgegenkommen.

»Ist Frau Petalovich zu sprechen?«
»Nee, ist auf Arbeit.«
»Wann ist sie denn zu erreichen?«
»Keine Ahnung. Heute Abend. Oder morgen. Ab *Mittag*.«
»Verstehe. Tut mir Leid, dass ich Sie heute geweckt habe ...«
Seine Reue kam an. Die Züge des Mannes entspannten sich. Er nickte befriedigt, als habe er auf diese Entschuldigung gewartet.
»Schon gut, aber tun Sie das nicht wieder.«
»Bestimmt nicht.«
»Kann *ich* Ihnen vielleicht helfen? Um was geht's denn?«

»Ich weiß nicht ... Sind Sie ihr Freund?«

Er schüttelte den Kopf. »WG«, sagte er nur.

»Wissen Sie, ob sie mit einer Vera Petalovich verwandt ist? Ihre Mutter vielleicht?«

Wieder schüttelte er den Kopf. »Nein. Keine Ahnung. Ihre Mutter lebt im Bergischen. Soweit ich weiß, ist sie wohl ein bisschen ...« Er wies mit dem Zeigefinger auf seine Schläfe und machte eine drehende Bewegung. »Aber ihren Vornamen kenne ich nicht. Da müssen Sie Sandra selbst fragen.«

»Das werde ich tun, vielen Dank. Tschüss.« Jan ging die erste Stufe hinunter, dann hielt er inne und drehte sich um. »Eine Frage noch: Spielt Sandras Mutter vielleicht Klavier?«

Der Mann überlegte einen Moment. »Ich meine, Sandra hat mal erzählt, sie sei Klavierlehrerin. Aber ich bin nicht ganz sicher.«

Jan verabschiedete sich mit einem Winken und lief die Treppe hinunter.

Es war noch weit vor sechs, als er in die Schnitzler-Straße bog. Das Grundstück der Jungs lag hinter einer schulterhohen weißen Mauer. Vor dem schlicht schwarzen Gittertor stieg Jan vom Rad und sah sich das imposante Einfamilienhaus an. Richard Jung hatte offenbar seinen Weg gemacht, und dieser Weg hieß nicht Jazz. Es begann zu dämmern, und hinter einem der Fenster wurde Licht eingeschaltet. Er entschloss sich zu klingeln, obwohl er zu früh war. Eine Stimme meldete sich am Türsprecher, und das Gittertor wurde geöffnet, als Jan seinen Namen nannte. Frau Jung erwartete ihn an der Haustür. Sie war eine beeindruckende Erscheinung, und das wusste sie auch. Ihre ohnehin erhebliche Länge unterstrich sie mit hochhackigen Stiefeletten. Das grüne Kleid kam nach Jans Vermutung nicht von der Stange und betonte angemessen, was an ihrem athletisch wirkenden Körper rund war. Die goldblonden Haare waren zu einer Löwenmähne frisiert, die Jan an Farrah Fawcett erinnerte und ihm irgendwie unpassend altmodisch vorkam.

»Sie sind früh, Herr Richter«, sagte sie und musterte leicht befremdet seine Regenmontur. »Macht aber nichts. Treten Sie ein.« Sie lächelte mit kühlen Augen. Ihr Gesicht zeigte keine Falten. Jan schätzte sie auf Mitte fünfzig, ein Alter, in dem ein derart glattes

Gesicht nur chirurgisch herzustellen war. Er misstraute Menschen, die nur eine Maske zeigten. Aus der Nähe wirkte auch ihre Oberweite unglaubhaft.

Jan folgte ihr in die Halle. Die Wände waren in nobel schlichtem Weiß gehalten, und sämtliches Metall – Lampen, Klinken und das Geländer der breiten Treppe – war Messing.

»Möchten Sie einen Drink?« Ohne seine Antwort abzuwarten, ging sie vor ihm her durch eine offen stehende Tür in ein Kaminzimmer. Drei Wände des Raumes wurden von deckenhohen Bücherregalen eingenommen, an der vierten befand sich eine Bar. Eine wuchtige dunkelbraune Ledergarnitur, um einen Rauchtisch gruppiert, dominierte den Raum, aber Jans Blick wurde von etwas anderem gefesselt. Neben der Bar lehnte ein großer Kontrabass unter einem Ölporträt von Charles Mingus. Er ging zu dem Instrument und strich sanft über den Korpus. »Spielt Ihr Mann den noch?«

»Gelegentlich.« Auf der Bar stand ein fast leeres Martiniglas, das sie aus einem Shaker nachfüllte. »Was trinken Sie? Scotch?«

»Gerne.«

Sie griff eine Flasche aus dem Regal und stellte sie auf die Bar, Jan identifizierte erfreut einen Lagavulin.

»Eis?«

»Um Gottes willen«, entfuhr es ihm. Sie hob die Brauen. »Ein kleines Glas Leitungswasser dazu, wenn das möglich ist«, schob er betont freundlich hinterher.

»Darf's auch Evian sein?«

»Natürlich.«

»Nehmen Sie Platz, ich bring's zum Tisch.«

Vorsichtig ließ Jan sich in einen der Ledersessel sinken. Das Möbel vermittelte ihm das Gefühl, nie wieder aufstehen zu wollen. Seine Gastgeberin balancierte Gläser, Flaschen und den Shaker auf einem Ebenholztablett zum Tisch. Etwas in ihren Bewegungen ließ Jan vermuten, dass der Martini heute schon eine Reihe von Vorgängern gehabt hatte.

»Cheers«, sagte sie, sobald sie saß, und trank, ohne auf Jan zu warten. Er hoffte, Richard Jung würde ihn nicht allzu lange mit seiner Gattin allein lassen, aber er wurde enttäuscht.

»Richard wird kaum vor sieben da sein«, sagte sie. »Ich habe Sie extra etwas früher bestellt, weil ich vorher ein paar Worte allein mit Ihnen wechseln wollte.«

»Warum?«

»Ich möchte nicht, dass Richard eine Dummheit macht.« Sie wedelte vielsagend mit der Linken, während sie mit der Rechten ihr Glas zum Mund führte.

»Es geht nur um ein Konzert, wieso sollte das eine Dummheit sein?«

»Wenn Sie damals dabei gewesen wären ...« Mit einer theatralischen Geste presste sie einen Handrücken an die Stirn und sank in ihrem Sessel zurück.

»Waren *Sie* dabei?«

»Natürlich!« Sie sah ihn an, als könne nur ein Banause eine solche Frage stellen.

»Verzeihung, das wusste ich nicht«, beeilte er sich zu versichern.

»Ich war damals schon mit Richard verlobt.« Mit stolz gerecktem Kinn saß sie da, als wäre diese Verlobung eine bewunderungswürdige Leistung gewesen. Jan setzte einen betont erstaunten Blick auf und fragte: »Waren Sie damals nicht noch sehr jung?«

»O natürlich«, antwortete sie wie aus der Pistole geschossen. »*Sehr* jung.« Sie lächelte, nannte aber keine Zahl. Ihr Blick wurde schelmisch. »Aber Jung bin ich ja immer noch«, sagte sie und kicherte. »Sie verstehen: ›Jung‹.«

Jan lachte pflichtschuldig. Sie nahm zufrieden einen Schluck aus ihrem Glas und legte einen Arm über die Lehne ihres Sessels.

»Ach, es waren herrliche Zeiten. So ... frei.«

Schon Pille, noch kein AIDS, dachte Jan. Wer wäre da nicht gern dabei gewesen.

»Wir haben eine Menge Unfug gemacht, damals. Man hat ja alles Mögliche ausprobiert. Haschisch, LSD, freie Liebe. Das darf man heute ja gar keinem mehr erzählen. Manchmal hätte ich richtig Lust, mal wieder einen Joint zu rauchen.« Sie nahm den Shaker, um ihr Glas aufzufüllen, aber er war leer. Unglücklich sah sie ihn an. »Können Sie Martinis machen? Richtig trockene?«

Jan nahm den Shaker und stand auf. »Natürlich, ich betreibe eine Bar.« Er nutzte die Gelegenheit, sich etwas im Raum zu bewegen, es entspannte die Situation. Er ging hinter die Bar und fand Bombay Sapphire Gin und Noilly Pratt Vermouth. Frau Jung trank so nobel wie heftig. Er mixte einen extra trockenen Dreifachen und brachte den Shaker und ein frisches Glas zum Tisch.

Frau Jung nickte anerkennend nach dem ersten Schluck. »Sie können bei mir anfangen.«

Jan blieb stehen und betrachtete die Bücher im Regal vor ihm. Sie sahen nicht sehr gelesen aus. Die meisten Autoren sagten ihm nichts. Er entdeckte einen Flaubert, doch den Titel hatte er noch nie gehört.

»Interessieren Sie sich für Literatur?«, fragte Frau Jung.

»Ein wenig«, antwortete Jan und fürchtete eine Fachdiskussion, aber sie sagte:

»Bedienen Sie sich. Nehmen Sie mit, was Sie wollen. Richard hat sie gekauft, aber er hat überhaupt keine Zeit, sie zu lesen. Und ich mag diese Schinken nicht.«

»Vielleicht finden Sie oder Ihr Mann ja später Gefallen daran.« Wieso sag ich so was, dachte er, das würde mir sonst nie einfallen. Wahrscheinlich lag es an der Einrichtung.

Frau Jung machte eine abfällige Bewegung. »Später! Was soll später schon sein? Dann *heißen* wir nur noch Jung. Richard ist jetzt schon fast alt.«

»Wie alt ist er denn?«

»Achtundfünfzig. Aber ich meine nicht die Jahre.«

»Vielleicht würde es ihm dann ja gut tun, noch mal auf der Bühne zu stehen.«

»Oh, das würde … ich meine: nein, nicht wirklich, nicht mit Bob und den anderen.«

»Wieso nicht?«

»Es hat Streit gegeben, zwischen Richard und Bob vor allem. Es ging um Geld.«

»Um Geld?« Jan wies in den Raum, in dem sie saßen. »Ich weiß ja nicht, von welchem Betrag Sie reden, aber der dürfte doch heute für Ihren Mann nicht mehr wirklich relevant sein.«

»Nein, natürlich nicht. Aber es geht nicht um den Betrag, sondern ums Prinzip. Richard macht keine Geschäfte mit Leuten, die ihn einmal hintergangen haben.« Sie gab sich sehr überzeugt, aber Jan glaubte ihr keine Sekunde.

»Ist das Richards Prinzip – oder Ihres?«, fragte er.

Sie trank ihren Martini aus und schenkte sich nach. »Sie sind unverschämt, Herr Richter«, sagte sie und prostete ihm zu, was ihren Worten die Schärfe nahm.

»Und warum müssen Sie dann allein mit mir sprechen – ohne Ihren Mann –, wenn er so feste Prinzipien hat?«

»Sie *sind* unverschämt, Herr Richter. Warum soll ich mir Ihre Beleidigungen weiter anhören?« Sie versuchte, ihn empört anzuschauen, aber die Unsicherheit in ihrem Blick war unübersehbar.

»Sie brauchen nicht mit mir zu reden, Frau Jung. Ich werde mit Ihrem Mann sprechen, das war ohnehin das, was ich wollte.« Jan hoffte, mit seiner Antwort keine Tür zugeschlagen zu haben. Er vermutete, dass er sich Frau Jung als Gegnerin nicht leisten konnte. Doch die Situation ging ihm auf die Nerven. »Vielen Dank für den Whisky«, sagte er und stellte sein Glas ab.

Sie streckte abwehrend die Hand aus. »Warten Sie. Ich wollte Sie nicht verjagen. Sie müssen mir erzählen. Worum genau geht es bei diesem Konzert?«

Jan ließ sich wieder in seinen Sessel sinken. Mittlerweile hätte wohl auch der größte Trottel bemerkt, dass sie gegen das Konzert war, zumindest gegen die Teilnahme ihres Gatten. Sie versuchte, ihn auszuhorchen, um sich gegenüber ihrem Mann in Position zu bringen, falls dessen Prinzipien doch nicht ganz so fest waren, wie sie behauptete. Aber eine Runde gegen Frau Jung würden seine Nerven noch mitmachen, wenn er dabei weitertrinken konnte. Jan konnte nicht glauben, dass Richard Jung nicht würde spielen wollen: ein Mann, der sein Instrument neben seine Bar stellte.

»Lassen Sie uns ernsthaft reden, Frau Jung«, sagte er.

»Nennen Sie mich Heidi.« Ihr Strahlen schien von einer panischen Fröhlichkeit. »Sie heißen Jan, sagten Sie am Telefon, oder?«

Jan nickte. Sie stieß ihr Glas an seines, und sie tranken beide.

»Dann also ernsthaft, Heidi. Haben Sie Ihrem Mann von meinem Anruf erzählt?«

»Nein, natürlich nicht, wann denn? Er ist nach wie vor in der Praxis.«

»Es gibt dieses Ding mit dem Hörer und den Tasten, wie heißt es noch? Telefon?«

»So wichtig schien mir die Sache nicht.«

»Aber wichtig genug, mich vorher abzufangen.« Er lächelte, obwohl er lieber gebrüllt hätte. Aber er konnte es sich nicht leisten, sie zu vergrätzen; nicht, bevor er mit ihrem Mann gesprochen hatte.

»Schauen Sie, Jan: Ich weiß, wie nahe Richard die Geschichte damals gegangen ist, und ich versuche, so viel Unangenehmes wie möglich von ihm fern zu halten, das ist doch das Wenigste, was ich für meinen Mann tun kann. Er arbeitet so hart. Was sagen eigentlich die anderen Musiker zu der Sache?«

Nebenkriegsschauplatz, dachte Jan. Sie war ein harter Brocken. »Heiner ist begeistert«, antwortete er.

»Tatsächlich?« Sie schien ernsthaft irritiert. »Das ist ja erstaunlich«, setzte sie leise hinzu, mehr zu sich als zu Jan.

»Und Okay und … na, wie hieß sie noch …?« Sie fuchtelte mit der Hand in der Luft.

»Vera. Vera Petalovich.«

»Ach ja. Genau. Die kleine Pianistin.«

»Mit den beiden habe ich noch nicht gesprochen.«

Sie versuchte einen undurchdringlichen Blick, aber Jan glaubte Befriedigung in ihren Augen zu entdecken.

»Ich habe Veras Tochter ausfindig gemacht. Ich werde Vera morgen treffen.« Nicht ganz die Wahrheit, aber nah genug dran, dachte er. Die Befriedigung, wenn sie denn wirklich da gewesen war, verschwand aus ihrem Blick.

»Morgen?«, fragte sie leise und nippte an ihrem Glas. Sie wirkte plötzlich müde. »Ich dachte, sie wohnt nicht mehr in Köln?«

»Das ist richtig. Aber sie ist in Reichweite.«

Sie stellte ihr Glas hart auf die Marmorplatte des Tisches und starrte zu Boden. Sie sah aus, als wäre ein Schalter umgelegt worden und alle Martinis dieses Tages begännen gleichzeitig zu wirken. Ihr Blick wurde glasig. »Scheiße«, sagte sie. »Vera.«

Er schwieg, während sie vor seinen Augen langsam die Fassung verlor. Es waren Winzigkeiten in ihren Bewegungen, die Art, wie sie vor sich hin starrte, die ihren Zustand zeigten. »Ich brauche meine Tabletten«, murmelte sie und stand auf. Auch Jan erhob sich, wollte sie stützen, aber sie wehrte ihn ab und verließ das Zimmer. Er sank in den Sessel zurück, griff nach seinem Glas und warf einen skeptischen Blick darauf, bevor er es austrank. »Ffuuhh«, machte er dann und kratzte sich am Kopf. Alkohol war wirklich eine der gefährlichsten Drogen. Über der Bar hing eine Uhr, sie zeigte kurz vor halb sieben. Außer ihrer Aussage gab es keinen Grund anzunehmen, Richard Jung käme wirklich um sieben. Es konnte genauso gut noch Stunden dauern, und so lange gedachte er nicht, hier zu bleiben. Er fragte sich, ob er Heidi Jung in ihrem Zustand allein lassen konnte. Aber sie war wohl kaum zum ersten Mal betrunken. Richard Jung war Mediziner – das jedenfalls schloss Jan aus der Erwähnung einer »Praxis« –, und als Mediziner würde er erkannt haben, was mit seiner Frau los war. Ein PAL, dachte Jan, ein »Problem anderer Leute«, aber es konnte sein, dass er sich irrte. Er würde an Heidi Jung nicht vorbeikommen, wenn er das Bob-Keltner-Sextett zurück auf die Bühne bringen wollte. Der Minutenzeiger der Wanduhr machte einen Schritt nach vorn und noch einen. Und noch einen.

Wenn ich hier bleiben soll, dachte er, muss ich noch was trinken. Er schenkte sich aus der fast vollen Flasche Lagavulin nach und versuchte, sich in Geduld zu fassen. Als auch das zweite Glas leer war, raffte er sich auf und ging auf die Suche nach seiner Gastgeberin. Er klopfte höflich an alle Türen im Erdgeschoss, bevor er sie öffnete. Er fand niemanden und stieg die Treppe hinauf. Hier erhielt er Antwort auf sein Klopfen.

»Was?«, fauchte Heidi Jung hinter der Tür.

»Ich wollte nur fragen, ob alles in Ordnung ist.«

»Gehen Sie. Bitte hauen Sie ab.«

»Ich würde gern noch Ihren Mann abwarten.«

»Nein. Ich will nicht, dass Sie hier bleiben.«

»Wie Sie meinen.« Als Jan im Erdgeschoss ankam, wurde die Haustür geöffnet, und Richard Jung trat ein. Er war groß, schlank, die kurzen Haare waren eisgrau und dicht. Er trug einen Kamelhaarmantel und sah für Jans Dafürhalten entschieden gut aus.

»Darf ich fragen, was Sie hier zu suchen haben?« Der Blick, mit dem er Jan musterte, war weniger überrascht als gelangweilt oder angeekelt.

»Ich hatte gerade eine Unterhaltung mit Ihrer Frau«, sagte Jan, »aber –«

»Eine Unter*halt*ung?« Jung verzog den Mund. »Die scheint ja nun beendet, und deshalb möchte ich Sie bitten zu gehen.«

»Verzeihen Sie, Herr Jung, aber eigentlich wollte ich –«

»*Bitte*«, sagte er und wies zur Tür.

»Ich wollte mit Ihnen reden, Herr Jung. Mein Name ist Richter, ich muss –«

»Machen Sie bitte, dass Sie rauskommen.« Jung öffnete mit der Linken die Tür, mit der Rechten fasste er Jans Schulter und schob ihn sanft, aber nachdrücklich hinaus.

»Bob Keltner schickt mich«, sagte Jan hastig, aber Jung hielt nicht inne. Erst nach zwei Sekunden schien er verstanden zu haben, was Jan gesagt hatte.

»Sie nehmen mich auf den Arm«, sagte er, die Hand immer noch auf Jans Schulter.

»Nein. Er will noch einmal auf die Bühne. Mit dem Sextett beziehungsweise dem Rest davon.« Sie standen auf der Türschwelle, Richard Jung sah ihn lange an, bis er ihn endlich losließ und sagte: »Kommen Sie rein.« Er schloss die Tür, blieb aber in der Halle stehen.

Jan berichtete in Kurzfassung von seinem Treffen mit Keltner. Nur langsam wich die Skepsis aus dem Gesicht seines Gegenübers, und als Jan von Heiner Küfermann und dessen Begeisterung erzählte, erschien sie erneut.

»Heiner will mitspielen? Mit Bob?«

»Ja.« Jan sah ihn offen an. »Etwas anderes als meine persönliche Ehrlichkeit kann ich Ihnen als Beweis nicht anbieten. Aber: Warum sollte ich das alles erfinden?«

So etwas wie ein Lächeln entstand auf Jungs Gesicht. »Ich bin Psychiater, Herr Richter. Wenn Sie eine Ahnung hätten, aus welchen Gründen Menschen *was* erfinden, würden Sie so eine Frage nicht stellen.« Er zog seinen Mantel aus und hängte ihn an der Garderobe säuberlich auf einen Bügel. »Kommen Sie.« Jan folgte ihm ins Kaminzimmer.

»Sie trinken Scotch, wie ich sehe«, sagte er nach einem kurzen Blick auf den Tisch. Er ging zur Bar und holte sich eine Flasche

Perrier aus dem Kühlschrank. »Habe ich mir abgewöhnt ... notgedrungen«, setzte er hinzu. »*Einer* sollte einen klaren Kopf behalten. Aber bitte, tun Sie sich keinen Zwang an.«

»Oh, nein danke, ich hatte schon.«

»Wie Sie meinen.« Jan ließ sich auf das Sofa fallen und bat Jan mit einer Handbewegung, Platz zu nehmen.

»Ihre Frau ...«, Jung suchte nach einer Formulierung, »Sie ist oben im Bad, glaube ich.«

Jung winkte ab. »Ich kann jetzt eh nichts tun, außer hier unten den Schnaps zu bewachen.«

»Sind Sie sicher, dass sie oben keinen hat?«

»Wie könnte ich das sein?« Jung lachte, kurz und resigniert. »Aber lassen Sie uns über Bob reden. Was steckt dahinter?«

Jan erzählte von Keltners auslaufendem Plattenvertrag und dem Zeitdruck, unter dem das Unternehmen stand. Jung öffnete das Perrier und trank aus der Flasche. Eine Weile sah er konzentriert ins Nichts. Dann wanderte sein Blick zu seinem Bass neben der Bar und schließlich zu Jan.

»Glauben Sie ihm die Geschichte?«, fragte er.

»Natürlich«, antwortete Jan, aber es war ihm klar, dass es dafür keinen Grund gab, außer dass es ebenfalls keinen Grund gab, an Keltner zu zweifeln. Unter Richard Jungs Blick bröckelte diese Kausalkette mächtig.

»*Sie* glauben sie nicht?«, fragte er.

Jung zuckte die Achseln. »Wie ich schon sagte: Ich höre eine Menge Geschichten.«

»Bob machte mir nicht den Eindruck, als bräuchte er einen Psychiater.«

»Nachdem Sie ihn zweimal gesehen haben, können Sie das beurteilen? Das könnte nicht einmal ich sicher. Manchmal denke ich, die Hälfte meiner Patienten bräuchte eigentlich gar keinen, aber gut die Hälfte der Leute, die keinen zu brauchen glaubt, sollte besser mal hingehen.«

Die Tür öffnete sich, und Heidi Jung kam mit unsicheren Schritten herein.

»Ich hatte Sie gebeten zu gehen«, sagte sie zu Jan mit dem beleidigten Unterton Betrunkener. Ihren Mann beachtete sie gar nicht.

Er stand auf und ging zu ihr. »Komm, Liebes«, sagte er sanft und fasste sie am Ellbogen. Sie musterte ihn ängstlich und feindselig, ließ sich aber aus dem Raum führen.

Jan schenkte sich Whisky nach. Er führte das Glas zum Mund und setzte es wieder ab. Dann nahm er einen entschlossenen Schluck. Säufer kann ich nüchtern nicht ertragen, dachte er. Er war beschämt, aber auch erleichtert, dass das Glas bereits wieder leer war, als Richard Jung zurückkam. Jung setzte sich aufs Sofa, und als sein Blick die Whiskyflasche streifte, wusste Jan, dass diesem Mann nur sehr wenig entging. Mit keinem Wort und keiner Geste ging er auf den Auftritt seiner Frau ein. Gelassen nahm er einen Schluck aus der Perrierflasche.

»Erlauben Sie mir eine Frage«, sagte Jan zögernd. »Welches Risiko gehen Sie ein, wenn Sie Bob glauben – oder mir? Es geht doch nur um einen Auftritt.«

Bedächtig stellte Jung die Flasche auf dem Tisch ab. »Ich erinnere mich an ein Gespräch mit Bob, es war im Frühsommer '72. Ich fragte ihn, wie es seiner Meinung nach weitergehen solle mit der Band. Er sagte, er würde keine langfristigen Pläne machen. ›Wenn von einem Sextett nach drei Jahren noch fünf am Leben sind, dann ist das keine schlechte Quote für Jazz‹, sagte er. Und hat gelacht.« Wieder wandte er seinen Blick dem Kontrabass zu, aber er fixierte einen Punkt, der weit dahinter lag. »Sechs Wochen später war Gregor tot«, sagte er, ohne seinen Blick in das Zimmer zurückkommen zu lassen.

Jan atmete tief ein. Durch die Nase wohl, denn er bemerkte, dass sich seine Kiefer aufeinander pressten; fast hätte er mit den Zähnen geknirscht. »Hören Sie …«, entfuhr es ihm, seine Hand zuckte nach vorn und warf das leere Whiskyglas um. Es rollte über den Tisch. Mit einer ruhigen Bewegung griff Jungs Linke nach dem Glas und stellte es wieder auf.

»Habe ich früher gern getrunken, den Lagavulin.« Er begann, von vergangenen Zeiten zu erzählen, in denen man für einen guten Single-Malt noch nach Schottland fahren musste, was er selbst auch getan hatte, denn hier in Deutschland war ein wirklich guter Tropfen nicht erschwinglich, wenn man denn wusste, wo er zu bekommen war. »Sie trinken doch bestimmt noch einen?«, fragte er und öffnete die Flasche.

»Herr Jung …«, Jan hob abwehrend die Hände, doch Richard Jung reagierte nicht. Seine Miene war eine ruhige Fassade, aber in seinen Augen brannte ein Feuer. Großzügig schenkte er nach und schob Jan das Glas zu. Die Flasche stellte er achtlos und offen daneben.

»Trinken Sie, Herr Richter. Trinken Sie.«

»Ich möchte nicht«, sagte Jan. Jung sah ihn an, ernst, und sie wussten beide, dass das nicht die Wahrheit war.

»Trinken Sie«, wiederholte Jung ruhig, und Jan trank.

*

»Wir nehmen Ihre Äußerungen sehr ernst, Fräulein, aber Sie können keine Wunder von uns erwarten«, sagte der Kommissar. Er thronte hinter seinem Schreibtisch, sein Blick ruhte ungnädig auf ihr. Sie saß ihm mit hängenden Schultern gegenüber und starrte aus dem Fenster in den verhangenen Himmel. »Die Feuerwehr hat die Wohnung untersucht und keine Hinweise auf Fremdverschulden gefunden. Ursache war wahrscheinlich eine Zigarette, die Herr Vasteels im Bett geraucht hat. Der Weg zur Tür wurde ihm durch das Feuer versperrt, und er ist in Panik aus dem Fenster gesprungen. Das ist zurzeit Stand der Ermittlungen.« Ihr Blick kehrte langsam in das Büro zurück, zu dem fleischigen Gesicht des Beamten und seinen ungeduldigen Augen. »Gregor war Nichtraucher«, sagte sie leise.

*

»Wegen Geld?« Richard Jung zuckte die Achseln. »Ich weiß nicht genau, was meine Frau da gemeint haben könnte. Wir haben uns natürlich gestritten, nicht nur Bob und ich, auch die anderen. Wegen allem und wegen nichts. Musik natürlich vor allem, Politik, Frauen, was weiß ich. Heiner und Okay sogar wegen Fußball. Aber wegen Geld … nein, eigentlich nicht.«

»Mein Eindruck war, Ihre Frau möchte nicht, dass Sie mitspielen.«

»Sie haben doch gesehen, in welchem Zustand sie sich befand. Die Meinung meiner Frau kann zurzeit überhaupt keine Rolle spielen.« Mit dem Handrücken wedelte Jung imaginäre Flusen von seinem Ärmel.

»Hat sie schon lange ...« Alkoholprobleme wäre das Wort gewesen, aber es schien Jan plötzlich zu roh.

»Sie werden verstehen, dass ich über dieses Thema nicht reden werde.« Jungs Ton war nicht schneidend, aber so kühl, dass Jan sich fühlte wie als Zehntklässler vor seinem Chemielehrer.

»Natürlich. Tut mir Leid, dass ich –«

»Vergessen Sie's.«

»Hat die Gruppe denn überhaupt keinen Kontakt mehr untereinander?«, fragte Jan auf der Suche nach weniger vermintem Terrain.

»Nein.«

Jan wartete, aber Richard Jung machte keine Anstalten, seine Antwort weiter auszuführen.

»Darf ich fragen, warum nicht?« Jan fühlte seine Zunge langsam schwer werden und schob das Whiskyglas ein wenig weiter auf den Tisch.

»Es gab einfach nichts Verbindendes mehr zwischen uns. Kennen Sie das nicht? Man ist ein paar Jahre mit einem oder mehreren Menschen befreundet, verbringt viel Zeit miteinander, und plötzlich ...« Mit einer Geste ließ er etwas in Luft aufgehen. »Man entwickelt sich in verschiedene Richtungen, und wenn dann so ein verbindendes Element wie die Musik nicht mehr da ist, hat man sich nichts mehr zu erzählen.«

»Hing es denn nicht mit dem Tod von Gregor Vasteels zusammen?«

Jung verzog gelangweilt das Gesicht, als hätte Jan einen Fehler zum hundertsten Mal wiederholt. »Ich möchte diese Geschichte nicht wieder aufwärmen. Es war ein Unfall, ein besonders schrecklicher, aber eben ein Unfall. Natürlich hat er gefehlt, als Mensch wie als Musiker. Ich habe damals vorgeschlagen, als Quintett weiterzumachen, doch das wollten die anderen nicht. Keiner der vier übrigens. Und dann war Bob auf einmal weg, und die Sache war aus. Ich konnte mein Studium zu Ende bringen, und darüber bin ich ziemlich froh.« Er wies ausladend ins Rund. »Wie viele Jazzmusiker können sich so ein Haus leisten? Weltweit ein Dutzend, schätze ich, und Bob Keltner gehört nicht dazu. Von daher habe ich wohl Glück gehabt.« Für eine Weile sah er gedankenverloren vor sich hin, plötzlich wischte er sich über die Augen, als wolle er etwas verscheuchen. Dann sah er zu Jan.

»Ich bestehe darauf, dass die Band sich vorher an einen Tisch setzt. Es sind viele Fragen offen geblieben bei Bobs Verschwinden.«

»Heißt das, Sie werden spielen?«

»Das wird vom Verlauf des Gespräches abhängen. Sie haben verstanden: Ich will, dass alle dabei sind. Bob, Heiner und Okay. Und vor allem Vera.«

»Was erwarten Sie von dem Gespräch?«

»Ich werde mich nicht auf die Bühne stellen mit einer Gruppe alter Leute, die sich gegenseitig hassen. Ich will vorher wissen, woran ich bin. Außerdem kann ich mir vorstellen, dass etwas viel Interessanteres dahinter steckt als Bobs Plattenvertrag. Aber wie Sie eben richtig gesagt haben: Es ist nur ein Konzert. Geld gibt's wahrscheinlich keines, oder?«

»Nicht genug, um Sie zu beeindrucken, vermute ich.«

»Das dachte ich mir. Wenn Sie mich jetzt bitte entschuldigen wollen, ich habe noch zu arbeiten.« Sie erhoben sich aus ihren Sesseln. An der Garderobe zog Jan seine klammen Sachen über. Jung überreichte ihm eine Visitenkarte.

»Rufen Sie mich an, wenn es Neuigkeiten gibt. Aber nicht hier. In der Praxis. Meine Frau soll so wenig wie möglich mitbekommen von der Geschichte.«

Sie schüttelten sich die Hände. Jan hatte noch ein Dutzend Fragen, aber er wollte seinen fragilen Erfolg nicht gefährden. Als Richard Jung die Tür hinter ihm geschlossen hatte, atmete er tief aus.

Es regnete noch immer.

*

Jan schloss Heiners Haustür auf. Er fühlte sich unwohl dabei, wie ein Eindringling. In der Küche brannte Licht, aber niemand war zu sehen. Er hängte seine nassen Sachen an der Garderobe auf und entdeckte dabei seine Reisetasche an der Treppe. Der Taxitransport hatte also funktioniert. Er nahm die Tasche und stieg in den ersten Stock hinauf. Hinter einer Tür hörte er Johanna Küfermann leise singen. Er lauschte einen Moment. Sie sang »Lullaby Of Birdland«. Jan gefiel die weiche, reife Stimme, und die Intonation war auffallend souverän. Er lauschte eine Weile, bevor er leise klopfte. Ohne ihren Gesang zu unterbrechen, öffnete sie die Tür. Sie legte den Finger auf die Lippen und zeigte in den Raum, wo Marco neben einem riesigen Stoffdinosaurier im Bett lag.

»Ich wollte mich nur zurückmelden«, flüsterte Jan. Sie nickte und schloss die Tür wieder. Er ging ins Bad, um sich trockene Sachen anzuziehen. Als er wieder herauskam, war der Gesang verstummt, aber Johanna Küfermann war nirgendwo zu sehen.

Er ging ins Wohnzimmer zum Telefon. In seiner Brieftasche suchte er nach Bob Keltners Tourplan. Für den heutigen Tag war eine Nummer mit französischer Vorwahl vermerkt, und Jan hoffte vergeblich auf eine anglophone Telefonistin. Es dauerte einige Zeit, bis er sich seiner Gesprächspartnerin verständlich gemacht hatte und endlich weiterverbunden wurde.

Bobs Stimme war ungehalten, als er sich meldete. »Jan, es passt gerade schlecht, ich warte auf mein Taxi. Ich hab einen Interviewtermin im Radio.«

Jan fasste sich kurz, nannte ihm Heiners Telefonnummer und berichtete von Richard Jungs Forderung nach einem Treffen.

»Was soll das werden? Eine Friedenskonferenz? Für so was ist keine Zeit.«

»Er hat es zur Bedingung gemacht. Auch, dass alle daran teilnehmen.«

»Dann rede erst mal mit denen.«

»Was wäre so schlimm an einem Treffen?«

»Richard will alte Geschichten aufwärmen. Dass er noch Geld zu kriegen hat.«

»Es gab also Streit ums Geld?«

»Bei Richard geht es immer ums Geld.«

»Wie auch immer: Es ist seine Bedingung.«

Bob schwieg eine Weile. »Na schön«, sagte er schließlich. »Wahrscheinlich ist es sogar vernünftig, sich vorher zusammenzusetzen.« Seine Stimme klang nicht so, als fände er das tatsächlich.

Jan versicherte, sich sofort zu melden, wenn er mit den anderen gesprochen hatte, und Bob legte auf. Er hörte Johanna Küfermann die Treppe herabkommen und in die Küche gehen. Jan stand auf und ging hinüber. Sie saß am Tisch und rauchte eine Zigarette.

»Darf ich mich dazusetzen?«

»Bitte.« Sie wies auf einen Stuhl, ihre Miene erlaubte keinen Rückschluss, ob es nur Höflichkeit war. »Hatten Sie Erfolg?«

»Ich weiß es nicht«, sagte Jan.

»Sie haben da ja einen tollen Haufen Schrott anliefern lassen, heute Nachmittag.«

»Das ist mein altes Rennrad. Hat mal dreieinhalbtausend Mark gekostet.«

»Das sieht man ihm aber nicht mehr an. Ich hab es in die Garage gestellt. Möchten Sie ein Bier? Es steht im Kühlschrank.«

Jan bediente sich und setzte sich zu ihr. »Wo ist Heiner?«

Ihre Miene verdüsterte sich. »In der Stadt. Ich weiß nicht, wo, und ich weiß nicht, wann er wiederkommt.«

»Schläft der Kleine?«

»Ich hoffe.«

»Sie haben eine schöne Stimme.«

Sie zuckte die Achseln und zog an ihrer Zigarette.

»Singen Sie nur zu Hause?«

»Ja.« Sie sah an ihm vorbei.

Jan übte sich in Geduld. »Haben Sie mal in einer Band gesungen?«

»Ja. Früher. Bevor Marco geboren wurde.«

»Jazz?«

»Ja, leider. Als Tochter meiner Eltern hätte ich wahrscheinlich besser Heavy Metal gemacht. Das hätte sie wenigstens geärgert. Mein Vater war sowieso nie zufrieden zu stellen.«

»Und Ihre Mutter?«

»Sie hat es nicht mehr gehört.«

»Oh. Ist sie …?«

Johanna stand auf und löschte ihren Zigarettenstummel unter dem Wasserhahn.

»Meine Mutter ist weg«, sagte sie und ließ sich wieder auf ihren Stuhl fallen. »Seit '86. Nach Kanada. Und ich möchte lieber nicht über sie sprechen.«

»'86? Da waren Sie erst ...«

»Dreizehn. Und ich möchte *nicht darüber sprechen*!« Sie presste beide Handflächen auf die Tischplatte und schloss die Augen.

Jan sah sie an. Sie war auf eine eigenwillige Weise schön. Er hätte gern mehr über sie erfahren, über ihr Leben, ihre Interessen. Wie es war, als dunkelhäutiges Mädchen in Köln zu leben – in den Siebzigern, und wie es heute war. Aber sie gab ihm keine Chance, näher an sie heranzukommen.

Jan stand auf. »Ich muss mal telefonieren«, sagte er und ging ins Wohnzimmer. Er zog den altmodischen beigen Apparat zu sich heran und wählte die Nummer von Olaf Kranz. Eine Männerstimme meldete sich mit: »Hallo?«

»Richter. Spreche ich mit Olaf Kranz?«

»Nein, mein Name ist Edelhoff. Ollie ist nicht da. Kann ich ihm was ausrichten?«

»Das ist ein bisschen kompliziert. Ich würde ihn gern selbst sprechen.«

»Worum geht es denn?«

»Ich würde ihm das wirklich gern –«

»Hören Sie: Sie sind kein enger Freund, sonst wüssten Sie, was mit Ollie los ist. Es tut mir Leid, aber Sie müssen mir schon sagen, was Sie wollen.«

»Was ist denn mit ihm?«

Eine kurze Pause trat ein. »Er ist in der Reha.«

»Das wusste ich nicht. Was hat er denn?«

»Die Frage möchte ich Fremden gegenüber nicht beantworten. Sagen Sie mir, um was es geht, und er wird Sie zurückrufen, wenn es ihn nicht zu sehr belastet.«

»Gut. Bob Keltner ... sagt Ihnen der Name was?«

Wieder entstand eine Pause, danach klang Edelhoffs Stimme anders. Konzentriert, vorsichtig fast. »Ollie hat von ihm erzählt.«

»Bob will den Rest des Sextetts noch einmal auf die Bühne bringen. Allerdings recht bald schon, innerhalb der nächsten zwölf Wochen. Ich hoffe, dass Ollie, Herr Kranz, wollte ich sagen, dazu in der Lage ist, ich meine, ähm, gesundheitlich. Richard Jung und

Heiner Küfermann haben ihre Teilnahme bereits zugesichert, aber nur wenn alle der alten Mitglieder mitmachen. Es wäre eine tolle Sache, glaube ich. Wahrscheinlich sogar aufbauend für ihn, wenn er es irgendwie schafft. Es wäre großartig, wenn –«

»Ich habe verstanden«, unterbrach ihn Edelhoff. Er klang gereizt. »Ich werde ihm von Ihrem Anruf berichten. Ihr Name war Richter?«

»Genau, Jan Richter. Ich wohne zurzeit bei Heiner, die Nummer ist …«, er las sie von dem Pappschildchen auf dem Telefon ab, »er kann jederzeit hier anrufen … Und bitte: Auch wenn er absagen muss. Es ist wichtig, dass wir wissen, woran wir sind.«

»Sie hören von uns«, sagte Edelhoff und legte auf.

Jan fragte sich, welche Rolle Edelhoff in Olaf Kranz' Leben spielte. Er schien sehr vorsichtig, wenn es um Olaf ging.

Oder um Bob, dachte Jan und wählte Sandra Petalovichs Nummer. Dieses Mal hatte er Glück. Sie meldete sich mit einer weichen, freundlichen Altstimme. Jan stellte sich vor und fragte sie dann, ob sie die Tochter von Vera Petalovich sei. Ihre Bejahung kam zögernd.

»Was ist mit ihr?«, fragte sie in einem ängstlich-gereizten Ton, als habe sie diese Frage schon öfter gestellt.

»Gar nichts«, beeilte sich Jan zu versichern, »ich würde nur gern einmal mit ihr reden.«

»Entschuldigen Sie, aber ich habe schlechte Erfahrungen gemacht mit Leuten, die meine Mutter sprechen wollen.«

»Also, ich verkaufe keine Versicherungen, wenn Sie *das* meinen.«

»Genau das meine ich.«

»Nein, nein. Es geht um Musik.«

»Sie nimmt keine neuen Schüler mehr an.«

»Es geht um das Bob-Keltner-Sextett.«

Sandra Petalovich antwortete nicht. Nach ein paar Sekunden hörte Jan ein Klicken.

*

Er machte kaum ein Auge zu in dieser Nacht. Zuerst war es Marcos Weinen, das leise von unten in sein Zimmer drang. Es war nicht die Lautstärke, sondern das Leid darin, das ihn vom Einschlafen abhielt. Als es wieder ruhig war, wälzte er sich trotzdem nur herum, bis er gegen drei aufstand und versuchte, Quitéria zu erreichen. Im »Cool Moon of Lissabon« teilte ihm die Kellnerin mit, Quitéria habe einen freien Abend genommen, aber in ihrer Wohnung war sie auch nicht. Er sprach ihr ein paar Worte auf den Anrufbeantworter, aber als er auflegte, kamen sie ihm belanglos vor. Als er endlich eingeschlafen war, kam Heiner nach Hause und polterte so laut die Treppe herauf, dass Jan sofort wieder knallwach in seinem verschwitzten Bett lag. Um halb neun war es dann die Sonne, die ihn endgültig weckte.

Er ging ins Bad und brachte sich so weit wie möglich in Form. Das Haus war still, Johanna und Marco schienen nicht da zu sein. Heiner schlief vermutlich noch. Als Jan in die Küche kam, stand eine Thermoskanne mit Kaffee auf dem Tisch. Er füllte einen Becher und ging damit in die Garage, wo er sich mit der Wiederbelebung seines Faggin beschäftigte, bis Johanna Küfermann und ihr Sohn vom Einkaufen zurückkamen.

»Ich bin es gar nicht gewohnt, dass so früh jemand auf ist«, sagte sie. Sie schien aufgeräumter Stimmung zu sein, was Jan erleichtert zur Kenntnis nahm. Marco sah neugierig zu, wie Jan das Hinterrad demontierte und säuberte.

»Ist das Fahrrad kaputt?«, fragte er ernst.

»Ja. Das Fahrrad ist kaputt«, bestätigte Jan, und zum ersten Mal sah der Junge ihn nicht so an, als hätte er Angst, gefressen zu werden.

»Oh, da klingelt das Telefon«, sagte Johanna und ging eilig ins Haus. Nach wenigen Augenblicken kam sie zurück. »Für Sie.«

»Wer ist es?«

»Eine Frau. Sie hat ihren Namen nicht genannt.«

Jan fiel nur eine Frau ein, die wusste, wo er war, und zu seinem Ärger war tatsächlich Heidi Jung am Apparat.

»Ich würde mich gern entschuldigen für meinen Auftritt gestern, ich –«

»Schon gut«, fiel Jan ihr ins Wort. Er hatte keine Lust auf dieses Gespräch oder darauf, aus den wirren Andeutungen einer Trinkerin brauchbare Informationen zu destillieren.

»Ich weiß, ich habe mich unmöglich benommen, aber könnten wir uns vielleicht trotzdem noch einmal treffen? Richard will mir nichts erzählen. Aber ich muss doch wissen, was vorgeht!«

»Sie müssen? Ihr Mann scheint das nicht so zu sehen.«

»Herr Richter …« Sie zögerte einen Moment, bevor sie entschlossen weitersprach. »Wissen Sie eigentlich, auf was Sie sich einlassen?«

Nein, das weiß ich offensichtlich nicht, dachte Jan, aber er antwortete: »Ich organisiere ein Konzert. Ich mache so etwas nicht zum ersten Mal.«

»Ich weiß nicht, was Bob vorhat, aber ich bin mir sicher, dass er Hintergedanken hat.«

»Wieso sind Sie da sicher?«

»Vielleicht, weil ich Dinge weiß, die *Sie nicht* wissen. Die nicht einmal Richard weiß. Die niemand außer mir weiß.«

»Und was für Dinge sollen das sein?«

Die Antwort ließ auf sich warten. »Ich weiß, wer Gregor Vasteels umgebracht hat«, sagte Heidi Jung endlich.

Jan schwieg.

»Herr Richter? Sind Sie noch da?«

»Ja.«

»Haben Sie verstanden, was ich gesagt habe?«

»Ja. Aber warum erzählen Sie mir das? Es war ein Unfall.«

»Sie sollen wissen, um was es geht.«

»Es geht um ein Konzert«, sagte Jan.

»Nein. Es geht um Rache.«

»Wie meinen Sie das? – Hallo? Hallo?«

Sie hatte aufgelegt. Ärgerlich sah er den Hörer in seiner Hand an. Ob er wollte oder nicht – und er wollte nicht –, er musste mit Heidi Jung reden. Wenn sie diese Geschichte verbreitete, würde das Konzert nicht stattfinden, egal ob es die Wahrheit war oder nicht. Er wühlte in seiner Brieftasche nach der Telefonliste und suchte die Nummer der Jungs heraus. Nach dem sechsten Läuten sprang der Anrufbeantworter an, und Jan legte wieder auf. Er suchte in seiner Brieftasche nach der Visitenkarte, die Richard Jung ihm gegeben hatte, aber als er sie gefunden hatte, steckte er sie wieder ein. Jan war nicht sicher, wie Jung reagieren würde.

Langsam ging er zurück in die Garage und putzte gedankenverloren an einer Felge herum. Er konnte sich nicht vorstellen, dass Heidi Jung die Wahrheit gesagt hatte. Aber was, wenn sie nicht so durch den Wind war, wie sie wirkte? Wenn Bob Keltner tatsächlich eine Rechnung begleichen wollte? Aber mit wem? Mit Richard Jung? Wahrscheinlich war das Heidi Jungs Meinung. Also versuchte sie, ihren Mann zu schützen. Aber wen würde sie deswegen eines Mordes beschuldigen?

Heiner kam in die Garage. Er trug einen Morgenmantel und hatte eine Fahne.

»Ich hasse es, wenn morgens das Telefon klingelt. War das Bob?«

»Nein, das war ... jemand anders.«

»Wer denn?«

Jan sah konzentriert auf seine Arbeit. »Meine Freundin. Aus Lissabon.« Er musste nachdenken, und bis er die Zeit dafür gefunden hatte, konnte er keinem aus der Band von Heidi Jungs Anruf erzählen. Nicht einmal Bob, dachte er. Er wechselte das Thema. »Ich habe mit Richard gesprochen. Gestern. Er will vor dem Konzert ein Treffen. Mit allen.«

»Mit allen?« Heiner verzog das Gesicht. »Erzähl mir das nach meinem zweiten Kaffee«, sagte er und stapfte hinaus.

Die spinnen alle, dachte Jan. Er lehnte die Felge neben einen alten Dachgepäckträger an die Garagenwand und folgte Heiner in die Küche.

»Sag mir, wenn man mit dir reden darf«, sagte Jan und nahm sich einen Becher Kaffee.

Heiner gab keine Antwort. Missmutig saß er auf seinem Stuhl und schmierte sich ein Schinkenbrot. Jan lehnte sich an die Küchenzeile und beobachtete ihn.

»Könntest du woanders hinglotzen.« Heiner biss in seine Stulle und griff nach dem Stadt-Anzeiger.

Jan gab es auf, aus ihm klug werden zu wollen. »Allmählich habe ich den Eindruck, dass es dich nicht mehr besonders interessiert, was ich hier mache«, sagte Jan. »Ich kann auch meine Sachen packen und nach Hause fahren.«

»Hast du ein Zuhause? Zu Hause ist da, wo man nicht wegrennen kann.« Heiner nahm einen weiteren Bissen von seinem Schinkenbrot und spülte mit Kaffee nach.

»Und weil man nicht wegrennen kann, erzählt man auch nichts, wie?« Jan knallte seinen Becher hin. Kaffee schwappte auf die Arbeitsplatte.

Heiner sah ihn an und machte mit vollem Mund eine beschwichtigende Geste.

»Entspann dich, junger Freund«, sagte er, als sein Mund wieder leer war. »Das ist eine dreißig Jahre alte Geschichte. – Was willst du denn wissen?«, setzte er etwas versöhnlicher hinzu.

»Warum deine Tochter erschrocken ist, als sie erfahren hat, dass Bob nach Köln kommt, das wäre zum Beispiel ein schöner Anfang.«

»Und was hat das mit der Band zu tun?«

»Es hat mit Bob zu tun, also auch mit der Band.«

»Dann frag Johanna.«

»Die erzählt mir doch erst recht nichts!«

»Dafür brauchst du *mich* aber nicht anzumachen. Was willst du noch wissen? Was über meine Frau vielleicht? Sie ist in Kanada. Wir sind noch verheiratet, das kümmert sie aber wenig. Abgehakt.«

»Und warum Kanada?«

»Wegen einem Kanadier, vermute ich.« Heiner beendete die Antwort mit einem Biss in sein Schinkenbrot.

Jan gab auf. »Bist du dabei, bei Richards Friedenskonferenz?«

»Wie kommst du auf Friedenskonferenz?«

»Bob hat es so genannt.«

»Du hast mit Bob gesprochen? Das hast du gar nicht erzählt!«

»Wann denn bitte? War auch nur kurz.«

»Was sagt er denn?«

»Schöne Grüße«, log Jan. »Wenn Richard auf einem Treffen besteht, kommt er. Er schien aber nicht sehr scharf drauf zu sein. Richard will, dass alle dabei sind. Besonders an Vera schien ihm was zu liegen.«

Heiner lachte. »Na klar.«

»Wieso?«

»Weil Richard in sie verknallt war. Er hat geglaubt, keiner würde es merken, aber wenn du gesehen hast, wie er sie anguckte, wusstest du sofort Bescheid. Alle haben es gewusst. Außer Vera natürlich.«

»Und Heidi? Sie waren doch damals schon verlobt.«

»Verlobt? Spinnst du? In unseren Kreisen war man doch nicht verlobt! So eine bürgerliche Scheiße.«

»Das hat sie mir so erzählt.«

Heiner winkte ab. »Ach, unsere Heidi. Natürlich wusste sie, dass Richard hinter Vera her war. Von Anfang an. Sie ist vielleicht nicht besonders helle, aber Instinkt hat sie eine ganze Menge. Sie hat jedenfalls geschafft, sich gegen Vera durchzusetzen. Aber vielleicht hat sich auch Gregor gegen Richard durchgesetzt.«

»Und deswegen machen die sich gegenseitig für Gregors Tod verantwortlich, wie du gesagt hast?«

Heiner verzog ungläubig das Gesicht. »Das hab ich nicht gesagt.«

»Vorgestern im ›Vogel‹.«

»Da musst du dich verhört haben. Gregor hatte einen Unfall.«

Jan sah ihn an, aber Heiner wich seinem Blick aus.

»Was weiß ich, was die anderen denken«, sagte er.

»Ihr wart eine Gruppe. Ihr wart ständig zusammen. Du hast das nicht einfach so gesagt.«

»Ich war besoffen.«

»*Ich* weiß, was du gesagt hast. Also: *Wer* hat *wen* verdächtigt?«

Heiner seufzte resigniert. »Jeder jeden. Jan, glaub mir, das war am Ende nur noch ein wirres Durcheinander, völlig irrational. Und dazu noch vernebelt von *too much of everything*. Selbst wenn ich heute die Details noch zusammenbrächte ...«, er hob abwehrend beide Hände, »... was ich nicht tue! ... Also, selbst *wenn*: Ich hätte selbst keine Ahnung mehr, was davon begründet oder nur Paranoia war. Wir sollten uns alle darauf einigen, dass Gregor einen Unfall hatte.«

Sonst können wir die Sache gleich beerdigen, fügte Jan in Gedanken hinzu. »Heidi Jung hat ein Alkoholproblem«, sagte er.

»Wahrscheinlich eher ein Richardproblem, wenn du mich fragst.«

»Wieso?«

»Sie war damals schon nur sein Anhängsel. Heidi hat selbst nie was auf die Reihe gekriegt. Aber sie hat sich Richard gekapert. Intelligent, gut aussehend, sportlich, mittlerweile wohl auch reich. Damit hat sie sozusagen ihr Lebenswerk vollbracht. Hat ihr wohl nicht gereicht.«

»Wieso ist das ein Richardproblem? Das ist doch ihr eigenes.«

»Richard hat so eine unangenehm dezente Art, dich seine Überlegenheit spüren zu lassen, das kann dir ganz schön auf den Sack gehen. Wenn er sich nicht geändert hat und Heidi das seit dreißig Jahren mitmacht, hat sie sich vielleicht irgendwann für das falsche Hobby entschieden. Aber wir beiden sind nicht diejenigen, die sich dazu einen Kommentar erlauben sollten.« Er grinste. »Du verträgst auch deinen Teil, nach allem, was ich gesehen habe.«

»Da hast du Recht. Aber noch kann ich's lassen, wenn ich will.«

»Und was machst du, wenn du merkst, dass du es nicht mehr lassen kannst? Lässt du es dann?«

Jan beschloss, das Thema zu wechseln. »Also, bist du dabei, bei dem Treffen?«

»Ich verstehe nicht, was das soll. Wir sollten proben, spielen und uns lieb haben und einen trinken. Mit dem Gerede geht alles nur von vorn los.«

»Du hast nicht verstanden: Richard *besteht* darauf.«

»Na schön! *Natürlich* bin ich dann dabei. Aber nur, wenn *alle* da sind.«

Es ist wirklich eine Friedenskonferenz, dachte Jan. Wir sollten uns in Camp David treffen.

»Vera und Okay hast du noch nicht erreicht?«, fragte Heiner.

»Nein. Aber ich arbeite dran. Olaf ist in einer Reha. Ich habe mit einem Herrn Edelhoff gesprochen. Er wollte mir nicht sagen, was ihm fehlt.«

Heiner schenkte sich Kaffee nach. »Hört sich nicht sehr gut an.«

»Wer ist dieser Edelhoff? Kennst du den?«

»Flüchtig. Er ist sozusagen Okays Frau.«

»Seine …? Oh.«

»Was ist mit Vera?«

»Ich habe mit ihrer Tochter telefoniert.«

»Sandra heißt sie, oder?
»Genau.«
»Und?«
»Da muss ich noch bei.«
»Was heißt das?«
»Als ich das Bob-Keltner-Sextett erwähnte, hat sie aufgelegt.«
»Tja«, sagte Heiner und biss in seine Stulle.
»Und was heißt ›tja‹?«, fragte Jan ungehalten, aber Heiner kaute in aller Ruhe zu Ende.

»Vera hat von uns allen wahrscheinlich am meisten gelitten. Sie hat Gregor geliebt, und sie hat die Gruppe und unsere Musik geliebt. Für sie war damals wirklich die Welt zu Ende. Sie ist einfach verschwunden. Wir haben nach ihr gesucht, und irgendwann hat mir jemand erzählt, sie wäre in Merheim gewesen. Es hat Jahre gedauert, bis ich sie wieder gesehen habe. Und da hat sie nur übers Wetter geredet.«

»Kennst du denn ihre Tochter?«

»Ja. Ich habe sie mal irgendwo kennen gelernt. Man hat mich ihr vorgestellt, von wegen ›der hat mal mit deiner Mutter gespielt‹. Sie war nicht unhöflich, aber man konnte schon merken, dass sie mit einem alten Sack wie mir nichts zu tun haben wollte.«

»Wie alt ist sie denn?«

»Keine Ahnung. Dreißig vielleicht, aber ich kann so was schlecht schätzen, vor allem bei Mädels.«

»Ich hatte gehofft, über sie Kontakt zu Vera zu kriegen. Aber wenn sie sofort auflegt ...«

»Besuch sie doch mal.«

»Wenn sie schon am Telefon abblockt, wird sie mir kaum die Tür aufmachen.«

»Dann versuch es in der Oper.«

»Wieso in der Oper?«

»Sie arbeitet da. In der Requisite. Hat sie mir erzählt.«

Das Telefon klingelte. Heiner sah zur Uhr. »Ist wahrscheinlich für dich. Wenn's für mich ist: Ich bin nicht da.«

Jan ging ins Wohnzimmer, aber Marco war ihm zuvorgekommen. Staunend und schweigend hielt er sich den Telefonhörer ans Ohr.

»Gib den mal mir, kleiner Mann«, sagte Jan. Er entwand ihm den Hörer, worauf der Junge beleidigt das Gesicht verzog und aus dem Zimmer stürmte.

»Bei Küfermann«, meldete sich Jan.

»Sind Sie das, Herr Richter?«

»Ja.«

»Hier ist noch mal Heidi Jung. Haben Sie es sich überlegt?«

»Wir müssen reden, Frau Jung, da haben Sie Recht. Wann können wir uns treffen?«

»Heute nicht. Morgen. Morgen Mittag.«

»Gut. Und wo? Soll ich zu Ihnen kommen?«

»Nein ... irgendwo, wo man mich ... wo man ungestört ist.«

»Schlagen Sie was vor.«

»Irgendwo, ich weiß nicht ...« Sie klang hilflos, aber nicht betrunken.

»Kommen Sie ans Rheinufer. An die Bastei. Setzen Sie sich da auf eine Bank.« Es war das Erste, was ihm einfiel.

»Gut ... morgen Mittag. Sagen wir um eins.«

»Morgen um eins«, bestätigte Jan.

Sie legte auf. Als Jan sich umdrehte, stand Heiner in der Tür.

»Wieder deine Freundin aus Lissabon?«

»Genau«, antwortete Jan.

»Und mit der triffst du dich am Rheinufer?« Heiner drehte sich um und ging hinaus. Jan wollte ihm in die Küche folgen, aber er stieg ohne ein weiteres Wort die Treppe hoch und verschwand in seinem Schlafzimmer. Jan nahm sich noch einen Becher Kaffee und trug ihn in die Garage. Er griff sich das Hinterrad und putzte wütend daran herum. Schließlich warf er den Putzlappen in die Ecke und ging zurück ins Haus, um sich noch einen Kaffee zu holen.

Johanna Küfermann saß in der Küche und blätterte im Stadt-Anzeiger. Jan griff nach der Thermoskanne, aber sie war leer. Er ging zur Kaffeemaschine und suchte nach Filtertüten und Kaffeepulver.

»Lassen Sie mich das machen.« Sie stand auf und holte das Gesuchte aus einem der Hängeschränke. »Ist Ihnen eine Laus über die Leber gelaufen? Sie sind so schweigsam.«

Jan zuckte die Achseln. »Ihre beiden Männer sind zurzeit nicht gut auf mich zu sprechen.«

»Beide? Das glaube ich nicht. Marco mag Sie.«

»Das verheimlicht er aber prima.«

Sie lachte, während sie Wasser in die Maschine füllte. »Und was ist mit Vater? Was haben Sie dem getan?«

»Er möchte wohl nicht, dass ich Geheimnisse vor ihm habe.«

»Und? Haben Sie?«

»Ein paar schon, und ich finde das eigentlich nicht ungewöhnlich. Was ist mit Ihnen? Haben Sie auch welche?«

»Jede Tochter hat Geheimnisse vor ihrem Vater.«

»Und welche hat Heiner?«

»Das kann ich nicht sagen. Schließlich sind es Geheimnisse.«

»Aber Sie kennen sie.«

Sie schaltete die Maschine ein und sah ihn an. »Worauf wollen Sie hinaus, Herr Richter?«

Jan setzte sich und rieb sich die Stirn. »Alle, die irgendwie mit dem Sextett zu tun haben, scheinen Geheimnisse zu haben.«

»Was meinen Sie? Dass Okay schwul ist oder Vera plemplem?«

»Beides hat man mir bereits angedeutet. Das sind also keine Geheimnisse.«

»Was meinen Sie dann?«

»Zum Beispiel … Als ich Ihnen von Bob erzählt habe …« Er hob hilflos die Hände.

»Was habe ich mit dem Sextett zu tun?« Ihr Ausdruck war eisig geworden.

»Ich weiß nicht. Erzählen Sie es mir.«

Sie drängte sich an ihm vorbei und ließ ihn mit der zischenden Kaffeemaschine allein. Er wartete, bis der Kaffee fertig war, füllte ihn in die Thermoskanne und verließ das Haus.

*

Er fuhr mit der KVB in die Stadt. Am Neumarkt glaubte er seinen Augen nicht zu trauen, als er das Loch sah, dass die Kunsthalle hinterlassen hatte, und davor ein Schild mit der Aufschrift »Destination Kulturhauptstadt 2010«. Auf der Neumarktgalerie, die fast fertig war, als er die Stadt verlassen hatte, klebte ein riesiges, umgedrehtes Eishörnchen, das derart bescheuert war, dass es Kunst sein musste. Schließlich stand er vor der Oper und ging zögernd zum Personaleingang an der Rückseite des Gebäudes in der Krebsgasse. Er fragte den Pförtner nach Sandra Petalovich. Nach einem kurzen Telefonat wurde ihm beschieden, sie sei im Haus, aber in der Probe, und daher nicht zu sprechen. Nein, der Pförtner wusste nicht, wann sie Feierabend hatte. Es mochte spät werden.

Jan stand unschlüssig auf dem Bürgersteig und vergrub die Hände in den Taschen seiner Jeans. Schließlich setzte er sich in Bewegung und streunte durch die City. Das »Weltstadthaus« über der Nord-Süd-Fahrt war unglaublicherweise noch immer im Rohbau, was ihn wieder an Lissabon erinnerte. Er ging langsam in Richtung Dom ohne ein wirkliches Ziel. Als er den Wallrafplatz erreichte, wurde er plötzlich von hinten angesprochen.

»Jan? Jan Richter, bist du das?«

Er drehte sich um. Es war Carsten, den Nachnamen wusste er nicht. Carsten war Redakteur beim WDR-3-Hörfunk und hatte früher ein paarmal über das »Cool Moon« berichtet. Sie schüttelten sich die Hände. Carsten war ein drahtiger Typ, etwas kleiner als Jan, mit einem krausen Blondschopf und einem ansteckenden Lachen.

»Schön, dich zu sehen«, sagte Carsten und grinste ihn an. »Ist dir Lissabon zu warm geworden?«

»Wohl eher zu schön«, antwortete Jan.

»Schönheit ist nicht alles. Als Kölner weiß man das.«

Jan lachte zustimmend.

»Hast du Zeit?«, fragte Carsten. »Ich hab gerade Mittag. Lass uns einen Kaffee trinken.«

»Gut.« Jan folgte ihm ins »Campi«, vor dem sie standen. Zweimal in einer Woche war ich noch nie hier, dachte er. Gigi Campi stand an der Bar und grüßte sie beide mit einem Nicken, als sie einige Tische weiter Platz nahmen.

»Ich hatte schon gehört, dass du in der Stadt bist«, sagte Carsten. »Und was du vorhast. Wieder mal eine Jazz-Sensation, was? Wie damals das Jack-Saphire-Konzert.«

»*Wo* hast du das gehört?«

»Na, hier. Der interne Nachrichtendienst funktioniert immer

noch am besten. Ein Kollege saß mit am Tisch, als du kürzlich mit Gigi geredet hast.«

»Na prima«, sagte Jan. »Ich hätte es mir denken können. Aber Öffentlichkeit kann ich momentan überhaupt nicht gebrauchen.«

»Das dachte ich mir«, sagte Carsten leise.

»So? Warum?«

»Weil das, was mein Kollege mir berichtet hat, ziemlich ungereimt klingt.«

»Was soll das heißen?«

»Erzähl mir doch erst mal, was wirklich Sache ist.«

Jan schaute aus dem Fenster, um Carsten nicht ins Gesicht sehen zu müssen. Der Wallrafplatz war neu gepflastert und trotz des ungemütlichen Wetters fast voll bestuhlt. Blaue Leuchtstreifen, deren Sinn sich ihm nicht erschloss, waren in die Bodenplatten eingelassen.

»Momentan gibt es noch nichts zu berichten«, sagte er.

»Dann läufst du Gefahr, dass ein Gerücht draus wird. Und das kannst du nicht mehr kontrollieren. Gib mir ein paar Appetithappen.«

»Ich kann das nicht machen. Noch nicht.«

»Dann weiß ich also: Bob Keltner will das Sextett wieder auf die Bühne bringen.«

Jan verzog das Gesicht. »Wenn du das bringst, bevor ich mit allen gesprochen habe, kannst du die Sache vergessen.«

»Wer fehlt dir denn noch?«

»Olaf Kranz und die Petalovich.«

»Dann hast du die härtesten Brocken ja noch vor dir.«

»Eigentlich reicht's mir jetzt schon.«

»Wie meinst du das?«

Jan war froh, dass der Kellner erschien und ihm Zeit für die Antwort verschaffte. Carsten bestellte Kaffee, Jan schloss sich an, orderte dann aber noch einen Grappa dazu.

Carsten hakte konzentriert nach: »Also?«

»Die Herrschaften sind schwierig«, antwortete Jan.

Carsten lachte. »Alte Jazzer gehören zu dem Wenigen, das schwieriger ist als junge Jazzer. Aber das ist nicht das, was ich hören wollte. Was verspricht sich Keltner von der Sache?«

»Kannst du mir zusagen, dass du das vertraulich behandelst?«
»Ja, aber das gilt nur für Keltners Beweggründe.«
»Na gut. Sein jetziger Vertrag erlaubt ihm noch Aufnahmen mit der Gruppe. Deswegen will er es schnell durchziehen, bis sein neuer Vertrag in Kraft tritt. Und das ist schon in drei Monaten.«
»*Das* hat er dir erzählt?« Carstens Blick wurde skeptisch.
»Ja. Warum?«
»Weil ich was anderes gehört hab.«
»Was denn?«
»Vor ein paar Wochen habe ich mit John Jacobs gesprochen, dem A&R-Mann von Bobs Label. Keltner hat keinen Plattenvertrag mehr. Schon seit Anfang des Jahres.«
»Wieso das denn?«
»Keine Ahnung. *Er* wollte nicht verlängern – ohne Angabe von Gründen, sagt John.«
»Na gut, dann hat er eben irgendwo anders unterschrieben.«
»Davon habe ich nichts gehört. Und ich denke, das hätte ich. Das wäre nämlich das Gegenteil von einem Geheimnis.«

Jan setzte sich auf. Wenn irgendjemand in Köln sich in der internationalen Szene auskannte, dann war das Carsten.

»Was hat Keltner dir noch erzählt?«, fragte Carsten. »Und die anderen?«

Jan schüttelte den Kopf. »Bitte, Mann, ich muss das erst mal verdauen.« Er sah suchend nach dem Kellner und dem Grappa. »Aber ich versprech dir, du bist der Erste und Einzige, der die Story kriegt – wenn es denn eine gibt.«

»Das Ganze *ist* schon eine Story. Eine Menge Leute werden interessiert sein, was Bob und die Truppe noch draufhaben.«

»Carsten, bitte. Gib mir noch ein paar Tage, wenigstens bis ich mit Kranz und der Petalovich gesprochen habe. Sie haben ein Recht darauf, gefragt zu werden, bevor sie es im Radio hören oder in der Zeitung lesen.«

Der Kellner kam mit ihrer Bestellung. Jan griff nach dem Grappa und nahm einen Schluck. Er beruhigte ihn nicht so, wie er gehofft hatte.

»Na schön«, sagte Carsten. »Drei Tage.«
»Das ist knapp.«

»Warten wir's ab. Wir reden in drei Tagen wieder miteinander. Dann sehen wir weiter. Wer soll eigentlich Gregor Vasteels ersetzen?«

»Vielleicht niemand. Ist aber noch nicht geklärt.«

Carsten lachte. »Wenn es um Gregor geht, ist so einiges nicht geklärt.«

»Was meinst du?«

»Wenn du wirklich mit Heiner Küfermann und Richard Jung gesprochen hast, müsstest du wissen, was ich meine.«

Jan trank den Grappa aus. Er sah nach dem Kellner, aber der war außer Sicht.

»Schön, ich weiß *natürlich*, was du meinst. Aber das ist nicht das Thema.« Das *darf* nicht das Thema sein, setzte er in Gedanken hinzu.

»Ich weiß auch alles nur aus zweiter Hand. Wir beide sind ja so ungefähr ein Alter«, sagte Carsten. »Aber jede Information, die ich zu dem Thema gefunden habe, widerspricht einer anderen, die man mir vorher gegeben hat.«

»Warum suchst du dann weiter?«, fragte Jan.

»Weil ich Journalist bin. Wie wär's *da*mit?«

Jan rieb sich die Nasenwurzel. Es gab keinen vernünftigen Grund, an dem zu zweifeln, was Carsten sagte. Aber jede Menge unvernünftige. Er zog sein Portemonnaie, aber Carsten winkte ab. »Das zahlt der WDR.« Jan bedankte sich und stand auf.

»In drei Tagen«, sagte Carsten und hielt ihm die Hand hin. Jan schüttelte sie.

»In drei Tagen«, sagte er, »so oder so.«

*

Er ging wieder zum Personaleingang der Oper. In dem Glaskasten hinter der Tür saß derselbe Pförtner wie vorhin. Er telefonierte bereitwillig ein zweites Mal nach Sandra Petalovich, doch als er auflegte, war eine skeptische Falte auf seiner Stirn erschienen.

»Frau Petalovich kennt keinen Jan Richter, sagte sie mir gerade.«

»Oh, sie wird sich vielleicht nicht an meinen Namen erinnern …«

»Für mich hörte es sich eher so an, als *wolle* sie sich nicht erinnern. Ich kann Sie jedenfalls nicht reinlassen.« Er sah Jan ernst in die Augen und wies zur Tür. Jan ging hinaus. Auf dem Bürgersteig zündete er sich eine Zigarette an. Eine Gruppe älterer Damen erschien und sammelte sich auf der Treppe des Personaleingangs. In kurzen Abständen erschienen immer mehr Menschen und gesellten sich dazu. Jan trat zu einem Herrn mittleren Alters, der einen weichen Künstlerhut trug.

»Gibt's hier eine Führung?«, fragte er.

»Ja. Ist aber ausverkauft, soweit ich weiß.«

Jan zog sich ein bisschen zurück und beobachtete die immer größer werdende Gruppe. Eine junge Frau erschien an der Tür und stellte sich als Führerin vor. Sie bat die Gruppe in den Vorraum. Mit ein paar schnellen Schritten war Jan mitten in der Menge, der der Pförtner keinen Blick gönnte. Der Gang ins Erdgeschoss war schnell von der Gruppe blockiert, während die Führerin sich mühte, die Eintrittskarten zu kontrollieren. Drei Männer und eine Frau mit Instrumentenkoffern kamen herein, sie grüßten den Pförtner und drängten sich durch die Besucher zur Treppe. Als sie an Jan vorbeikamen, folgte er ihnen in kurzem Abstand hinauf in den ersten Stock. Sie bogen links ab, er ging geradeaus durch eine Metalltür. »Feuerschutz« stand darauf. »Verkeilen oder blockieren verboten«. Ein Asiate in einem grüngoldenen Kostüm kam ihm entgegen und grüßte freundlich. Jan war sich nicht sicher, ob es ein Mann in einem Frauenkostüm war oder umgekehrt. Irgendwo sang sich ein Tenor ein. Zwei heftig auf Italienisch disputierende Männer standen vor einer offenen Tür, hinter der neben einem großen Spiegel eine Reihe Perücken hing. Die Männer bedachten Jan mit einem flüchtigen Blick und erwiderten seinen Gruß mit einem Nicken. Zwei junge Männer mit Werkzeugkoffern und schlecht gelauntem Gesichtsausdruck kamen durch eine Glastür. Jan bog vorsichtshalber ab und betrat durch eine weitere Feuerschutztür ein schmales Treppenhaus, in dem er nach oben stieg. An den Treppenabsätzen waren DIN-A-4 große Kippfenster, die mit zunehmender Höhe einen tollen Blick über die Stadt boten. Als er im dritten Stock das Treppenhaus wieder verließ, hatte er völlig die Orientierung verloren. Hinter der nächsten Ecke stand er vor einem lebensgroßen aufgezäumten Schimmel, der ihn aus traurigen Glasaugen anschaute, als habe er Hunger. Kein Mensch war zu sehen. Er öffnete eine weitere Tür und befand sich auf einem Beleuchtergang weit über der Bühne. Zehn Meter unter ihm stauchte jemand einen Mann in einer blau-weißen Phantasieuniform zusammen. Jan verstand etwas, das sich wie »unfähiger Kretin« anhörte, er war sich aber nicht sicher. Der Uniformierte verließ gesenkten Hauptes sein Blickfeld. Jan schrak zusammen, als er plötzlich scharf von der Seite angesprochen wurde.

»Kann ich Ihnen irgendwie helfen?«, fragte ihn ein drohend blickender junger Mann in einem FC-St.-Pauli-T-Shirt, der einen Schraubenschlüssel in der Hand hatte.

»Ja, ich … äh …«

»Jaja, Sie haben Ihre Gruppe verloren. Hier ist sie nicht. Bitte gehen Sie wieder nach unten. Und passen Sie auf, wo Sie hintreten.«

Jan zog sich auf dem Weg zurück, den er gekommen war. Er entdeckte einen Aufzug und fuhr wieder in den ersten Stock. Der Nächste, der ihm über den Weg lief, war der freundliche Asiate.

»Entschuldigen Sie, ich glaube, ich habe mich verlaufen«, sagte Jan.

Der Mann strahlte ihn an und legte Jan eine Hand auf den Unterarm. »Das passiert mir an jedem Haus aufs Neue. Und sobald ich mich auskenne, muss ich an das nächste. Wo wollen Sie denn hin?«

»Ich suche die Requisite. Frau Petalovich.«

»Oh, Sandra! Gehen Sie durch diese Tür und dann rechts.«

»Danke sehr.«

»Aber ich bitte Sie! Dafür gibt es doch keinen Grund.«

Jan bedankte sich trotzdem noch mal und folgte den Anweisungen seines neuen Freundes. »Requisite/Küche« stand auf einem Schild an der Wand. Jan blieb in der offenen Tür stehen. Den Fotos nach glich Sandra Petalovich ihrer Mutter aufs Haar, nur dessen Farbe stimmte nicht. Ihr Fransenpony war blond gefärbt. Ihre Züge waren von einer ernsthaften Freundlichkeit. Sie war allein. Jan beobachtete eine Weile, wie sie konzentriert einen Korb mit künstlichen Lebensmitteln füllte. Auf einer Spüle stand eine leere Weinflasche mit einem Trichter darin, daneben eine Traubensaftpackung.

Jan klopfte an den Türrahmen und räusperte sich. Sie schreckte auf und sah ihn fragend an.

»Kann ich etwas für Sie tun?«

»Ja. Mein Name ist Jan Richter. Wir hatten telefoniert. Kurz, jedenfalls.«

Sie öffnete den Mund und atmete hörbar ein. Ihre Körpersprache signalisierte plötzliche Wachsamkeit, es war, als ob sich einem Hund die Nackenhaare sträubten.

»Wie sind Sie hier reingekommen?«

»Durch die Tür«, antwortete Jan mit einem schiefen Grinsen. »Ich wollte nur ein paar Worte mit Ihnen wechseln.«

»Das will *ich* aber nicht. Bitte gehen Sie. Oder ich …« Ihre rechte Hand gestikulierte fahrig in Jans Richtung.

»Wenn Sie mich kurz erklären lassen …«

»Lassen Sie meine Mutter in Frieden. Ich will nicht, dass sie an die alten Geschichten erinnert wird. Es geht ihr jetzt gut, und ich will, dass das so bleibt.«

»Sollte sie nicht selbst entscheiden, was gut für sie ist?«

»Von mir aus. Aber *ich* entscheide, was gut für *mich* ist, verstehen Sie.«

»Ich will doch nur mit ihr reden.«

»Ja. Über das Bob-Keltner-Sextett. Also über Gregor Vasteels. Und das kommt nicht in Frage. Nicht, wenn ich es verhindern kann.«

»Was wäre denn so schlimm daran, mit ihr über Gregor zu reden?«

In einer müden Bewegung hob sie beide Hände und rieb sich die Augen. Als sie Jan wieder ansah, glänzten sie feucht. »Lasst sie doch einfach in Ruhe«, sagte sie. »Bitte.«

Eine Weile sahen sie sich schweigend an. »Wollen Sie mir nicht erzählen, *was* eigentlich passiert ist, Frau Petalovich?«, fragte Jan schließlich.

»Nein! Hauen Sie ab!«

Jan erschrak fast ob der plötzlichen Heftigkeit, aber er war nicht bereit, klein beizugeben – noch nicht und nicht mehr. »Tut mir Leid«, sagte er. »Sie werden mich nicht los, bevor ich mit Ihrer Mutter gesprochen habe.«

Langsam ließ sie sich auf einen Küchenstuhl sinken. Plötzlich wirkte sie alt. Viel älter als die vielleicht achtundzwanzig, die sie war. Ihre Hände krampften sich ineinander. Er sah, dass sie keine Kraft mehr hatte, fast wirkte es wie eine Kapitulation.

»Haben Sie eine Zigarette?«, fragte sie mit einem verzerrten Lächeln. Er reichte ihr eine seiner Zigaretten und gab ihr Feuer. Sie bedankte sich leise und atmete den Rauch tief ein, dann sah sie ihm in die Augen.

»Ist das Ihr Ernst? Dass ich Sie nicht loswerde?«

»Ich fürchte schon.«

»Aber warum denn?«

Das war eine gute Frage, und er wusste, dass es keine gute Antwort gab.

»Ich will wissen, was passiert ist«, sagte er.

»Und was haben Sie davon?«

»Ich werde nicht gern angelogen. Und genau das passiert mir im Moment dauernd. Ich möchte einfach mal die Wahrheit hören.«

Sie rauchte ihre Zigarette zu Ende, ohne ein weiteres Wort. Nachdem sie den Stummel sorgfältig ausgedrückt hatte, lehnte sie sich zurück und schloss die Augen.

»Was wissen Sie von der Geschichte?«, fragte sie.

»Ich habe *einige* Geschichten gehört in den letzten Tagen. Welche meinen Sie?«

»Ich meine die von Gregor Vasteels und meiner Mutter.«

»Ihre Mutter war in ihn verliebt, und er ist bei einem Brandunfall ums Leben gekommen. Das ist, was man mir bisher erzählt hat.«

»Das ist auch nicht verkehrt. Aber es ist nicht alles.«

»Das überrascht mich nicht.«

»Einige aus der Band hielten meine Mutter für die Verantwortliche für Gregors Tod.«

»Ihre Mutter? Aber sie liebte ihn doch!«

»Ja. Aber vielleicht war sie eifersüchtig.«

»Auf wen?«

Sie stieß ein kleines resigniertes Lachen aus. »Haben Sie noch eine Zigarette für mich?«, fragte sie.

Jan beeilte sich, ihr eine neue zu reichen und anzuzünden.

»Ja, auf wen war sie eifersüchtig?«, sagte sie nach dem ersten Zug. »Ich weiß es nicht. Es gibt da eine ganze Reihe von Möglichkeiten.«

»Welche?«

»Wenn auch nur die Hälfte von dem stimmt, was ich gehört habe, hatte in der Gruppe damals jeder was mit jedem. Es gibt sogar Leute, die behaupten, meine Mutter hätte Gregor übergehabt. Sie wollte Schluss machen. Es gab einen Streit, der mit Gregors Tod endete. Entweder als unmittelbare Folge oder indirekt, durch Selbstmord, weil Gregor den Verlust nicht ertragen konnte.«

»Wer hat denn das behauptet?«

»Jeder in der Gruppe hatte seine eigene Theorie – und hat sie wahrscheinlich immer noch. Meine Mutter ... sie erinnert sich nicht.«

»Wie meinen Sie das?«

»Meine Mutter leidet unter Gedächtnisverlust. Sie erinnert sich nicht.«

»Ist das Ihr Ernst?«

»Scheißernst«, sagte sie, und ihre weiche Stimme passte nicht zu dem derben Ausdruck. Sie sah an Jan vorbei, als ob sie in dichten Nebel starre, und er glaubte ihr.

»Waren Sie bei einem Arzt? – Entschuldigen Sie, natürlich waren Sie das.«

Sie hustete Rauch hervor. »Bei einem? Ein Dutzend war es bestimmt. Letzte Diagnose: teilweiser Gedächtnisverlust durch Stress. Der Psychiater in der Klinik, in der sie zuletzt war –«

»Sie war in einer Nervenklinik?«

»Wo denn sonst? Dieser Psychiater ist *der* Spezialist für Amnesie. Er hat auch ein Buch darüber geschrieben; mit Geschichten zum Beispiel von Leuten, die in Dortmund Brötchen holen gegangen sind und dann Wochen später in Frankreich aufgegriffen wurden, ohne die geringste Ahnung, wo sie herkamen.«

»So was gibt's?«

»Öfter, als man denkt. Sie haben Mutter durchgecheckt, in der

Klinik, von oben nach unten und von rechts nach links. Sie *kann* sich nicht erinnern. Nicht mal unter Hypnose.«

»Kann sie denn noch Klavier spielen?«, fragte Jan, und sofort war ihm die Frage peinlich. Er fühlte, dass sie das merkte.

»Ihre motorischen Fähigkeiten sind völlig unberührt, hat mir der Psychiater erklärt. Aber was wollen Sie überhaupt von ihr?«

»Ich dachte schon, das würde Sie überhaupt nicht interessieren«, sagte Jan salopp, um wieder in die Offensive zu gelangen, aber er hatte sich im Ton vergriffen. Sandra Petalovich sah ihn feindselig an.

»Bob Keltner –«

Sie zog zischend Luft zwischen den Zähnen ein, als er den Namen erwähnte, aber wieder sagte sie nichts.

»Was ist mit ihm?«, fragte Jan. »Was haben Sie gegen ihn?«

»Es war nach dem letzten Besuch von Bob, als meine Mutter zusammenbrach.«

»Wann war das?«

»Am 12. September 1988. Ich weiß es so genau, weil es mein zwölfter Geburtstag war. Ich hab mit meinen Freundinnen gefeiert, als er plötzlich vor der Tür stand. Mutter ist ganz blass geworden, und dann sind sie hinauf ins Musikzimmer gegangen. Mutter kam nicht wieder herunter. Als ich nach einer Stunde nachschaute, war Bob weg. Und meine Mutter ...« Sie versuchte, das Weinen zu unterdrücken, aber es gelang ihr nicht. Sie zog die Nase hoch und sah mit verzerrtem Gesicht aus dem Fenster, fort von Jan. Es schien eine Ewigkeit zu vergehen, bevor sie weitersprach.

»Sie sah mich freundlich an und fragte, was ich wolle. Ich antwortete, dass wir auf sie warten, unten. Da schaute sie mich ganz verwirrt an und sagte: ›Fräulein, bitte, wo bin ich denn hier überhaupt?‹. Sie kannte mich nicht mehr. Sie kannte ihre eigene Tochter nicht mehr.«

Sie sah zu Boden. Durch das geöffnete Fenster klang leise das Glockenspiel vom 4711-Haus. Sie tat ihm über die Maßen Leid, aber er fand keine Worte dafür.

»Alle Erinnerungen seit 1970 waren ausgelöscht«, fuhr sie leise fort. »An mich, an unser Leben, unser Haus. An alles, was nach ihrem Eintritt in das Bob-Keltner-Sextett passiert war. Sie wusste nicht, dass er sie besucht hatte, und sie hatte den Namen Bob Keltner vergessen.«

»Ist sie denn wieder auf dem Damm?«

»Auf dem Damm, was heißt das schon? Sie war die ganze Zeit über völlig lebenstüchtig. Sie wusste, in welchem Schrank was war und um wie viel Uhr ihre Klavierschüler kamen. Nur die Jahre von '70 bis '88 gab es für sie nicht. In ihrer Erinnerung hat sie nie mit dem Sextett gespielt und nie Bob Keltner kennen gelernt. Und nie eine Tochter bekommen.«

Ebenso sorgfältig wie bei der letzten drückte sie ihre Zigarette im Aschenbecher aus.

»Was ist mit *Ihnen* passiert?«, fragte Jan. »Konnten Sie bei ihr bleiben?«

»Zunächst natürlich nicht. Sie kam in eine Klinik und ich zu einer Tante. Aber wir konnten uns nicht leiden. Ich bin immer wieder abgehauen.«

»Darf ich fragen, was mit Ihrem Vater ist?«

»Den habe ich nie kennen gelernt. Mutter wollte mir nicht sagen, wer es war. Vielleicht wusste sie es aber auch tatsächlich nicht. Heute weiß sie es jedenfalls ganz sicher nicht mehr. Sie hat mich allein groß gezogen. ›Warum willst du unbedingt einen Mann im Haus?‹, hat sie immer gefragt. ›Sie stinken, machen Dreck und gucken Fußball.‹«

»Wie ging es weiter?«

»Irgendwann haben sie meine Mutter entlassen, und ich konnte zu ihr zurück. Aber sie musste mich ja erst einmal kennen lernen. Es war furchtbar.«

»Das glaube ich Ihnen«, sagte Jan leise. Er verspürte das Bedürfnis, ihr tröstend über den Kopf zu streicheln, aber das war natürlich nicht angemessen. »Hat man ihr ihre Platten vorgespielt?«, fragte er stattdessen.

»Natürlich, das war mit das Erste, was ich gemacht habe. Sie hatte sie noch nie gehört.«

»Und ihr Name auf dem Cover?«

»Das hat es eher noch erschwert. Eine Frau ihres Namens spielte auf den Platten, aber sie war sich doch sicher, diese Musik nie gespielt zu haben. Wissen Sie, was sie sagte? ›Das ist eine gewaltige Band. Mit solchen Leuten möchte ich auch einmal spielen. Bob Keltner ist ein wirklich großer Musiker. Ich würde gern einmal mit ihm reden.‹«

»Warum wollen Sie ihr den Gefallen nicht tun?«

»Weil mir das Risiko zu groß ist. Meiner Mutter geht es gut. Sie lebt glücklich und zufrieden in ihrem Haus im Wald. Und das war vorher nicht der Fall, das können Sie mir glauben. In meiner Kindheit, also vor ihrem Zusammenbruch, da ging es ihr schlechter. Viel schlechter. Sie hatte Depressionen, aß kaum, ernährte sich von Kaffee und Nikotin. Sie sah furchtbar aus. Danach ist sie geradezu aufgeblüht. Das will ich nicht aufs Spiel setzen. Ich kann nicht vorhersagen, wie sie reagieren würde. Es geht ihr gut.«

»Lebt sie allein?«

»Sie hat einen Hund.«

»Ich frage mich: Wieso hat ausgerechnet Bob Keltners Besuch einen solch enormen Stress ausgelöst, mit so verheerender Wirkung?«

»Der Psychiater sagt, dass es nie ein Ereignis allein sei, sondern ein lang andauernder Stress durch ein bestimmtes Ereignis unerträglich wird. Die kritische Masse war schon lange da, nur der Zünder hat gefehlt.«

»Und der Verdacht, sie habe Schuld an Gregor Vasteels' Tod, war diese kritische Masse?«

»Das nehme ich an.«

»Versteht Ihre Mutter ihre Situation eigentlich?«

»Rational schon. Aber versuchen Sie doch einmal, sich in sie hineinzudenken. Ich kann mir nicht vorstellen, dass man seinem Gefühl das klar machen kann. Den Verstand mag man ja überzeugen, aber wenn Sie sich dann einem Menschen gegenübersehen, der behauptet, Ihre Tochter zu sein, oder wenn Sie erzählt bekommen, Sie hätten einmal diese phantastische Musik gemacht, und Sie wissen nichts mehr davon …«

Jan nickte. Er überprüfte seinen Zigarettenbestand. »Zwei habe ich noch«, sagte er. »Darf ich auch eine?«

Sie lächelte fast. »Klar.«

Für eine halbe Zigarettenlänge schwiegen sie. Sandra war die Erste, die wieder sprach.

»Was wollen Sie also von meiner Mutter?«

»Die Gruppe soll noch einmal auftreten«, sagte Jan, und als er den Satz aussprach, kam er ihm völlig albern vor. Aber sie lachte nicht. Ernst zog sie an der Zigarette.

»Warum?«, fragte sie.

»Bob möchte es. Und ich möchte es auch. Den Fünfen die Chance geben, noch einmal große Musik zu spielen. Ich finde, das ist ein guter Grund.«

Wieder erfüllte ihr Schweigen den Raum. Das Glockenspiel hatte aufgehört, nur Verkehrsrauschen drang herein.

»Ist nicht …«, er zögerte, »ist nicht doch eine positive Reaktion am wahrscheinlichsten? Vielleicht kann sie die Zeit zurückgewinnen durch die Musik. Wenn sie sich nicht erinnert, ist es doch so, als habe sie all diese Jahre gar nicht gelebt.«

»Glauben Sie, dass die Ärzte irgendwas *nicht* versucht hätten?«

»Aber sie hatten keinen Erfolg. Es ist eine Möglichkeit. Eine kleine. Aber haben Sie das Recht, ihr die zu verweigern?«

Sie räusperte sich. »Ich kann das nicht beantworten. Aber ich habe meinen Frieden mit der Situation gemacht.«

»Aber wenn sie die Situation rational erfasst, sollte Ihre Mutter dann nicht selbst entscheiden?«

Sie saß regungslos am Tisch und fixierte den Korb und den Schinken aus Holz darin. Jan sah, wie der Qualm ihrer Zigarette in ihre Augen stieg, aber sie saß still und schwieg.

»Vielleicht«, sagte sie endlich.

*

Es war noch nicht lange Zeit dunkel, als er in Westhoven aus der Straßenbahn stieg. Langsam ging er die Berliner Straße entlang in Richtung Rhein. Er hatte in einer winzigen Kneipe hinter dem Karstadt etliche Biere getrunken, ein paar zu viel für die Tageszeit. Er beschloss, sich noch eine Weile auf eine der Bänke am Ufer zu setzen, bevor er bei Heiner oder besser: bei Johanna Küfermann auftauchte. Er stieg die steile Treppe zum Fluss hinab. Das Holz der Bank war noch feucht vom Regen, vielleicht auch vom Abendtau. Zwei Frachtschiffe begegneten sich, direkt vor ihm auf dem

Wasser. Sie zogen unbeirrbar ihre Bahn, den Strom hinauf und hinab, und erinnerten ihn daran, wie er oft an seinem Lieblingsplatz im Bairro Alto gesessen und hinunter auf den Tejo gesehen hatte, wo die großen Schiffe in Richtung Atlantik fuhren. Schiffe, Frachtschiffe zumal, verkörperten für ihn die Idee von Freiheit, die Sehnsucht, woanders zu sein, obgleich er natürlich wusste, dass jeder, der auf so einem Schiff fuhr, das romantischen Kinderkram nennen würde. Seine Gedanken blieben in Lissabon und bei Quitéria.

Er musste sie anrufen, sofort. Er stand auf und machte sich auf den Weg zu Heiner.

Johanna saß in der Küche, als hätte sie auf ihn gewartet. Heiner war unterwegs zum »Vogel«, wie sie ihm berichtete, und er gestand sich insgeheim ein, ganz froh zu sein, ihn verpasst zu haben.

»Ein Herr Edelhoff hat für Sie angerufen. Er bittet um Rückruf. Er konnte aber nicht sicher sagen, wann er zu Hause ist. Er sagte, Sie hätten die Nummer.«

»Ja, das stimmt. Das ist der Freund von Okay, also von Olaf Kranz. Am besten, ich versuche es sofort mal.«

Er trat in die Diele, und sie rief hinter ihm her: »Haben Sie Hunger?«

Er wollte verneinen, aber sein Magen verbot es ihm. »Ja«, sagte er. »Sehr sogar.«

»Ich könnte Nudeln machen. Nichts Besonderes, was Einfaches nur.« Sie sah ihn an, geradeaus und ehrlich und, wie er fand, sogar freundlich. Nicht, dass sie gelächelt hätte, aber die Frage und ihren Blick empfand er als Friedensangebot.

»Das wäre ... sehr toll, danke.« Er sah ihr in die Augen, und sie nickte. Er ging ins Wohnzimmer.

Er kramte seine Telefonliste aus der Brieftasche und suchte Olaf Kranz' Nummer, aber als er sie gefunden hatte, legte er den Zettel neben dem Telefon ab und wählte die Nummer des »Cool Moon of Lissabon«. Er fühlte einen Kloß im Hals, als Quitéria sich meldete.

»Hallo, ich bin's«, sagte er.

»Oh«, sagte Quitéria nur. »Schon!«

»Ich hab es schon ein paarmal probiert, du warst nicht da.«

»Du hättest eine Nummer hinterlassen können.«
»Ja, es ist nur ... Ich bin hier schlecht zu erreichen. Aber ich geb sie dir sofort, hast du was zu schreiben?«
»Ja.«
Er diktierte ihr Heiners Nummer. »Es ist schön, deine Stimme zu hören«, sagte er. Es klang trivial, aber es war die Wahrheit.
»Du musst lauter sprechen, hier ist so ein Lärm, ich versteh dich kaum.« Er hörte im Hintergrund eine Band, die mit Aufbauen und Stimmen beschäftigt war.
»Wer spielt denn heute?«, fragte er.
»François, João und zwei Amis, die auf der Durchreise sind. Könnte ganz gut werden.«
»Es ist schön, deine Stimme zu hören«, sagte er noch mal.
»Wie kommst du voran?«, war ihre Antwort.
»Es geht. Es ist schwieriger, als ich dachte.«
»Komm zurück«, sagte sie.
»Das ... das kann ich nicht. Noch nicht.«
»Schade«, sagte Quitéria und legte auf.
Langsam nahm er den Hörer vom Ohr und drückte ihn fest auf die Gabel. Nicht einmal wie es ihr ging hatte er sie gefragt. Es brodelte in ihm, am liebsten hätte er den Apparat an die Wand geworfen. Er richtete sich auf und atmete tief durch. Sein Blick fiel auf den Schrank, aus dem Heiner an ihrem ersten Abend hier den Wein geholt hatte. Er öffnete ihn und fand einige Flaschen akzeptablen Fusels verschiedener Provenienz. Er bediente sich von dem 103 und trank das Glas auf einen Zug aus, dann schenkte er sich nach und ging zum Telefon. Langsam und konzentriert tippte er Olaf Kranz' Nummer ein, aber es meldete sich nur der Anrufbeantworter. Er kündigte einen weiteren Anruf an und legte auf.
Zögernd blickte er auf sein Glas und dann zur Tür. Schließlich kippte er es auf ex, rieb es mit seinem Hemdsaum einigermaßen sauber und stellte es wieder in den Schrank, bevor er in die Küche ging.
Johanna stand am Herd und schüttete gerade Fusilli aus einer blauen Pappschachtel in einen großen Topf mit kochendem Wasser.
»Mögen Sie Nudeln mit Pesto?«
»Klar.«

»Nehmen Sie sich ein Bier aus dem Kühlschrank.«
»Gern.«
Er öffnete die Flasche mit seinem Feuerzeug und setzte sich.
»Möchten Sie ein Glas?«
»Nein danke.«
Sie warf ihm einen Blick über die Schulter zu, während sie die Nudeln in dem Topf aufrührte. »So kurz angebunden kenne ich Sie ja gar nicht.«
»Tut mir Leid«, sagte er. Er ärgerte sich über sich selbst. Sie kam ihm entgegen und versuchte, die seltsame Atmosphäre im Haus zu entspannen, und ihm fielen plötzlich keine Sätze mit mehr als drei Worten ein.
»Haben Sie mit Ihrer Freundin gesprochen?«
»Ja.« Er nahm einen Schluck aus der Flasche. Als er sie wieder auf den Tisch stellte, schäumte sie über. Hastig beugte er sich nach vorn und saugte den hervorquellenden Schaum von der Öffnung.
Johanna lachte freundlich. »Bier trinken will gelernt sein. Haben Sie heute etwas erreicht?«
»Ich denke schon.«
»Jetzt lassen Sie sich doch nicht jeden Satz aus der Nase ziehen. Erzählen Sie!«
»Vera Petalovichs Tochter nimmt mich Sonntag mit zu ihrer Mutter.«
»Sandra?«
»Sie kennen sie?«
»Von der Uni. Sie war ein paar Semester unter mir. Sie ist nett.«
»Ja. Hat sie Ihnen von ihrer Mutter erzählt?«, fragte Jan.
»Was meinen Sie? Wir haben auch mal über unsere Eltern geredet. Aber letztlich war das kein großes Thema zwischen uns. Wahrscheinlich hatten wir damals schon genug für den Rest unseres Lebens vom Bob-Keltner-Sextett erzählt bekommen.«
»Ich verstehe«, sagte Jan.
»Also, was soll sie mir erzählt haben?«
»Wenn sie es getan hätte, wüssten Sie es.«
»Ja, aber *was*?«
»Wenn Sandra es Ihnen nicht erzählt hat, möchte ich das auch nicht. Ich glaube nicht, dass sie das wollte.«

Johanna verzog den Mund und rührte wieder in ihrem Topf. »Mit Ihnen eine Unterhaltung zu führen, ist verdammt noch mal nicht einfach.«

»Ja«, sagte Jan. »Irgendwas ist immer.«

*

»Es gibt Möglichkeiten, Luzia. Es gibt Kliniken in Holland, wo ...« – *»Ich will nicht mehr darüber reden. Ich werde das Kind bekommen.« Sie saß auf ihrem Sofa, wie seit Tagen. Nur zu den notwendigsten Verrichtungen hatte sie ihren Platz verlassen. »Willst du mir nicht wenigstens sagen, von wem es ist?«, fragte er. Sie stieß ein kurzes Lachen hervor, einmal, zweimal. Er sah ungeduldig auf sie herab. »Ob ich es dir sagen will?«, sagte sie endlich. »Natürlich will ich. Aber ich weiß es nicht!« Wieder begann sie zu lachen. Er ließ die Schultern sinken. »Dann ist es eben mein Kind«, sagte er leise. »Ja«, antwortete sie, »dein Leben lang.«*

*

Johanna erzählte von Marco, von ihrer Musik, von ihren Freundinnen, ein wenig über die Zeit an der Uni, als sie Germanistik und Philosophie studiert hatte – »... auf Lehramt! Wenn ich da heute drüber nachdenke, fass ich mir an den Kopf!« –, sogar über ihr Auto erzählte sie, aber nichts über sich. Auch nicht über Heiner oder ihre Mutter. Jan dachte an den eisigen Blick, den sie und ihr Vater getauscht hatten, an seinem ersten Abend hier. Er würde nicht danach fragen, aber eigentlich hätte er gern etwas gewusst über ihre Eltern. Auch die knappe Information über das Verschwinden ihrer Mutter nach Kanada hatte ihn neugierig gemacht. Er trank etliche Flaschen Reissdorf und erkundigte sich irgendwann vorsichtig nach einem Brandy, den sie ihm auch gleich aus dem Wohnzimmer holte. Als er auf die Uhr über dem Herd sah, ging es auf zehn zu. Ein Schlüssel drehte sich im Schloss der Haustür. Kurz darauf trat Heiner in die Küche.

»'n Abend«, sagte er. Er ging zum Kühlschrank, um sich ein Bier zu holen, und setzte sich zu ihnen.

»Auch einen Brandy?«, fragte Johanna.
»Wo habt ihr den denn her? Aus *meinem* Schrank?«
»Ich war so frei«, sagte Jan.
»Na, dann gib mir auch einen, solange noch was da ist.« Heiner wirkte aufgeräumt. Er verlor kein Wort über Jans Telefonat vom Vormittag. »Carsten war im ›Vogel‹«, sagte er. »Der war so komisch. Weiß der was?«
»Nur, was sich nicht vermeiden ließ.« Jan berichtete Heiner, dass er Carsten über den Weg gelaufen war, und von dessen Zusage, ihm Zeit zu lassen, bis er mit Okay und Vera geredet hatte. Dann erzählte er von dem Treffen mit Sandra Petalovich und dass sie ihn am Sonntag zu ihrer Mutter bringen würde. Von Veras Amnesie sagte er nichts, ebenso wenig davon, dass Bob Keltner keinen Plattenvertrag mehr hatte, oder gar von Heidi Jungs Behauptung, Gregors Mörder zu kennen.

Immer wieder Neuigkeiten, die niemand erfahren darf, dachte er, nur Heiners Geheimnis stand noch aus.

Heiner erzählte ein paar Schwänke aus seinem Jazzer-Leben, und Johanna verabschiedete sich irgendwann ins Bett. Ein Brandy gab den anderen, und als der 103 leer und kein Bier mehr im Kühlschrank war, holte Heiner noch eine Flasche Jameson aus seinem Schrank. Vom Rest des Abends blieb wenig außer einem schwammigen Graubraun in Jans Erinnerung.

*

Etwas ruckelte an ihm, und er hasste es. Ein fieser Schmerz fuhr von seiner Stirn in den Nacken. Er machte eine abwehrende Bewegung, die aber nicht in der Lage war, das Ruckeln zu unterbinden. Er öffnete die Augen einen Spalt und bemerkte Tageslicht, also schloss er sie sofort wieder.

»Herr Richter«, sagte Johanna Küfermann. »Telefon.«
»Wa?«, gelang es ihm zu antworten, und das Rütteln ging weiter.
»Es ist Bob Keltner«, sagte sie, und ihre Stimme war mitleidlos.
»Ich ruf ihn zurück. Er soll seine Nummer –«
»Er sagt, es sei dringend.«
Jan schlug die Decke weg und setzte sich auf. Erst jetzt be-

merkte er, dass er keine Unterhose trug. Johanna Küfermann wandte sich diskret ab und verließ das Zimmer. Er konnte seine Unterhose nirgends entdecken. Hastig zog er T-Shirt und Jeans an, bemüht, sich nichts im Reißverschluss zu verklemmen, dann kletterte er so schnell es ihm möglich war die Treppe hinunter. Im Wohnzimmer lag der Hörer neben dem Telefon, aber als er ihn ans Ohr hob, hörte er nur das Besetztzeichen. Ein stechender Schmerz zog sich von der Stirn diagonal durch seinen Schädel bis hinter das linke Ohr. Vorsichtig rieb er sich den Nacken und legte auf. Johanna hantierte in der Küche. Er öffnete die Tür und sah hinein. Sie stand an der Spüle und wandte nicht den Kopf, obwohl sie ihn gehört haben musste.

»Guten Morgen«, sagte Jan. Seine eigene Stimme war ihm zu laut.

»Tag«, antwortete sie in Richtung Wand. Auf der Uhr über dem Herd war es elf.

»Bob hatte schon aufgelegt«, sagte Jan.

»Hat ihm wohl zu lange gedauert.«

»Hat er irgendwas gesagt?«

»Nur, dass es dringend sei.« Einen Stapel Teller in den Händen, drehte sie sich um. »Sie sehen furchtbar aus«, sagte sie. Ungerührt räumte sie die Teller in einen der Hängeschränke. Das Klappern war ihm unerträglich.

»Es gibt kein größer Leid, als was der Mensch sich selbst andeit«, sagte Jan. »Haben Sie eine Kopfschmerztablette?«

»Im Bad hängt ein Medizinschränkchen.«

Von der relativen Freundlichkeit, die sie am gestrigen Abend hatte spüren lassen, war nichts mehr zu merken. Jan schloss die Tür hinter sich und stieg mannhaft die Treppe hinauf. Das Bad war besetzt, Heiner hatte sich also auch hochgekämpft. Die Dusche rauschte, und Jan nutzte die Gelegenheit, wieder ins Bett zu gehen. Als er das nächste Mal in die Küche kam, war es halb drei. Das Haus war leer. Er warf die Kaffeemaschine an und ging unter die Dusche. Als er sich etwa fünf Minuten heißes Wasser auf den Scheitel hatte prasseln lassen, durchfuhr es ihn eiskalt.

Heidi Jung, ein Uhr am Rhein.

»Scheiße«, sagte er halblaut. »Scheißescheißescheiße.«

Er atmete tief ein und aus und bemerkte, dass er vor Wut zitterte – vor Wut auf sich selbst. Aber jetzt ist es eh zu spät, sagte er sich. Er duschte halbwegs in Ruhe zu Ende, dann ging er in Jeans und barfuß ins Wohnzimmer und wählte die Privatnummer der Jungs, während er mit der Linken seine Haare frottierte. Nur der Anrufbeantworter meldete sich. Nachdem er in der Küche einen halben Becher Kaffee getrunken hatte, versuchte er es mit Olaf Kranz' Nummer, und hier meldete sich Herr Edelhoff. Er klang ziemlich förmlich.

»Guten Tag, Herr Richter. Ich habe schon auf Ihren Anruf gewartet. Ollie möchte, dass wir beide uns einmal treffen, damit ich ihm berichten kann.«

»Kann ich ihn nicht einfach selbst sprechen? Das würde die Sache verkürzen.«

»Nein das möchte i..., möchte er nicht. Er soll sich nicht unnötig belasten, so gut geht es ihm noch nicht.«

»Schön, dann komm ich zu Ihnen.«

»Oh, können wir uns nicht woanders treffen, irgendwo …«

»Wo wohnen Sie?«

»In Mengenich.«

»Ich bin zurzeit bei Heiner Küfermann in Westhoven, da liegt also die gesamte Stadt zwischen. Können wir uns irgendwie auf die Mitte einigen?«

»Wo also? Ich kenne mich nicht so aus in der Stadt.«

Jan versuchte, sich den Stadtplan ins Gedächtnis zu rufen. Mengenich lag weit draußen im Nordwesten. »Irgendwo am Friesenplatz. ›Päffgen‹«, sagte er.

»Wo ist das?«, fragte Edelhoff, und Jan unterdrückte ein Stöhnen.

»›Brauhaus Päffgen‹ in der Friesenstraße. Am besten, Sie fahren mit der Bahn. Steigen Sie Friesenplatz aus und fragen Sie irgendwen. Das ›Päffgen‹ kennt jeder.«

»Ich nicht. Wann?«

»Gleich. Sagen wir halb fünf.«

»Gleich?« Er klang irritiert. »Na gut. Wie erkennen wir uns?«

Das war eine gute Frage. »Warten Sie mal.« Jan legte den Hörer hin, spurtete zur Garderobe und holte die Kappe, die er sich ge-

gen den Regen gekauft hatte. »Ich trage eine rote Baseballkappe mit der Aufschrift …«, er drehte den Schirm nach vorn, »Ballbreaker.«
»*Ballbreaker*? Aha …« Edelhoff klang irritiert.
»Was tragen Sie?«
»Einen grauen Zweiteiler.«
Das war um halb fünf im »Päffgen« wenig hilfreich.
»Ich könnte noch meine braune Aktentasche mitbringen.«
»Schon gut. Suchen Sie einfach nach meiner Mütze. Ich versuche, vor Ihnen da zu sein.«

*

Zwanzig nach vier saß er im »Päffgen«. Er hatte Glück gehabt und einen der vordersten Tische erwischt, von dem aus er den Eingang sehen konnte. Circa alle dreißig Sekunden öffnete sich die Tür, und eine kleine Gruppe Menschen trat ein, in der immer mindestens einer einen grauen Zweiteiler trug, gern in Kombination mit einer braunen Aktentasche. Er verspürte einen kleinen Knoten im Hals, als der Köbes an ihm vorbeiging, ohne ihm ein Kölsch auf den Tisch zu stellen. »Eins? Kommt sofort«, sagte er nur, was im »Päffgen« ein relativer Begriff war. Verdammt relativ, mitunter.
Er behielt den Eingang im Auge. Jedes Mal, wenn einer der grauen Männer ihn mit einem Blick streifte, griff er beiläufig an den Schirm seiner Kappe.
Er hatte ein zweites Mal Glück. Sein Köbes war einer von der schnelleren Fraktion. Das Kölsch kam tatsächlich fast sofort, und Jan bestellte gleich ein nächstes, noch bevor er es ansetzte und zur Hälfte austrank. Er spürte, dass es ihm gut tat, und er wusste, dass das schlecht war. Auch sein zweites Kölsch war zur Hälfte leer, und seine Konzentration auf den Eingang hatte nachgelassen, als ein distinguiert wirkender Endvierziger mit Brille und einem elegant gestutzten Schnäuzer an seinen Tisch trat. Er trug tatsächlich eine braune Aktentasche bei sich.
»Herr Richter, nehme ich an«, sagte er. »Mein Name ist Edelhoff, Peter Edelhoff.«
Jan erhob sich halb von seiner Bank und wollte ihm die Hand entgegenstrecken, aber sein Gegenüber hielt beide Hände um die

Tasche geklammert und machte nicht den Eindruck, sie loslassen zu wollen.

»Bitte nehmen Sie Platz.«

»Besten Dank.« Edelhoff setzte sich vorsichtig, als habe er Angst, sich an dem Stuhl zu beschmutzen. Der Köbes kam vorbei und stellte ein Kölsch vor ihm ab.

»Oh, nicht für mich. Ein Mineralwasser, bitte. Ohne Zitrone.«

Der Köbes schob das Kölsch über den Tisch und machte einen Strich auf Jans Deckel. »Nimm dir mal 'n Beispiel an *dem*, Jung«, sagte er und zog ab. Jan war sich nicht sicher, wen von ihnen er gemeint hatte.

»Lassen Sie uns gleich in medias res gehen, Herr Richter ... ähm, würde es Ihnen etwas ausmachen, diese Mütze abzunehmen? Sie wirkt so ...« Er machte eine leicht wegwerfende Bewegung.

Jan nahm die Kopfbedeckung vom Schädel und strich sich heftig durchs Haar, um so etwas wie eine Frisur herzustellen. »Wenn's der Wahrheitsfindung dient«, sagte er und grinste, aber Edelhoff blieb ernst.

»Ollie und ich, wir sind seit einem Jahr verheiratet«, sagte er.

»Aha«, sagte Jan und nippte an seinem Bier.

»Ollie ist nicht gesund. Er hat Probleme mit dem Darm.«

So betont gleichmütig, wie er es sagte, klang es nach sehr großen Problemen.

»Lassen Sie mich Ihnen reinen Wein einschenken. Ich habe keinerlei Interesse daran, dass mein Mann wegen dieser Geschichte seine Heilungschancen gefährdet. Aber ich möchte ihn auch nicht anlügen. Ich habe ihm von Ihrem Anruf erzählt, und trotz meines Drängens, Ihnen abzusagen, will er Einzelheiten erfahren. Verzeihen Sie mir, dass ich mich dazwischenstelle, aber ich möchte wissen, um was genau es sich dreht, bevor Sie persönlich mit Ollie sprechen.«

Edelhoff klang nicht freundlich, dafür aber entwaffnend ehrlich, gemessen an den Auskünften, die Jan bisher bekommen hatte. Er nahm sich Zeit für die Formulierung seiner Antwort und bedauerte, nicht genauso offen sein zu können.

»Kurz zusammengefasst: Bob Keltner möchte innerhalb der nächsten zehn bis zwölf Wochen die verbliebenen Musiker des

Sextetts für ein Reunion-Konzert mit Livemitschnitt noch einmal auf die Bühne bringen. Richard Jung, das ist der Bassist, besteht darauf, dass man sich vorher einmal zusammensetzt, Bob und Heiner Küfermann haben dem bereits zugestimmt, Vera Petalovich habe ich bisher noch nicht gesprochen, das werde ich übermorgen tun. Frage: Ist Herr Kranz bereit, mitzumachen?«

Der Köbes brachte ein Mineralwasser mit Zitrone. Edelhoff zog die Scheibe mit spitzen Fingern heraus und legte sie auf einen Bierdeckel. »Das hört sich zwar recht unkompliziert an«, sagte er. »Wenn ich aber in Rechnung stelle, was Ollie mir im Laufe der Jahre über seine Zeit mit dem Sextett erzählt hat, vermute ich, dass es so einfach nicht werden wird.«

Jan hob sein Bierglas, doch er stellte es wieder ab, ohne getrunken zu haben. »Herr Edelhoff, ich bin derjenige, der über das Bob-Keltner-Sextett am allerwenigsten weiß. Würden Sie mir den Gefallen tun und mir verraten, was Sie darüber wissen?«

Peter Edelhoff hob irritiert die Brauen, während Jan nun doch einen Schluck nahm.

»Ich war nicht dabei. Ollie und ich haben uns erst vor neun Jahren kennen gelernt. Ich weiß nur, was er mir erzählt hat.«

»Also immerhin aus erster Hand.«

»Das schon. Ollie schwärmt immer noch von der Band. Manchmal legt er eine ihrer Platten auf. Ich muss gestehen, dass ich wenig anfangen kann mit dieser Art Musik, ich interessiere mich mehr für Oper. Aber es ist bemerkenswert, wie Ollie reagiert, wenn er das hört, und wie emotional er über diese Zeit berichtet. Doch es endet fast immer damit, dass er sagt: ›Und dann ist Gregor gestorben‹ oder Ähnliches. Dann packt er die Platten weg und redet über etwas anderes.«

»Hat er Ihnen etwas von Gregors Tod erzählt?«

»Nein.«

»Haben Sie ihn nie danach gefragt?«

»Einmal. Er hat nicht geantwortet. Das war zu einer Zeit, als viele unserer Freunde und Bekannten starben. Ich habe akzeptiert, dass er nicht darüber reden wollte.«

»Verstehe«, sagte Jan. Peter Edelhoff sah an ihm vorbei in den Raum hinein. Eines seiner Lider zuckte unaufhörlich. Hinter seinem kühlen Auftreten meinte Jan eine tiefe Unsicherheit zu bemerken. Es war etwas in seinem Blick, das Jan bekannt vorkam und ihn doch irritierte. Edelhoff nahm einen Schluck Wasser und setzte das Glas mit abgespreiztem kleinen Finger wieder ab.

»Ich hoffe, ich habe mich verständlich ausgedrückt«, sagte er. »Ich möchte nicht, dass Ollie mitmacht.« Er sah Jan für eine Sekunde in die Augen, dann sah er wieder an ihm vorbei, und plötzlich wusste Jan, was in diesem Blick stand.

»Darf ich fragen, was Sie beruflich machen, Herr Edelhoff?«

»Ich bin Wirtschaftsprüfer.«

»Und Ihr Mann? Macht Olaf immer noch Musik?«

»Ja. Solange er gesund war, hat er unterrichtet und ist auch aufgetreten. Davon konnte er natürlich nicht leben. Aber ich verdiene genug, wir konnten uns das ohne weiteres leisten.«

»Er hat nie etwas anderes gemacht als Musik?«

»Nein. Er ist ein Künstler. So nennt man es wohl, wenn jemand gar nicht anders kann, als seine Kunst auszuüben.«

»Haben Sie auch künstlerische Ambitionen?«

»Ich? Nein. Ich bin mehr der rationale Typ.«

»Ist es dann nicht schwer, mit einem Künstler zusammen zu sein?«

»Worauf wollen Sie hinaus, Herr Richter?« Peter Edelhoff sah ihn aufmerksam an, als wittere er eine Falle.

»Darf ich offen reden?«

»Ich bitte darum.«

»Mein Eindruck eben – subjektiv und persönlich, natürlich –, mein Eindruck war: Sie sind eifersüchtig.«

Auf Edelhoffs Hals erschienen rote Flecken. »Wie kommen Sie *da*rauf? Wieso sollte ich das sein?«

»Ich könnte mir Folgendes vorstellen – ganz offen: Ihr Mann ist ein Künstler. Mit einer bewegten Vergangenheit, in der er sogar eine Art Star war. Jetzt steht diese Vergangenheit plötzlich wieder vor der Tür, und Sie haben Angst, nicht mit ihr konkurrieren zu können. Sie haben Angst, ihn an die Vergangenheit zu verlieren.«

»Lächerlich«, sagte Peter Edelhoff, aber die Flecken an seinem Hals waren größer geworden. »Warum sollte ich Angst vor einem Konzert haben?«

»Ja, warum? Sagen Sie es mir.« Jan winkte dem Köbes. »Könnte ich beim nächsten einen Wacholder dazukriegen?«, rief er ihm zu.

Peter Edelhoff sah zum Ausgang, seine Kiefer mahlten.

»Olaf *will* mit mir reden, nicht wahr? Wenn Sie jetzt abhauen, was werden Sie ihm sagen?«

Edelhoff sah ihn an, und seine Augen sprühten Funken. »Ich will nicht, dass er mit diesem Mister Keltner zusammentrifft.«

»Wieso das denn? Was hat Bob ihm getan?«

Edelhoffs Blick ging wieder in Richtung Ausgang. Schweigend starrte er die Tür an, in seinem Gesicht arbeitete es. Jan wartete, es dauerte fast eine Minute, bis Peter Edelhoff ohne den Blick zu wenden sagte: »Ollie hatte ein Verhältnis mit ihm.«

»*Mit Bob Keltner?*«

»Überrascht Sie das so?«

»Ja. Nein! Ich meine … ich wusste nicht …«

»Niemand weiß das. Und ich erwarte, dass Sie es für sich behalten.«

»Darauf können Sie sich verlassen.« Auf ein Geheimnis mehr kam es nun wirklich nicht an. »Meinen Sie denn, Sie hätten von Bob noch etwas zu befürchten, nach all den Jahren?«

»Er ist Jazzmusiker«, sagte Edelhoff in einem Ton, als erkläre das alles. »Außerdem geht es mir ums Prinzip.«

Der Köbes kam und stellte Jan sein Gedeck hin. Jan kippte den Wacholder hinunter und spürte dankbar dem Gefühl im Magen hinterher. »Würden Sie sagen, Sie lieben Ihren Mann?«, fragte er.

»Natürlich würde ich das!«

»Dann dürfen Sie sich ihm nicht in den Weg stellen. Sie haben es selbst gesagt: Er ist ein Künstler, und ein Künstler *muss* spielen. Wenn er es nicht tut, wird er den Rest seines Lebens dieser entgangenen Chance nachtrauern. Und *Sie* dafür verantwortlich machen. Da ist es doch besser, Sie unterstützen ihn dabei. Er wird Ihnen dankbar sein. Ihnen, dem Wirtschaftsprüfer. Sie müssen ihm zumindest die Chance geben, selbst zu entscheiden.«

Peter Edelhoff verschränkte die Hände auf dem Tisch, die Finger so fest gegen die Handrücken gepresst, dass sie rot anliefen. Er sah mit finsterer Konzentration den halb vollen Aschenbecher an, als gäbe es dort einen Skandal zu entdecken. Jan trank schweigend sein Bier aus und wartete. Nach einer Weile lösten sich Edelhoffs Hände langsam. Vorsichtig spreizte er die Finger, dann zeigte er auf Jans leeres Schnapsglas.

»Ich glaube, ich nehm auch so etwas«, sagte er.

*

Peter Edelhoff hatte ihm für den nächsten Tag zugesagt, ihn mit nach Olpe zu nehmen, in die Reha-Klinik, in der Olaf Kranz betreut wurde. Er würde ihn sogar bei Heiner abholen, und Jan hatte diesen Erfolg mit einer ganzen Reihe Pints im »Metronom« begossen, in deren Folge er einigermaßen unsicher auf den Beinen war, als er in Westhoven aus der Bahn stieg. Es regnete kalt, und er beeilte sich, Heiners Haus zu erreichen. Zu seiner Überraschung saß Heiner in der Küche und schien auf ihn zu warten.

»Heute nicht im ›Vogel‹?«, fragte Jan. Er öffnete den Kühlschrank, aber es war kein Bier darin.

»Man hat nach dir gefragt, am Telefon«, sagte Heiner.

»Man? Wer denn?«

»Eine Señora Crespo.«

»Quitéria? Oh. Soll ich sie zurückrufen?«

»Nein. Sie probiert's noch mal. Und dann hat Richard angerufen. Richard Jung.« Heiners Blick war forschend. Und nüchtern, stellte Jan fest.

»Was wollte *der* denn?«, fragte er.

»Er war ziemlich überrascht, mich am Apparat zu haben. Er sagte, er hätte meine Nummer auf dem Display gehabt, was immer das heißt. Er hat so ein modernes Digitalding, er weiß immer, wer angerufen hat. Da ich es nicht war, nehme ich an, du warst es.«

»Ja und?«

»Er wollte wissen, warum. Um die Zeit wäre schließlich nur seine Frau zu Hause, und das wüsstest du.«

Jan setzte sich. »Das stimmt. Darf ich sie nicht anrufen?« Er hoffte, Heiner würde ihm weiteres Nachfragen ersparen, aber er tat ihm den Gefallen nicht.

»Richard meinte, er hätte dich gebeten, die Sache ausschließlich mit ihm zu bereden.«

»*Sie* hat *mich* angerufen.«

»Und du hast sie zurückgerufen.«

»*Ja*, zum Teufel ...«

»Was wollte sie denn?«

»Sie sagte etwas von ...«, Jan machte eine hilflose Geste, während er nach einem unverfänglichen Ausdruck suchte, »Informationen ... Mein Gott, was ist denn so schlimm daran, dass ich versucht habe, sie anzurufen?«

»Heidi ist ver*schwunden*.«

»Wer sagt das?«

»Richard natürlich. Sie hatten Opernkarten, und Heidi war nicht zu Hause.«

»Sie ist eine erwachsene Frau. Wenn sie einen Abend nicht da ist, wo ihr Mann sie gern hätte, kann man ja wohl noch nicht von Verschwinden reden.«

»Sie ist eine erwachsene Frau mit erheblichen Problemen, das hast du selbst gesagt. Richard ist besorgt. Er sagt, es sei sehr ungewöhnlich, dass sie länger wegbliebe, ohne sich abzumelden. Deshalb hat er angerufen. Meine Nummer war die einzige auf seinem Display, von der er heute angerufen wurde.«

Jan seufzte müde. »Ich war mit ihr verabredet, heute Mittag. Aber ich habe verpennt. Da wollte ich mich entschuldigen. Das war alles.«

»Und warum wart ihr verabredet?«

»Wegen dieser ›Informationen‹. Sie gab keine Ruhe, also habe ich gedacht, ich höre mir an, was sie zu erzählen hat, und dann ist gut.«

»Du hast Geheimnisse vor uns«, sagte Heiner.

Jan glotzte ihn an und begann zu lachen. »*Ich* vor *euch*? Der war gut, Mann. Der war *wirklich* gut!« Er stand rumpelnd auf und ging aus der Küche. »Weißt du was? Ihr könnt mich langsam alle mal am Arsch lecken«, sagte er und stieg die Treppe hoch.

In seinem Zimmer streifte er die Schuhe ab und ließ sich aufs Bett fallen. Wütend starrte er zur Decke. Schlimm genug, durch die verschlungenen Erinnerungswelten alter Jazzmusiker zu irren, aber sich jetzt auch noch dafür rechtfertigen zu müssen, war zu viel. Und wenn Heidi Jung meinte, einen Mörder zu kennen, dann sollte sie in Gottes Namen zur Polizei gehen. Jazzlegenden hin oder her, es gab für ihn nicht genug zu gewinnen, als dass er sich dafür zum Affen machen musste.

Er schloss die Augen, aber er war viel zu erregt, als dass an Schlaf zu denken gewesen wäre. Als er endlich ein wenig weggedämmert war, schallte auf einmal laute Musik durchs Haus. Heiner hatte eine Platte des Bob-Keltner-Sextetts aufgelegt. Dann hörte Jan Marco weinen und Johannas beschwichtigende Stimme. Dass er den Jungen geweckt hatte, brachte Jan noch weiter gegen Heiner auf.

Irgendwann kam Heiner die Treppe heraufgepoltert, und Jan rechnete fest damit, dass er an die Tür klopfen und sich entschuldigen würde, doch Heiner ging ins Bad und dann in sein Zimmer, und es wurde still im Haus.

»Schicht im Schacht«, sagte Jan halblaut. Morgen würde er zum Flughafen fahren und einen Rückflug buchen.

Als er irgendwann aus unruhigem Schlaf aufschreckte, war es hell. Marco stand neben seinem Bett und musterte ihn forschend.

»Bist du wach?«, fragte er, und Jan schaffte ein für die Uhrzeit sehr freundliches Lächeln.

»Ja, ich bin wach.«

»Stehst du auf?«

»Hab ich eine Wahl?«

»Spielst du mit mir?«

»Mal schauen.« Jan schälte sich aus dem Bett und strich Marco über den Kopf.

Als er ins Bad ging, lief Marco die Treppe hinunter und rief: »Mama, Jan will mit mir spielen!«

Die Dusche machte ihn so weit fit, dass er sich zutraute zu frühstücken. In der Küche traf er auf Johanna, die ihm bereits einen Becher Kaffee eingegossen hatte. Dankbar nahm er am Tisch Platz. Johanna verzichtete auf eine Unterhaltung, was er ihr hoch anrechnete. Er schaffte sogar ein Marmeladenbrötchen, dann kam Marco herein und baute sich fordernd vor ihm auf. »Komm«, sagte er.

»Was spielen wir denn?«

»Playmobil.«

Johanna lachte, und Jan folgte gehorsam ins Wohnzimmer, wo er seinen Kaffee zu Ende trank, während er eine Ritterburg gegen die anstürmenden Truppen Marcos verteidigte und nach blutiger Schlacht unterlag.

»Ich sagte doch, dass er Sie mag«, sagte Johanna, als er endlich wieder in die Küche entlassen worden war. Sie schenkte ihm Kaffee nach.

»Ich habe wenig Erfahrung, was Kinder angeht.«

»Die können Sie jetzt ja sammeln.«

Er nahm einen zu großen Schluck Kaffee und verbrannte sich den Gaumen. Irgendwie scheute er sich, ihr zu erzählen, dass er abreisen würde. Schweigend griff er nach der Tageszeitung und blätterte unkonzentriert darin herum. Die Nachrichten über Reformen, reformierte Reformen und zurückgenommene Reformen waren ihm größtenteils unverständlich, und auch der Lokalteil konnte ihn nicht fesseln, da er kaum einen der Akteure noch mit Namen kannte.

»Was macht Ihr Job? Haben Sie heute was vor?«, fragte Johanna.

Er antwortete nicht sofort. »Ich wollte Olaf Kranz besuchen. Aber ich weiß nicht, ob ich es machen soll«, sagte er endlich.

»Wieso das denn?«

»Ich brech die Sache ab.«

Sie sah ihn erstaunt, fast entgeistert an. »Ist das Ihr Ernst?«

»Heiner hat mir das Vertrauen gekündigt. Und ich ihm wohl auch. Ich habe keine Lust mehr.«

»Das Vertrauen gekündigt? Was soll denn das heißen? Heiner traut doch sowieso niemandem.«

»Ich auch nicht. Nicht mehr.«

»Aber Sie haben doch schon so viel erreicht!«

»Versuchen Sie, mich zu motivieren? Bisher hatte ich nicht den Eindruck, dass Sie sich sehr für das Projekt begeistern.«

»Ja schon, aber … Ich glaube, ich habe mich an Sie gewöhnt.« Sie lachte verlegen. Das Telefon klingelte, sie stand auf und ging ins Wohnzimmer. Sie wirkte angespannt, als sie zurückkam.

»Es ist Bob Keltner«, sagte sie.

Jan stand auf. Er hatte das Gefühl, seine Beine seien zentnerschwer, als er zum Apparat ging. Ich muss es ihm sagen, dachte er, als er den Hörer aufnahm.

»Jan? Ich komme heute noch nach Köln«, war das Erste, was Bob sagte.

»Heute? Warum?«

»Ich wollte es dir gestern schon sagen, aber du bist ja nicht ans Telefon gekommen. Oder haben sie dir nicht Bescheid gesagt?«

»Doch schon, aber man hat mich wohl nicht wach bekommen.«

»Na ja, wie auch immer. Auf meiner Tour fallen zwei Termine aus, deswegen habe ich Zeit. Ich bin jetzt in Antwerpen, wir fahren gegen vier hier weg, also sind wir spätestens um neun in Köln. Komm ins Crowne Plaza. Vielleicht so gegen zehn.«

»Ich muss dir was sagen, Bob.«

»Wir reden heute Abend. Ich hab noch einen Termin. Noch was: Erzähl den anderen erst mal nicht, dass ich komme. Ich möchte sie nicht alle einzeln treffen. Wir sehen uns um zehn.« Er legte auf.

Jan ging in die Küche zurück. Johanna sah ihn forschend an. »Haben Sie es ihm gesagt?«

»Nein.«

Sie fragte nicht, warum. Jan griff nach seinem Kaffeebecher und sah zur Uhr. Es war halb elf.

»Was haben Sie jetzt vor?«, fragte sie.

»Olaf Kranz besuchen.«

»Sie fahren doch?«

Er zuckte die Achseln. »Ist eh zu spät, die Sache abzusagen. In einer halben Stunde werd ich schon abgeholt.«

»Gut«, sagte Johanna. Sie lächelte leicht. »Was soll ich Vater erzählen, wenn er aufsteht? Dass Sie aufgeben?«

»Erzählen Sie ihm, was Sie wollen.«

Wieder klingelte das Telefon im Wohnzimmer, und wieder verließ Johanna die Küche, um dranzugehen.

»Ein Herr Löwenstein für Sie«, sagte sie, als sie zurückkam.

»Was will *der* denn«, murmelte Jan auf dem Weg ins Wohnzimmer.

Wie üblich hielt sich Jupp Löwenstein nicht lange mit Präliminarien auf.

»Ich habe einen Saxofonisten für dich«, sagte er, sobald Jan sich gemeldet hatte.

»Es ist noch gar nicht entschieden, ob einer spielt.«

»Doch, das ist entschieden. Der Produzent entscheidet über die Besetzung. Und ich will einen Saxofonisten.«

»Moment mal, Jupp. Das *kann* ich nicht entscheiden ...«

»Nicht du. *Ich* entscheide. Löwenstein und Richter. Schon vergessen?«

»Wir müssen zumindest vorher Bob fragen. Und die anderen auch. Es ist so schon kompliziert genug. Von wem redest du eigentlich?«

»Ich habe ein Patenkind. Sie ist die Tochter eines Freundes und Geschäftspartners. Ich hänge an dem Mädchen. Ihr Freund spielt Saxofon, und er hat irgendwie Wind von der Bob-Keltner-Geschichte gekriegt ...«

»Irgendwie Wind gekriegt? Was soll das denn heißen? Hast *du* ihm davon erzählt?«

»Nein. Er sagte mir, bei Campi habe jemand davon geredet. Jedenfalls will er mitspielen. Und da meinem Patenkind viel daran liegt, werde ich ihm den Gefallen tun.«

Bei den Worten »er will mitspielen« durchfuhr Jan eine sehr unangenehme Erinnerung an das letzte Konzert, das er in Köln organisiert hatte. »Ich kenne den Herrn Saxofonisten nicht zufällig?«, fragte er.

»Doch. Gut sogar.«

»Aufdemsee!«, entfuhr es Jan. »Friedhelm Aufdemsee! Der Teufel soll mich holen, wenn ich dem noch mal erlaube, mir in die Suppe zu spucken. Der kommt nur über meine Leiche auf die Bühne!«

»Du solltest dir gut überlegen, zu wem du so was sagst, mein Junge«, sagte Löwenstein und legte auf.

Jan knallte den Hörer auf die Gabel und sagte »Pisse! Kacke! Arsch!«

»Pissekackearsch«, wiederholte Marcos Stimme von unter dem Tisch her. Jan rieb sich die Stirn. Das Telefon begann wieder zu klingeln.

»Ja!«, brüllte Jan in den Hörer.

»Jung«, antwortete eine kühle Stimme am anderen Ende. »Mit wem spreche ich bitte?«

»Oh, Herr Jung, entschuldigen Sie, ich hatte mit jemand anderem gerechnet. Hier ist Jan Richter. Guten Morgen.«

»Hat Heiner Ihnen von meinem Anruf erzählt?«

»Ja, hat er. Ist Ihre Frau wieder da?«

»Dann würde ich nicht anrufen. Was wollten Sie von ihr, gestern?«

»Sie hat mich angerufen und darauf gedrängt, mir etwas persönlich mitzuteilen. Wir waren gestern Mittag verabredet, aber ich habe den Termin nicht einhalten können, darum wollte ich mich bei ihr entschuldigen.«

»Warum haben Sie mir nichts davon gesagt?«

»Sie hat darauf bestanden.«

»Sie haben doch erlebt, was mit ihr ist. Und ich hatte Sie gebeten, sie aus der Sache rauszuhalten.«

»*Sie* hat *mich* angerufen.«

»Wann waren Sie verabredet?«

»Gestern Mittag um eins.«

»Und wo?«

»Am Rheinufer an der Bastei.«

»Aber Sie haben sie nicht getroffen?«

»Nein, ich habe es nicht geschafft.«

»Waren Sie denn da?«

»Nein. Es war zu spät. Ich nahm nicht an, dass sie noch da wäre.«

»Schön. Ich werde das der Polizei mitteilen. Vielleicht können die was damit anfangen.«

»Sie haben die Polizei eingeschaltet?«

»Was denken *Sie* denn? Die Vorstellung, dass meine Frau hilflos durch die Gegend irrt, ist für mich durchaus beunruhigend. Ich werde der Polizei Heiners Nummer und Anschrift geben, falls die noch Fragen an Sie haben.«

»Halten Sie mich bitte auf dem Laufenden«, sagte Jan noch, aber Richard Jung hatte schon aufgelegt. Als er in die Küche zurückging, kam Heiner die Treppe herunter. Sie erreichten gemeinsam die Küchentür.

»Moment«, sagte Heiner leise. Er zog die Tür zu und streckte Jan die Hand hin. »Nichts für ungut«, sagte er. »War bescheuert von mir.«

Jan atmete tief aus, dann ergriff er die Hand und schüttelte sie. »Na schön. Nichts für ungut.«

Heiner schlug ihm auf die Schulter, und sie betraten die Küche. Johanna musterte sie spöttisch.

»Männergeheimnisse?«, fragte sie.

»Genau«, antwortete Heiner. »Und? Welche Anrufe waren dieses Mal wichtig genug, mich zu wecken?«

»Heidi Jung ist immer noch verschwunden. Richard hat die Polizei eingeschaltet. Es kann sein, dass die hier anrufen und nach mir fragen.«

»Die Polizei?« Johanna sah ihn irritiert an. »Worum geht's denn überhaupt?«

Heiner erzählte ihr von Heidi Jungs Verschwinden. »Die wird schon wieder auftauchen«, beendete er seinen Bericht. »Und was war noch?«

»Bob wollte wissen, wie es steht.«

»Tja«, sagte Heiner und nahm sich Kaffee. »Und? Wie steht es?«

»Mittel, würde ich sagen«, sagte Jan. Er bemerkte einen Blick Johannas.

»Und der dritte Anruf?«

Die Tür öffnete sich. Marco streckte den Kopf herein und sagte: »Pissekackearsch.«

»Wie bitte?« Johanna sah ihn entgeistert an, und Marco rannte laut lachend die Treppe hinauf.

»Von mir hat er das nicht«, sagte Heiner, und Jan begann, nach Zigaretten zu suchen.

Es klingelte an der Tür.

»Wie auf dem Hauptbahnhof«, brummte Heiner in seinen Kaffeebecher.

Johanna machte auf. Sie führte Peter Edelhoff herein, er blieb mit einem verlegenen Lächeln in der Nähe der Küchentür stehen.

»Ich glaube, Sie kennen sich alle«, sagte Johanna.

Heiner streckte ihm die Hand hin, Edelhoff schüttelte sie mit leicht säuerlichem Lächeln.

»Ich würde gern bald los«, sagte er. »Es ist doch ein ganzes Stück.«

Jan nickte zustimmend und stand auf. Fünf Minuten später waren sie auf der A4, und Jan fragte sich, was dieser Tag ihm noch alles bieten würde.

Peter Edelhoff war durchaus bemüht, eine höfliche Konversation aufrecht zu halten, aber Jan fiel nicht allzu viel ein, das er mit einem Wirtschaftsprüfer besprechen konnte. Edelhoff erläuterte ihm die Steuervorteile, die ein heterosexuelles Ehepaar immer noch gegenüber einem homosexuellen habe, aber dass er durch sein steuerrechtliches Fachwissen in der Lage sei, diese Nachteile größtenteils auszugleichen. Jan massierte seine Nasenwurzel und fragte, ob er rauchen dürfe, was Edelhoff ebenso höflich wie erwartungsgemäß verneinte. Jan beteiligte sich so gut es ging an der Unterhaltung, doch es wurde ihm eine lange Stunde, bis sie die Klinik erreichten. Sie lag in einem ausgedehnten Waldstück, die Sonne schien, und es duftete nach Nadelholz. Wenn es hier irgendetwas gab, so war das Ruhe.

»Das ist genau das, was Ollie braucht«, sagte Edelhoff, als sie aus dem Wagen stiegen.

Olaf Kranz erwartete sie in der Eingangshalle. Er war ein gutes Stück kleiner, als Jan nach den Fotos erwartet hatte, und er wirkte abgemagert, die Krankheit hatte ihn sichtlich gezeichnet. Seine Züge waren eingefallen und grau, aber um seine Augen spielte ein Zug feiner Ironie. Sein Händedruck war fest, und es schien, als freue er sich wirklich über Jans Erscheinen, aber Jan vermutete, dass hier jede Abwechslung begrüßt wurde.

Edelhoff schlug einen Spaziergang vor, was bei Olaf Kranz nur auf mäßige Begeisterung stieß, wahrscheinlich war das hier sein Hauptzeitvertreib. Als sein Mann darauf beharrte, sagte Olaf Kranz: »Geh du ruhig ein Stück, Peter. Ich setze mich mit Herrn Richter in die Cafeteria.«

Peter Edelhoff sah ihn an, als habe er nicht recht gehört. »Ist das dein Ernst, Ollie?«

»Du würdest dich nur langweilen.«

Ohne ein weiteres Wort und mit beleidigtem Gesicht zog Edelhoff ab. Olaf Kranz sah ihm bedauernd lächelnd hinterher. Dann bedeutete er Jan, ihm zu folgen.

Die Fenster der Cafeteria boten einen wunderbaren Blick in ein Tal zwischen waldbestandenen Hängen, deren Grün noch auf den Frühling wartete.

»Ich bin froh, dass Sie hier sind, Herr Richter. Peter hat mir von Ihnen erzählt, aber ich fürchtete schon, er würde Sie verjagen.«

»Er hat's versucht. Aber nicht sehr.«

Kranz lächelte in sich hinein. »Er ist ein verdammt guter Mann. Der Beste, den ich je kennen gelernt habe. Nur leider sehr, sehr eifersüchtig.«

Jan hätte ihm gern zugestimmt, hielt es aber für nicht angebracht. Olaf Kranz wirkte zerbrechlich. Auch auf den Fotos hatte er nicht besonders kräftig gewirkt, aber in Jans Kopf hatte sich das Bild eines quirligen Energiebündels festgesetzt, dem sein Gegenüber nicht entsprach. Kranz war nicht älter als Heiner Küfermann und bestimmt jünger als Bob Keltner, aber so, wie er vor ihm saß, war er ein alter Mann.

»Ist es wirklich wahr? Bob will die Truppe noch mal auf die Bühne bringen?«, fragte er.

»Ja.«

»Bitte erzählen Sie doch mehr!«

Jan hätte gern ein wenig Begeisterung verbreitet, aber es wollte ihm nicht gelingen. Der Schwung, mit dem er die Sache angegangen war, war ziemlich verbraucht. Immerhin: Allem Anschein nach war Olaf Kranz tatsächlich voller Vorfreude auf die Gelegenheit, wieder mit dem Bob-Keltner-Sextett spielen zu können.

Jan berichtete von Keltners Besuch in Lissabon, von dem Auftrag, das Konzert zu organisieren, und seinen Kontakten zu Heiner Küfermann und Richard Jung. Olaf Kranz nickte zu all dem freudig zustimmend. Erst als Jan den knappen Zeitrahmen erwähnte, verdüsterte sich sein Gesicht.

»Ich weiß nicht, ob ich das kann«, sagte er. Unwillkürlich strich er mit der Rechten über seine Seite. Jan vermutete dort eine Operationsnarbe. »Ich müsste meinen Arzt fragen.« Er kaute auf seiner Unterlippe. »Aber zwölf Wochen ... Das sind doch fast drei Monate. Das muss doch gehen, verdammt noch mal«, sagte er leise. Sein Blick wanderte über die Tischplatte, und als er ihn hob, stand sehr viel Zweifel darin. Es arbeitete in Kranz' Gesicht, schließlich nickte er entschlossen. »Drei Monate. Es muss gehen«, sagte er fest. Er sah Jan an, aber sein Lächeln war unsicher.

»Wir können es leider nicht verschieben ...«, Jan zuckte die Achseln, »... sagt Bob.« Er dachte an das, was Carsten ihm erzählt hatte, und er fragte sich, was Bob Keltner wohl tatsächlich zum Setzen dieses Zeitlimits veranlasst haben mochte.

»Es muss gehen«, sagte Olaf Kranz zum dritten Mal. »Aber ich muss«, er formte mit beiden Händen einen Harnisch um seinen Torso, »ich muss Druck aufbauen können, um Trompete zu spielen, verstehen Sie? Und ich weiß nicht, ob ich das je wieder so kann wie früher. Aber ich will. Es wäre ein Traum. Ein alter Traum. Was war *das* für eine Truppe! Haben Sie uns mal gehört? ... Nein, dafür sind Sie wohl zu jung. Es gibt ja diese Geschichte, dass Albert Ayler ...«

»... einen Riss in die Wand gespielt hat, jaja ...« Jan lachte.

»Sie glauben das nicht, wie? Aber wenn wir sechs auf der Bühne standen, das hat die Leute umgeblasen. Nicht mit Lautstärke, nicht nur, jedenfalls. Es war diese *Intensität* ...« Sein Blick wanderte aus dem Fenster über die unbelaubten Wälder, und kurz stahl sich ein Lächeln in seine Augen.

»Morgen treffe ich Vera Petalovich«, sagte Jan, und das Lächeln verschwand wieder.

»Vera! Ich habe sie nie wieder gesehen. Sie war kompliziert. Eine Diva, könnte man sagen. Heute würde man sie wahrscheinlich eine Zicke nennen. Aber eine großartige Musikerin, unbestritten. Ich hoffe, sie ist es noch. Sie soll krank gewesen sein. Wissen Sie etwas darüber?«

»Ja, ich weiß etwas. Aber ihre Tochter hat mir untersagt, darüber zu sprechen.«

»Ist es so schlimm?«

»Schwer zu sagen. Kann sein. Morgen werde ich mehr wissen.«

»Hoffentlich macht Vera mit. Sie muss. Ohne sie geht es nicht. Sie war das Rückgrat.«

»Es ginge sowieso nicht ohne sie. Richard Jung macht nur mit, wenn alle mitmachen. Er besteht übrigens auch auf einem Treffen vorher.«

»Ein Treffen? Darauf besteht er?« Olaf Kranz verzog das Gesicht. »Ob das eine gute Idee ist ...«

»Sie sehen darin ein Problem?«

Kranz strich sich durch das leicht schüttere graublonde Haar. »Es *kann* gut gehen«, sagte er leise.

»Kann? Was, wenn es schlecht ausgeht?«

»Dann wird nichts aus dem Konzert.« Kranz sah wieder aus dem Fenster, den Kopf in eine Hand gestützt. Er wirkte müde, im Sonnenlicht sah seine Haut fahl und stumpf aus. »Ich wüsste gern, was Richard beabsichtigt«, murmelte er.

»Was kann denn schon passieren?«

Es dauerte einige Zeit, bis Kranz antwortete. »Sagt Ihnen der Name Banquo etwas, Herr Richter?«

Jan runzelte die Stirn. »Shakespeare? Macbeth?«

»Richtig. Sehr gut.«

»Leider nicht. Englisch-Leistungskurs. Nur knapp ausreichend.«

»Vielleicht erinnern Sie sich trotzdem. Banquo wird getötet, von seinem Freund Macbeth ...«

»... und erscheint als Geist an dessen Tafel.«

»Das ist, was passieren wird. Ein Geist wird an unserer Tafel erscheinen. Fragt sich, wen er anklagt.«

»Soweit ich mich erinnere, klagt Banquo niemanden an. Und nur Macbeth kann ihn sehen. Wenn Gregors Geist also auftaucht, wer wird ihn sehen können?«

»Sie wollen wissen, wer den Macbeth gibt in unserer Mitte?« Kranz lachte trocken. »Wenn das jemand sicher wüsste, wie könnte es dann die Idee geben, wir würden wieder zusammen spielen?«

Macbeth könnte das vorschlagen, dachte Jan. Er schloss die Augen. Eine ungerichtete Wut stieg ihm in die Kehle. Heftig schlug er die flache Hand auf den Tisch. »So geht es nicht«, sagte er.

Olaf Kranz sah ihn aus wachen Augen an.

»Entschuldigen Sie, aber ...«, Jan gestikulierte aufgebracht mit beiden Händen, »diese diffusen Verdächtigungen, jeder gegen jeden ... Wohin soll das führen? Und überhaupt: Angenommen, Gregors Tod war tatsächlich kein Unfall – was ich nicht glauben kann: Es könnte doch genauso gut jemand ganz anderes getan haben. Wieso muss es unbedingt einer der Musiker gewesen sein? Wer sagt das denn?«

»Ja, wer sagt das?« Langsam wandte Kranz den Kopf vom Fenster ab, aber er sah Jan nicht an, sondern sein Blick blieb auf die Tischplatte geheftet. »Alle sagen das.«

»Sie auch?«

»Ja. Ich auch.«

Jan beugte sich vor. »Und? Wer war es? Erzählen Sie es mir!«

»Herr Richter, was erwarten Sie von mir? Dass ich Anschuldigungen erhebe, die ich nicht beweisen kann? Das habe ich bisher nicht getan, und das werde ich in Zukunft nicht tun.«

»Sie wären also bereit, Musik zu machen mit jemandem, den Sie für einen Mörder halten?«

»Ob es Mord war, sei mal dahingestellt. Es gibt ja auch anderes: Fahrlässigkeit, unterlassene Hilfeleistung und so weiter. Da maße ich mir kein Urteil an.«

»Sie reden wie ein Winkeladvokat.«

»Jetzt werden Sie ausfallend, Herr Richter. Sie haben mich gefragt, ob ich spielen will! Und ich sage: Ja, ich will, und wenn es das Letzte ist, was ich tue. Ich *will* noch einmal mit dieser Truppe zusammen auf der Bühne stehen, egal, was im Einzelnen passiert ist, was jeder von uns getan haben mag.«

Er sah Jan starr in die Augen, und in seinem Blick loderte es. Dieser Blick allein wäre schon Antwort genug gewesen, dachte Jan.

»Wen wollen Sie schützen?«, fragte er. »Bob?«

»Wie kommen Sie auf so was? Ich will niemanden schützen. Ich will wieder spielen.«

»Ist es wahr, dass Sie mit Bob ein Verhältnis hatten, damals?«

Olaf Kranz richtete seinen Oberkörper auf, seine Kiefer mahlten. »Wer sagt das?«

»Ihr Mann.«

Eine Sekunde noch saß er starr aufgerichtet, dann sank er wieder in sich zusammen. »Peter hat Ihnen das erzählt?«

»Wie Sie eben sagten: Er ist eifersüchtig.«

»Woher weiß er davon?«

»Das müssen Sie ihn selbst fragen. *Ich* will nur wissen, woran ich bin.«

»Was haben Sie davon?«

»Seit ich wieder hier bin, höre ich jeden Tag Geschichten, die ich nicht weitererzählen darf, denen das Wesentliche fehlt oder die nicht stimmen können. Nicht einmal Bob erzählt mir alles. Ich habe die Aufgabe übernommen, die Band noch mal zusammenzubringen, und ich pflege Zusagen einzuhalten, aber ich sage Ihnen: Mittlerweile steht es mir bis hier!« Er fuhr sich mit den Fingerspitzen über die Kehle. »Wenn Sie das Konzert wollen, lügen Sie mich nicht auch noch an. Ich bin kurz davor, die Sache hinzuschmeißen.«

Olaf Kranz schien beeindruckt von Jans plötzlicher Heftigkeit. Er faltete die Hände und sah sie nachdenklich an, als bete er.

»Es war kein Verhältnis«, sagte er dann leise. »Eher eine Affäre. Für Bob war es, glaube ich, nichts Besonderes. Er ist auch nicht wirklich schwul. Er mag zwar Männer, aber eigentlich ist er eine ganz normale Hete. Nur ich war damals furchtbar verknallt in ihn. Ich war fünfundzwanzig, er war fünfunddreißig. Aber was soll das heute noch bedeuten? Es ist über dreißig Jahre her! Dreißig Jahre! In wen waren Sie vor dreißig Jahren verknallt? Wissen Sie das noch?«

Die Antwort wäre »Claudia von gegenüber« gewesen, aber Jan sparte sie sich.

»Bitte machen Sie sich klar, Herr Richter: Wir reden von 1970. Heute geht man ja einigermaßen locker damit um, dass es uns gibt, gerade in Köln. Aber damals war das noch ganz und gar nicht so. Und bei Leuten meines Alters hat sich das auch noch nicht überall durchgesetzt. Erzählen Sie es also nicht den anderen, bitte.«

»Das hatte ich nicht vor.«

Plötzlich stand Peter Edelhoff neben ihrem Tisch. Sein Gesicht war gerötet, als wäre er seinen Spaziergang sehr sportiv angegangen.

»Trinkt ihr gar nichts?«, fragte er. »Soll ich uns was holen?«

»Ja, bitte«, sagte Kranz und lächelte ihn liebevoll an. »Hol uns doch allen einen Kaffee ... Eins muss Ihnen klar sein, Herr Richter«, fuhr er fort, als Peter Edelhoff in Richtung Theke verschwunden war, »*Sie* sind bei all dem nur der Katalysator. Sie bringen die Reaktion in Gang, ohne daran beteiligt zu sein und ohne sie kontrollieren zu können. Und wenn es schlecht läuft, könnte es passieren, dass diese Reaktion ziemlich heftig ausfällt.«

Sein Blick war ernst, aber freundlich, und er sprach mit sanfter Stimme, nichtsdestoweniger klangen seine Sätze wie eine Drohung in Jans Ohren.

»Keine Drohung. Eine Warnung«, sagte Olaf Kranz, als habe er Jans Gedanken erraten.

Schweigend saßen sie sich gegenüber, bis Peter Edelhoff drei Kaffee auf einem roten Plastiktablett heranbalancierte.

»Und? Was haben die Herren in ihrer Klausur beschlossen?«, fragte er, nachdem er die Tassen verteilt hatte.

»Dass es einen Versuch wert ist«, sagte Jan und sah Olaf Kranz in die Augen. Der nickte.

»Genau«, sagte er. »Einen Versuch ist es wert.«

*

»Ich hoffe, Sie haben Ollie gegenüber nicht erwähnt, was ich Ihnen über Bob Keltner und ihn erzählt habe«, sagte Peter Edelhoff, als sie wieder in Richtung Köln unterwegs waren.

»Sie haben nichts davon gesagt, dass das verboten ist.«

Ein Stöhnen entfuhr ihm. »Sie haben es ihm also erzählt! Scheiße.« Das Wort klang befremdlich aus dem Mund des Wirtschaftsprüfers.

»Er wollte wissen, woher Sie es wissen. Ich habe ihm gesagt, er müsse Sie selbst fragen.«

»Das wird er nicht tun.«

»Dann sagen Sie es ihm eben von sich aus. Woher wissen Sie es denn?«

»Auf dem Dachboden liegt ein Koffer mit alten Briefen von Ollie. Dabei waren etliche an Bob, die er nicht abgesendet hat. Ich habe lange gezögert, aber irgendwann die Nerven verloren. Er war wirklich in ihn verliebt. Mir hat er nie solche Briefe geschrieben.«

»Vielleicht hat er sie nur nicht abgeschickt«, sagte Jan, und Peter Edelhoff sah ihn entgeistert an.

»Glauben Sie?« Der Gedanke schien ihm völlig neu. Er sprach

erst wieder, als sie in Köln-Ost auf die A3 Richtung Süden abbogen. »Nein. Ich kann es ihm nicht sagen.«

»Mein Gott«, entfuhr es Jan. »Er weiß von mir, dass Sie es wissen, er wird sich ohnehin seinen Teil denken. Sie lieben Ihren Mann doch. Und ich müsste mich sehr irren, wenn er Sie nicht auch liebt. Vertrauen Sie ihm so wenig?«

Edelhoff presste die Lippen aufeinander. Stumm steuerte er den Wagen. Am Heumarer Dreieck bog er in Richtung Aachen ab. In Poll verließ er die Bahn. Er fuhr mit überhöhter Geschwindigkeit die Kölner Straße entlang und bog mit quietschenden Reifen in die Nikolausstraße.

»Mischen Sie sich nicht in mein Leben«, sagte er, als er den Wagen vor Heiners Haus zum Stehen gebracht hatte. »Es geht Sie nichts an.«

»Wie Sie meinen.« Jan stieg aus und warf die Tür hinter sich zu. Kopfschüttelnd ging er ins Haus. Heiner saß vor dem Fernseher, eine Flasche Bier neben sich, und sah ein Radrennen.

»Mailand – San Remo«, sagte er, ohne den Blick vom Bildschirm zu wenden. »Wie war's?«

»Wenn er es gesundheitlich schafft, ist er dabei.«

»Klar.«

»Wieso klar?«

»So klar wie bei Richard und Vera. Wahrscheinlich ist Okay immer noch in Bob verknallt.«

»Davon weißt du?«

»Mann, ich bin doch nicht blind. Da konnte man nun wirklich dran fühlen, wie er ihn angehimmelt hat. Das hatte nichts mehr mit musikalischer Verehrung zu tun. Ich habe nur nie rausgefunden, ob Bob drauf eingegangen ist. Zugetraut hätt ich's ihm alle Mal. Aber als ich ihn danach gefragt habe, hat er nur gegrinst. Das große Bob-Keltner-Grinsen. Kann keiner so wie er. Was hat Okay denn?«

»Er ist am Darm operiert worden. Die Narbe macht noch Probleme.«

»O Mann, Darm ist immer schlecht. Etwa Krebs?«

»Er hat nicht drüber gesprochen, und ich wollte nicht fragen. Kann ich auch ein Bier kriegen?«

»Steht im Kühlschrank. Leg was nach.«

Jan ging in die Küche. Neben der Spüle stand ein voller Kasten Reissdorf. Er legte vier Flaschen in den Kühlschrank und nahm eine kalte heraus. Als sein Blick zufällig aus dem Fenster fiel, sah er einen großen, schwarzen BMW mit dunkel getönten Scheiben vor dem Haus halten. Ein Mann stieg aus, Jan war sich sicher, ihn schon einmal gesehen zu haben, er erinnerte ihn an Wladimir Kaminer. Jan stöhnte auf, als ihm einfiel, woher er ihn kannte. Er öffnete die Kölschflasche und rief: »Ist für mich«, als Ilja klingelte.

Ilja grinste ihn feist an, nachdem Jan die Tür aufgemacht hatte. »Chef will dich sprechen«, sagte er. »Morgen auf Rennbahn.«

Jan hatte in Lissabon zu viele Erfahrungen gesammelt, um sich von Löwenstein und seinem Hilfsrussen ins Bockshorn jagen zu lassen. Er nahm einen Schluck aus der Flasche, ohne sein Gegenüber aus den Augen zu lassen. »Frag Chef mal, ob er noch alle auf der Reihe hat. Und dann frag mich mal, wann ich Zeit habe.«

»Du hast morgen Zeit«, sagte Ilja, ohne dass sein Grinsen sich verändert hätte. »Komm besser. Chef hat schlechte Laune.«

»Morgen Nachmittag kann ich nicht. Wenn ich den Termin sausen lasse, kann er das ganze Projekt vergessen, sag ihm das.«

Ein unauffälliger Opel rollte ruhig die Straße entlang und hielt hinter dem BMW. Jan sah mit gerunzelter Stirn zwei Männer aussteigen und auf die Haustür zukommen. Ilja folgte seinem Blick, und sein Grinsen ließ deutlich nach.

»Komm besser«, sagte er und ließ Jan stehen.

»Sag Löwenstein, er kann mich anrufen«, rief er ihm hinterher, als Ilja an den Männern vorbeiging. Sie sahen ihm misstrauisch nach, bis er in seinen BMW stieg und den Blinker setzte, bevor er vom Fahrbahnrand losfuhr.

»Wir suchen einen Herrn Jan Richter«, sagte der Erste der beiden freundlich und zeigte einen Ausweis. Er war ein Oberkommissar, er nannte auch seinen Namen, aber Jan vergaß ihn sofort wieder, auch den seines Kollegen. Der Polizist war Ende zwanzig und hatte sehr kurzes, blondes Haar. Der andere war etwa zehn Jahre älter und trug den für diese Altersgruppe immer noch typischen Bullenschnauz. Er wirkte entschieden schlechter gelaunt als sein Kollege. »War das ein Freund von Ihnen?«, fragte er, bevor Jan seinem Kollegen hatte antworten können.

»Nein. Wirklich nicht«, sagte er.

»Ich hab den irgendwo schon mal gesehen. Wahrscheinlich am Ring. Was haben Sie zu ihm gesagt? Löwenstein? Meinen Sie diesen Schieber aus der Nordstadt?«

»Er wohnt wohl in der Nordstadt, aber ich wusste nicht, dass er ein Schieber ist.«

»Ist ihm auch nicht nachzuweisen. Sind Sie dieser Herr Richter?«

»Ja, das bin ich. Kommen Sie wegen Frau Jung?«

»So ist es. Können wir reinkommen?«

»Ich bin hier nur Gast.«

»Ihrem Gastgeber wird es bestimmt nicht recht sein, wenn wir das hier alles auf der Straße vor seinen Nachbarn besprechen.« Der Schlechtgelaunte hatte das Kommando übernommen, sein jüngerer Kollege sagte nichts mehr.

»Kommen Sie rein, ich melde Sie nur eben an.«

»Tun Sie das.«

Er wies ihnen den Weg in die Küche, dann ging er ins Wohnzimmer zu Heiner.

»Die Polizei ist da. Wegen Heidi Jung.«

»In echt? Die Schmier in meinem Haus. Scheiße«, sagte Heiner, aber er machte keine Anstalten, aufzustehen. Jan ging in die Küche, die Bierflasche noch immer in der Hand. Er bot seinen Gästen Platz und etwas zu trinken an, was sie annahmen und ablehnten. Jan stellte die Bierflasche auf der Spüle ab und blieb daneben stehen.

»Herr Jung hat uns gesagt, Sie seien mit seiner Frau verabredet gewesen, trifft das zu?«, fragte der Schnauzbärtige und klappte einen Notizblock auf.

»Ja, das trifft zu. Gestern Mittag. Um eins, um genau zu sein. Am Ufer unter der Bastei. Aber ich habe die Verabredung verpasst. Ich kann Ihnen also gar nichts sagen.«

»So …« Er kritzelte etwas auf seinen Block. »Warum waren Sie mit Frau Jung verabredet?«

Jans Hals war trocken, er nahm einen Schluck Bier und räusperte sich. »Sie rief mich an und war sehr geheimnisvoll. Sie hätte wichtige Informationen für mich, die sie mir am Telefon aber nicht geben könne. Ich muss sagen, ich habe sie nicht wirklich ernst genommen. Sie schien mir bei unserem ersten Treffen etwas … verwirrt.«

»Wann war dieses erste Treffen?«

»Vorgestern.«

»Verwirrt …« Er nickte nachdenklich und blätterte in seinem Block. »Können Sie sich vorstellen, welche Art Information sie Ihnen geben wollte?«

»Nein«, sagte Jan und hustete. Die Blicke der beiden Polizisten, die bisher gelangweilt-professionell durch den Raum geschweift waren, konzentrierten sich plötzlich auf ihn.

»Spekulieren Sie doch einfach mal«, sagte der jüngere Polizist.

»Ich versuche gerade, ein Jazzkonzert zu organisieren, bei dem auch ihr Mann mitspielen soll. Für mein Gefühl war sie dagegen.«

»Gegen was?«

»Dass ihr Mann dabei ist.«

»Warum?«

»Das kann ich Ihnen nicht sagen.«

»Sie meinen also, die Verabredung sollte dazu dienen, das Konzert zu verhindern?«

»Ich *weiß* es nicht.«

»Wie wichtig ist dieses Konzert für Sie?«

»Ziemlich.«

»Ziemlich? Mehr nicht? Herr Jung sagte uns, Sie seien dafür extra aus Lissabon angereist.«

»Lissabon ist nur drei Flugstunden entfernt. Mein Interesse ist hauptsächlich musikalisch.«

Der Stift des Schnauzbärtigen tippte rhythmisch auf den Block. Die beiden tauschten einen Blick.

»Wer hat den Treffpunkt vorgeschlagen?«

»Ich.«

»Warum gerade die Bastei?«

»Sie wollte nicht, dass ich zu ihr komme. Sie klang, als wolle sie mit mir nicht gesehen werden. Da habe ich das vorgeschlagen, was mir als Erstes einfiel.«

»Und das war die Bastei?«

»Ja.«

»Wieso?«

»Keine Ahnung. Einfach so.«

»Aha. Und warum haben Sie die Verabredung verpasst?«

»Ich ... ähm ... habe verschlafen.«

»Mittags?«

»Es war spät geworden, und ich war nicht ... fit.«

»Und wann sind Sie aufgestanden?«

»Um halb drei«, sagte Jan.

»Da haben manche schon Feierabend.« Dem Klang der Bemerkung war zu entnehmen, dass Jan jede Chance auf Respekt verspielt hatte. »Sie waren also hier?«

»Ja.«

»Und das kann Ihr Gastgeber bestätigen?«

Nein, dachte Jan. Johanna hatte ihn um elf geweckt, als Bob angerufen hatte. Heiner hatte er gar nicht gesehen, und als er endlich aufgestanden war, war niemand im Haus gewesen. »Warum fragen Sie das eigentlich?«, antwortete er. »Das hört sich an, als glaubten Sie, ich hätte ihr etwas angetan. Heidi Jung ist eine verwirrte Frau. Wahrscheinlich versteckt sie sich irgendwo, in einer Pension oder einem Hotel.«

»Und vor wem sollte sie sich verstecken?«

»Was weiß ich ... vor ihrem Mann vielleicht.«

»Warum sollte sie das tun? Haben Sie einen Grund für diese Vermutung?«

»Wie ich schon sagte: Sie war verwirrt.«

»Hat sie denn Ihnen gegenüber irgendwas gesagt, das Sie vermuten lässt, ihr Mann sei der Grund für ihr Verschwinden?«

»Nein.«

»Und warum vermuten Sie es dann?« Die beiden sahen ihn jetzt unverhohlen misstrauisch an.

»Ich hab das nur so gesagt. Ist mir quasi rausgerutscht.«

»Mit solchen Andeutungen sollte man vorsichtig sein, Herr Richter.«

»Ja natürlich. Sie haben Recht.« Jan zuckte die Achseln.

»Wir glauben übrigens *nicht*, dass Frau Jung in einem Hotel ist. Weil sie nämlich kein Geld mit hat.«

»Wie können Sie das wissen?«

Der Schnauzbärtige spitzte den Mund, als dächte er über etwas nach, etwa darüber, ob er Jan eine Information geben solle oder nicht. »Man hat ihre Handtasche gefunden«, sagte er endlich. »Am Rheinufer. Sie lag im Wasser.«

Jan griff nach der Bierflasche und trank hastig. »Glauben Sie, ihr ist was passiert?«, fragte er.

»Bisher wissen wir nur, dass Frau Jungs Handtasche im Rhein lag. Und dass Diebstahl oder Raub wohl ausscheidet. Geld, Papiere, Kreditkarte, alles noch da. Der Fundort war unterhalb des Colonia-Hochhauses. Da ist ein breiter, verwilderter Grünstreifen. Das Ufer selbst ist dort an vielen Stellen nicht einsehbar.«

»Also war sie nicht an der Bastei?«

»Es sind nur ein paar hundert Meter bis dahin. Keine fünf Minuten zu Fuß.«

Jan versuchte, den misstrauischen Blicken der beiden standzuhalten, es fiel ihm nicht leicht. Wieder führte er die Flasche zum Mund. Er bemerkte, dass seine Hand ein wenig zitterte.

»Darf ich fragen, wo Sie wohnen, Herr Richter.«

»Ich wohne in Lissabon.«

»Kein Wohnsitz in Deutschland?«

»Nein.«

»Aber Sie sind Deutscher?«

»Ja, das schon. Ich bin sozusagen Gastarbeiter auf Heimaturlaub.« Er lächelte, doch die beiden blieben völlig ernst.

»Wie lange werden Sie bleiben?«

»Das weiß ich noch nicht genau.«

Wieder sahen die beiden sich kurz an. »Gut. Wenn wir noch Fragen haben, wissen wir ja, wo wir Sie finden. Falls Sie Deutschland verlassen, oder Köln, oder wenn sich Ihre Anschrift hier ändert, halten Sie uns auf dem Laufenden.« Er sagte nicht »Bitte«.

Sie standen auf und verabschiedeten sich, dann ließen sie ihn mit seiner Bierflasche allein. Sie war leer.

※

»Sie sind weg«, sagte Jan. »Kann ich 'n Schnaps kriegen?«

Heiner wies auf den Schrank. »Du säufst mir die Haare vom Kopf.«

»Ich bring was aus der Stadt mit.« Jan nahm sich einen Fernet.

»Zabel hält gut mit«, sagte Heiner, ohne den Bildschirm aus den Augen zu lassen, auf dem eine Gruppe Radfahrer in halsbrecherischem Tempo eine Abfahrt hinunterschoss.

Mailand – San Remo habe ich *immer* geguckt, dachte Jan. Doch dieses Jahr war alles anders. Er kippte den Fernet auf ex und nahm sich noch einen.

»Scheiße«, sagte Heiner. Einer der Fahrer stürzte, die nachfolgenden fielen über ihn, ein Knäuel aus Armen, Beinen und Rennrädern blockierte die Straße. Die Stimme des Kommentators überschlug sich.

»Sie haben Heidi Jungs Handtasche aus dem Rhein gefischt«, sagte Jan.

»Aha«, antwortete Heiner und griff nach seiner Reissdorf-Flasche. »Und wo steckt *sie*?«

»Ich glaube, die meinen, sie liegt auch im Rhein.«

Jetzt erst sah Heiner ihn an. »Dann hast du aber ein Problem, was?«

»Das kannst du laut sagen«, murmelte Jan.

»Und was hast du jetzt vor?«

»Mein Fahrrad reparieren«, sagte Jan. Er trank seinen zweiten Fernet aus, brachte das leere Glas in die Küche und ging dann in die Garage.

Es dauerte eine Weile, aber irgendwann gelang es ihm, sich durch die Arbeit abzulenken. Er zentrierte die Räder und begann dann mit Reinigung und Einstellung des Ketten-Umwerfers. Als sich die Tür öffnete und Heiner hereinkam, bemerkte Jan, dass es draußen bereits dunkel geworden war, außerdem schien es heftig zu regnen.

»Kommst du voran?«, fragte Heiner.

»Es wird.«

»Hast du schon was vor, heute Abend?«

»Ich hab um zehn eine Verabredung.«

»Aha.« Heiner klang, als würde er sich eher auf die Zunge beißen, als Jan zu fragen, wen er treffen wolle. »Es ist bald sieben. Ich fahr gleich mit dem Taxi in den ›Vogel‹. Willst du mitfahren?«

Es war Jan noch zu früh, aber angesichts des Regens zog er eine Taxifahrt dem Fahrrad vor.

»Ich komm mit«, sagte er und legte sein Werkzeug beiseite. Er hatte sich gerade das Öl von den Fingern geschrubbt, als das Taxi schon vor der Tür stand. Der Fahrer kannte Heiner, und die beiden vereinbarten einen Festpreis. Jan nahm einen Zehner aus der Brieftasche, aber Heiner winkte ab.

Jan fuhr zunächst mit in den »Vogel«. Heiner wurde von vielen der Anwesenden begrüßt, aber er setzte sich allein mit Jan an einen kleinen Tisch.

»Hast du irgendeine Ahnung, was Heidi dir sagen wollte?«, fragte er, als sie mit ihrem ersten Bier angestoßen hatten.

»Vielleicht irgendwas über ihr Richardproblem«, sagte Jan.

»Warum sollte sie ausgerechnet mit *dir* darüber reden wollen?«

»Vielleicht hat sie sonst keinen.«

Heiner schüttelte unwirsch den Kopf und trank.

»Ich find die Geschichte schon komisch«, sagte er.

»Die Polizei auch, denke ich«, sagte Jan.

»Sie wollte dir nicht zufällig was über Gregor erzählen?« Heiner sah gleichgültig geradeaus.

Etwas zu betont, fand Jan. »Ich habe keine Ahnung, das sagte ich bereits. Vielleicht hatte sie einen Tipp fürs Pferderennen, ich weiß es nicht! Was könnte sie denn über Gregor wissen, das ich so unbedingt erfahren müsste?«

»Ach, vergiss es.« Heiner trank sein Glas leer und knallte es auf den Tisch. »Lass uns über was anderes reden.«

*

Es war kurz nach zehn, als Jan am Rudolfplatz aus der 12 stieg. Der Regen prasselte aus dem Nachthimmel, als wolle er nie wieder enden. Nach den wenigen Dutzend Metern zum Vordach des Hotels war Jans Kleidung durchweicht. Fröstelnd betrat er die Halle. Er fragte am Empfang nach Bob Keltner, und man nannte ihm eine Zimmernummer im sechsten Stock. Bob öffnete sofort, als er an die Tür klopfte. Er reichte Jan die Hand und zog ihn daran ins Zimmer, dann schlug er ihm mit der anderen freundschaftlich auf die Schulter.

»Nimm Platz«, sagte er und wies auf die beiden Stühle, die neben einem kleinen Tisch standen. Das Zimmer war nicht sehr groß, Jan vermutete, es war die unterste Kategorie, die hier angeboten wurde.

»Erzähl! Wie läuft's?«, fragte Bob und grinste ihn breit an. Das große Bob-Keltner-Grinsen, dachte Jan, so hatte Heiner es genannt.

»Ich sag's dir ehrlich: Ich habe keinen Bock mehr«, sagte er.

»He, Jan. Was ist los?« Bob beugte sich vor und legte ihm die Hand auf den Unterarm

»Was los ist? Es geht mir auf die Nerven, dass mir keiner die Wahrheit erzählt. Nicht einmal du.«

»Ich? Was meinst du?«

»Ich meine die Geschichte mit deinem Plattenvertrag. Das stimmt doch alles nicht!«

Bobs Grinsen schrumpfte und verschwand. »Wer sagt das?«

»Gewöhnlich gut informierte Kreise.«

»Was heißt das?«

»Ein Journalist hat mir erzählt, du hättest deinen Vertrag nicht verlängert.«

»Und dem glaubst du mehr als mir?«

»Der hat jedenfalls keinen Grund, mich anzulügen.«

»Und ich habe den?«

»Was weiß *ich* denn!«, fauchte Jan. »Alle erzählen mir was anderes, und ich habe keine Ahnung, aus welchem Grund!«

Bob hob beschwichtigend beide Hände. »Jetzt bleib mal cool, Mann. Ich habe nicht gesagt, dass es einfach würde.«

Jan lachte höhnisch. »Dann hättest du es wahrscheinlich selbst gemacht.«

Bob sah ihn ernst an, nach einer Weile senkte er den Blick. »Was genau ist los?«, fragte er.

»Heidi Jung ist verschwunden, und zwar während sie unterwegs zu einem Treffen mit mir war. Jetzt habe ich die Polizei auf dem Hals.«

»Heidi? Warum wolltest du sie treffen?«

»*Sie* wollte *mich* treffen. Um mir zu sagen, wer Gregor Vasteels umgebracht hat«, sagte Jan so beherrscht wie möglich. Gleichzeitig beobachtete er Bob. Er wartete auf ein Zucken oder ein Anzeichen von Erschrecken, aber Bob hob nur den Kopf und sah ihn verständnislos an.

»Umgebracht? Es war ein Unfall!«

»Heidi sagt was anderes. Jeder sagt was anderes als die anderen. Richard wüsste nicht, dass es Streit um Geld gab. Er wundert sich, dass Heiner mit dir spielen will, sagt mir aber nicht, warum. Heiner erzählt heute dies und morgen das. Veras Tochter erzählt, alle würden ihre Mutter verdächtigen, und ich weiß nicht, ob du wissen willst, was Olaf Kranz erzählt hat.«

»Wieso nicht?«

»Kannst du es dir nicht denken?«

»Nein, woher denn?«

»Er hat mir von eurer Affäre erzählt.«

Bob sah ihn an, als habe er nicht verstanden. »Von unserer ... Das ist nicht dein Ernst!«

»Wieso meiner? *Er* hat das erzählt. Sein Mann glaubt das auch, und er ist mächtig eifersüchtig, das solltest du wissen.«

Bob schüttelte mit fassungslosem Gesicht den Kopf. »Mann, für was hältst du mich? Für 'ne verdammte Schwuchtel?«

»Woher soll ich denn wissen, wer von euch die Wahrheit sagt?«

»Du traust mir nicht?«

»Warum soll ich *dir* glauben, wenn alle anderen lügen? Du erzählst mir auch nicht alles. Was zum Beispiel ist passiert, als du Vera das letzte Mal besucht hast?«

»Vera? Was soll passiert sein?«

»Das weiß ich nicht. Erzähl es mir.«

»Wir haben uns gestritten. So etwas soll vorkommen zwischen Männern und Frauen.«

»Und warum?«

»Was könnte *dich* das wohl angehen?«

Jan schlug mit der Faust auf den Tisch, dass das anthrazitfarbene Telefon darauf einen Satz machte. »Leck mich doch am Arsch! Wer bin ich denn? Everybody's Depp? Ich hab die Schnauze voll. Ich flieg zurück nach Lissabon. So bald wie möglich. Sucht euch doch einen anderen, den ihr verarschen könnt!«

Jan atmete tief aus. Die Entscheidung war gefallen. Er war wieder frei.

»Okay«, sagte Bob leise. »Vielleicht habe ich die Sache falsch eingeschätzt. Ich kann dir …«, er verzog das Gesicht, als habe er Schmerzen, und rieb sich den Nacken, »… ich kann dir fünfzehntausend Dollar geben. Mehr hab ich nicht. Ich hatte sie eigentlich für was anderes eingeplant, aber es ist okay. Die Rechte an der CD plus fünfzehn, das ist alles, was ich dir bieten kann.«

Jan sank auf seinem Stuhl zusammen. Er spürte einen feinen Schweißfilm auf der Stirn.

»Du kriegst morgen die Hälfte. Die ist auf jeden Fall für dich. Wenn das Konzert vorbei ist, kriegst du den Rest.«

Jan wusste nicht zu benennen, was in Bobs Blicks stand, als er ihn ansah, aber es ließ keine Zweifel, dass er es ernst meinte. Jan schloss die Augen. Fünfzehntausend Dollar. Er versuchte, das im Kopf umzurechnen und kam auf gut zwölftausend Euro. Das war es wert. Der ein oder andere Tausender war noch mit der CD zu machen, selbst wenn er Löwensteins Anteil abzog. Es würde weitergehen mit dem »Cool Moon of Lissabon«, er würde die Geier für eine ganze Weile vertreiben können.

»Wenn ich es mache, was erfahre ich dann von dir?«, fragte er.

»Nichts. Bedingung eins: Wenn du es machst, musst du mir vertrauen.«

Jan stand auf und ging zum Fenster. Er blickte auf den Ring hinunter. Der Regen hielt die Nacht im Griff, nur wenige Passanten eilten die Bürgersteige entlang.

Ich mach es, dachte er. Aber es fühlte sich nicht gut an.

Als er sich umdrehte, lag ein hellbrauner Umschlag auf dem Tisch, der dort vorher nicht gelegen hatte. Er war ziemlich dick, dicker, als ein Brief normalerweise ist.

»Was ist das?«, fragte Jan. »Das Geld?«

»Nein. Machst du es trotzdem?«

Jan nickte.

Bob stand auf und hielt ihm die rechte Hand hin. »Ja oder nein?«

»Ja«, sagte Jan und schlug ein. Bob zog ihn zu sich heran und umarmte ihn brüderlich.

»*Thank you, buddy*«, sagte er, dann ließ er sich aufatmend wieder auf seinen Stuhl fallen.

»Ich darf dir also keine Fragen mehr stellen?«

»Natürlich darfst du das. Du darfst nur nicht damit rechnen, dass ich sie beantworte.« Es folgte ein großes Bob-Keltner-Grinsen.

»Und was ist in dem Umschlag?«

Bob schob ihn über den Tisch. »Eine kleine Zusatzaufgabe. Bedingung zwei: Bewahr ihn für mich auf und gib ihn mir nach dem Konzert wieder. Verschlossen, wenn's geht.«

»Und wenn es kein Konzert gibt?«

»Dann gehört er dir. Mach damit, was du willst.«

Jan nahm den Umschlag, er fühlte sich schwer an, als wären zehn oder mehr Blätter darin. Er sah Bob zweifelnd an. »Und was soll das?«

Keltner hob beide Hände und grinste. »Bedingung eins«, sagte er.

*

Er stand auf der Straße, als sie aus dem Haus kam. Er musste lange dort gestanden haben, außer Sicht ihres Fensters, in einer Einfahrt wahrscheinlich, denn sein Jackett war fast trocken, trotz des Regens. »Hallo«, sagte er, und seine tiefe Stimme kitzelte ihr Rückgrat, wie sie es immer getan hatte, obwohl sie sich jetzt so zu wehren versuchte. »Geh weg«, sagte sie und wollte fortlaufen. Aber er hielt sie fest, leicht, ohne sich anzustrengen. Er war so stark. »Was hab ich dir getan?«, fragte er. Sie versuchte, sich loszumachen, aber er hielt sie am Arm, wartete auf eine Antwort. »Hast du Gregor getötet, Bob?«, fragte sie. Er sah ihr in die Augen. »Nein«, sagte er. Sie wollte ihm glauben, aber sie konnte nicht.

*

Jan fühlte sich nach einem Drink und schlug Bob vor, rauszugehen. Sie landeten fünfzig Meter entfernt im Pütz. Bob schien sich im Qualm und Bierdunst hier wohl zu fühlen. Der Abend verging schnell. Bob hatte in der Regel zwei Schlucke aus seinem Glas genommen, wenn Jans leer war.

»Du trinkst gern«, sagte Bob irgendwann.

»Ja. Es schmeckt mir. Und es beruhigt mich.«

»Du siehst nicht aus, als ob es dir gut täte.«

»Ich beweg mich zu wenig. Früher bin ich jeden Tag mindestens zehn Kilometer mit dem Rad gefahren. Probier das mal in Lissabon.«

»Verstehe«, sagte Bob. »Zu steil.«

»Und zu gefährlich. Außerdem sind Fahrräder in Lissabon was für Kinder und *loser*. Das ist nicht wie hier, man macht sich da wirklich lächerlich.«

»Deswegen trinkst du nur noch.« Bobs Mund lächelte, aber sein Ausdruck war ernst.

»Mein Gott, was willst du? Mich zum gesunden Leben bekehren? Du? Ein Jazzer?« Jan trank sein Glas aus, als der Köbes mit dem nächsten Kölsch auftauchte.

»Wir werden sehr schnell weniger«, sagte Bob leise. »Sehr schnell.«

Jan zuckte die Achseln und schwieg eine Weile. »Ich habe noch eine Frage an dich«, sagte er dann zögernd, »aber wahrscheinlich fällt sie unter Bedingung eins.«

»Versuch's halt«, sagte Bob.

»Was ist mit Johanna?«, fragte Jan.

Bob runzelte die Stirn. »Johanna? Johanna wer?«

»Johanna Küfermann. Heiners Tochter.«

»Was soll mit ihr sein?«

»Kennst du sie?«

»Nein. Woher? Ich wusste gar nicht, dass Heiner eine Tochter *hat*. Warum fragst du? Was könnte ich dir zu ihr sagen?«

Jan winkte ab. »Vergiss es. Wenn du sie gar nicht kennst …«

»Nein.«

Jan wechselte das Thema. »Wie lange bleibst du in der Stadt?«, fragte er.

»Ich fahre morgen nach Den Haag.«

»Warum bist du eigentlich gekommen?«

»Ich wollte mit dir sprechen. Das scheint ja auch keine schlechte Idee gewesen zu sein.«

»Aber das wusstest du nicht.«

»Ich hatte so ein Gefühl.« Wieder das große Grinsen.

Jan tastete in der Innentasche nach dem braunen Umschlag. Er hatte auch ein Gefühl, nämlich dass dieser Umschlag der Grund war, warum Bob gekommen war. Er war wichtig. Und Jan war auch wichtig. Wichtig genug für fünfzehntausend Dollar, dachte er.

»Ich fahre mit dem Zug«, sagte Bob. »Um zwei Uhr nachmittags. Kommst du vorher vorbei, dein Geld holen?«

»Ja. Das passt gut. Ich muss um zwölf bei Veras Tochter sein.«

»Du siehst Vera morgen?«

»Ja.«

Jetzt nahm Bob zum ersten Mal einen großen Schluck aus seinem Glas. Dann kaute er auf der Unterlippe.

»Vielleicht gibt es eine Gelegenheit, sie von mir zu grüßen«, sagte er gleichmütig.

»Dir liegt viel an ihr«, sagte Jan, aber als Bob den Blick hob, winkte er sofort ab. »Schon gut, schon gut. Bedingung eins.«

Zwei Frauen – oder eher Damen, nach Jans Einschätzung – irrten auf der vergeblichen Suche nach einem freien Tisch durch den Raum. Als sie die beiden unbesetzten Stühle bei Jan und Bob entdeckten, steuerten sie auf ihren Tisch zu. Bob bot ihnen mit einer freundlichen Geste die Plätze an.

»Exkjuse mie«, sagte eine der beiden schließlich zu Bob, »batt ahr ju nott sis Americän äctor?«

»*No, I'm sorry*«, antwortete er lächelnd, aber die Dame ließ nicht locker. Sie verwickelte ihn in einer Sprache, die sie für Englisch hielt, in ein Gespräch. Jan hörte nicht zu. Er war froh, dass seine Trinkgewohnheiten nicht weiter Thema waren. Abgesehen von ihrem mangelhaften Englisch schienen die beiden neuen Tischnachbarinnen recht nett zu sein, zudem gar nicht unansehnlich – wohl um einiges zu alt für Jan, aber nicht für Bob. Jan hatte bald das Gefühl zu stören, aber er war es zufrieden, allein vor sich hin zu trinken, bis irgendwann der Vorschlag auftauchte, in die Altstadt zu gehen.

»Seid mir nicht böse, aber das ist nichts für mich«, sagte er. »Wir sehen uns morgen.«

Bob hielt ihm die gehobene Rechte hin, und Jan schlug ein. Dann verschwand der große Bob Keltner im Schlepptau zweier angeheiterter Mittfünfzigerinnen. Jan sah zur Uhr. Die letzte Bahn nach Westhoven fuhr noch lange nicht. Er bestellte einen Wacholder zu seinem Kölsch.

*

Johanna war noch wach, als er nach Hause kam. Nach Hause, dachte er, bald glaub ich das wirklich. Er bat sie um einen Wecker, und sie fand nach einigem Suchen noch einen alten zum Aufziehen. Er hatte ein hellgrünes Emaillegehäuse und tickte so laut wie Big Ben.

»Ich muss um elf in der Stadt sein«, sagte Jan. »Das ist so eine Uhrzeit, die es für mich eigentlich nur einmal am Tag gibt.«

»Wird Ihnen mal gut tun. Gibt es eigentlich was Neues über Heidi Jung?«

»Man hat ihre Handtasche im Rhein gefunden.«

»Oh mein Gott.« Sie schlug die Hand vor den Mund.

»Das muss nichts heißen«, sagte Jan und versuchte einen unerschütterlichen Blick, aber sie sah ihn gar nicht an.

»Es muss nicht. Nein«, sagte sie leise. »Aber es kann.«

»Jetzt ist es wohl zu spät, aber morgen früh rufe ich bei Richard Jung an. Vielleicht ist sie ja längst wieder zu Hause.«

»Meinen Sie nicht, er hätte Bescheid gesagt?«

Nein, dachte Jan. Er griff nach dem Wecker und stand auf. »Ich werde so gegen Viertel vor zehn aufstehen. Zumindest versuch ich es.«

Sie antwortete nicht.

»Es wird ihr schon nichts passiert sein«, sagte er.

Sie nickte. Ohne ihn anzusehen und ohne Lächeln. Er stieg die Treppe hinauf. In seinem Zimmer zog er Bobs Umschlag aus der Tasche. Er drehte ihn ein paarmal in den Händen: ein einfacher, dicker DIN-A-5-Umschlag. Jan steckte ihn in seine Reisetasche, ganz nach unten, unter die Schmutzwäsche. Langsam zog er sich aus, stellte den Wecker und legte sich ins Bett. Er wusste, dass er nicht würde einschlafen können, und er irrte sich nicht.

Die radiumgrünen Leuchtzeiger des Weckers zeigten Viertel nach drei, als er Heiner nach Hause kommen und erst im Bad, dann in seinem Zimmer verschwinden hörte. Um halb vier stand Jan auf, zog sich T-Shirt und Unterhose an und tastete sich im Dunkeln die Treppe hinunter. Erst im Wohnzimmer schaltete er Licht an. Er ging zum Telefon und nahm den Hörer ab, doch er legte wieder auf. Zögernd öffnete er den Schrank mit Heiners Schnapsvorrat. Es waren keine Gläser mehr drin. Er nahm die Tequilaflasche, schraubte den Deckel ab und nahm einen Schluck, dann noch einen.

»Scheiße«, sagte er und stellte die Flasche wieder in den Schrank. Er ging zurück zum Telefon und wählte die Nummer des »Cool Moon of Lissabon«. Es war Quitéria, die sich meldete.

»Hallo«, sagte Jan. Er fühlte einen Frosch im Hals und räusperte sich. »Ich bin's. Viel los heute?«

»Es geht.«

»Ich wollte nur sagen ...«

»Ja?«

Ich vermiss dich, war der Satz, aber warum konnte er ihn nicht sagen? »Geht's dir gut?«, fragte er.

»So lala. Das Geschäft ist mau.«

»Und du? Bist du gesund?«

»Ja.«

»Mir geht's auch gut.«

»Du bist betrunken.«

»Na ja, ein bisschen.«

Schweigen. Dann fragte sie: »Wann kommst du wieder?«

»Noch nicht. Bob hat ...«

»Was?«

»Er gibt mir fünfzehntausend Dollar.«

»Wofür?«

»Für den Job hier. Für das Konzert.«

»Das kann doch nicht sein. Was musst du *noch* tun?«

»Nichts! Nur die Musiker zusammenbringen und das Konzert veranstalten.«

»Das glaub ich dir nicht.«

»Wieso nicht? Die Hälfte krieg ich morgen.«

»Niemand gibt dir fünfzehntausend Dollar für so einen Job. Ich würde ihn für ein Viertel davon machen.«

Jan lachte. »Aber du könntest ihn nicht.«

»Braucht Bob dafür einen Mann?«
»Nein. Nein. Einen Spinner.«
»Gute Nacht, Jan«, sagte Quitéria und legte auf.
»Ich vermiss dich«, sagte Jan. Er zog die Nase hoch und ließ den Hörer auf die Gabel fallen. Dann öffnete er noch einmal den Schrank.

*

Er schaffte es. Das Klingeln zerriss ihm fast das Trommelfell, und er schaffte es aus dem Bett und unter die Dusche. Es reichte sogar noch für eine Tasse Kaffee. Um zwanzig nach zehn öffnete er die Haustür und machte sich auf den Weg zur Haltestelle. Es war zehn nach elf, als er an Bobs Zimmertür klopfte. Sie war nur angelehnt, drinnen lief ein Staubsauger. Er trat ein, ein asiatisches Zimmermädchen schreckte aus ihren Gedanken, als sie ihn bemerkte. Der Kleiderschrank stand offen, er war leer. Bobs Koffer, der unter dem Fenster gestanden hatte, war verschwunden.
»Hier ist niemand mehr«, sagte das Mädchen mit einer seltsam hohen Stimme.
Jan fuhr mit dem Aufzug in die Lobby. Am Empfangstresen fragte er, ob Bob schon ausgecheckt hatte. Er war tatsächlich weg, aber er hatte eine Nachricht hinterlassen. Jan erhielt einen dünnen Umschlag. Hastig riss er ihn auf und fand einen amerikanischen Citibank-Scheck über siebeneinhalbtausend Dollar. »Was soll ich denn *da*mit?«, fragte er laut. Er suchte in dem Umschlag nach irgendeiner Nachricht, aber außer dem Scheck war nichts darin.
»Kann ich noch was für Sie tun?«, fragte der Portier.
Jan warf den Scheck auf den Tresen. »Sie können mir den einlösen.«
»Tut mir Leid, aber wir sind keine Bank.« Der Mann bedachte ihn mit einem professionellen Lächeln. Jan steckte den Scheck ein und ging hinaus.
»Scheiße«, sagte er laut, als er draußen unter dem Vordach stand. Bob gab ihm ein Versprechen und speiste ihn dann mit einem Stück Papier ab. Er hatte keine Ahnung, ob er den Scheck hier eingelöst bekommen würde. Er konnte es sich nicht vorstellen. Nervös

trommelte er mit den Fingern auf seine Oberschenkel. Endlich rief er sich zur Ruhe. Er würde den Scheck mit der Post nach Lissabon schicken, Quitéria würde ihn bei seiner Bank einreichen, dann würde man weitersehen.

Vor dem Treffen mit Sandra Petalovich blieb noch genug Zeit, etwas zu essen zu besorgen. Er ging den Ring entlang in Richtung Friesenplatz. Ecke Palmstraße entschied er sich gegen Experimente und für einen Whopper und einen Kaffee, der ihn schließlich zur Toilette nötigte. Hier sah er in den Spiegel und schüttelte den Kopf. Sein Gesicht war aufgedunsen, gelbgrau mit roten Einsprengseln, und er hatte tiefe Ringe unter den Augen. Die Haare waren strohig, aber immerhin größtenteils unter seiner Kappe verborgen. Er wollte so nicht aussehen, dabei hatte er die Befürchtung, auch noch entsprechend zu riechen. Müde beugte er sich über das Waschbecken, warf sich kaltes Wasser ins Gesicht und spülte ein paarmal den Mund um, wissend, dass das nichts nutzen würde. Handtücher gab's keine, nur ein Heißluftgerät. Er wischte sich das Gesicht am Jackenärmel trocken und machte sich auf den Weg zu Sandra Petalovich.

*

Als der Türöffner summte und er das Treppenhaus betrat, bemühte er sich um einen unverbindlich freundlichen Gesichtsausdruck, und ihm wurde klar, dass er keinen im Repertoire hatte. Er begnügte sich also mit dem, was er konnte. Sandra Petalovich stand in der Wohnungstür, einen Kaffeebecher in der Hand.

»Mann, haben Sie eine Fahne«, sagte sie.

»Sie wirken auch nicht richtig fit«, sagte Jan. »Trotzdem einen schönen guten Morgen.«

»Ich hatte gestern Spätschicht. Die geht bis elf. Wenn man dann noch unter Leute will, ist es ruckzuck drei Uhr. Kaffee?«

»Klar«, sagte Jan.

Sie ging in die Wohnung, Jan folgte ihr in die Küche. Von ihrem Mitbewohner, der Jan bei seinem ersten Besuch hier empfangen hatte, war nichts zu sehen; Jan vermutete ihn noch im Bett. Die Küche war klein und wirkte düster, das Fenster ging auf einen Innenhof. Es hatte zu regnen begonnen. Dicke Tropfen klatschten gegen die Scheibe und liefen in dicken Streifen hinunter, aber sie machte das Licht nicht an. Ohne ihn anzusehen, reichte sie Jan einen blauen Becher mit einem Elefantenmuster und sagte: »Milch ist im Kühlschrank.«

Jan setzte sich auf einen der billig wirkenden Küchenstühle und nippte an dem brühend heißen Kaffee. Sandra lehnte am Herd, den Blick abwesend auf das graue Fenster gerichtet.

»Bei diesem Wetter ist es da oben furchtbar«, sagte sie.

»Wo oben?«

»In Mutters Haus. Es wird dann überhaupt nicht hell.«

»Haben Sie mich angekündigt?«

»Ja. Das heißt, sie weiß, dass Sie kommen, aber nicht, was Sie wollen. Ich habe gesagt, ein Bekannter käme mit.«

»Warum?«

Sie zuckte die Achseln. »Mehr hab ich mich nicht getraut«, sagte sie leise.

»Was befürchten Sie denn?«

»Ich weiß nicht, was Sie auslösen werden. Es ist ... unberechenbar.«

Jan schwieg. Er bekam Angst, sie würde einen Rückzieher machen und ihn nicht mitnehmen, aber sie sagte: »Wenn Sie ausgetrunken haben, fahren wir. Es ist spät genug.«

Jan bemühte sich, seinen Becher möglichst schnell zu leeren, doch er verbrannte sich die Zunge und schüttete den Rest mit einem entschuldigenden Lächeln in die Spüle. In der Diele zog er sich seine Regenjacke wieder über und folgte ihr aus der Wohnung. Sie mussten ein gutes Stück laufen, bis sie ihr Auto erreichten, das am Klingelpütz abgestellt war.

»Parken ist hier schlimm«, sagte sie. »Eigentlich hab ich das Auto nur, um meine Mutter zu besuchen.«

Sie stieg ein und öffnete ihm die Beifahrertür. Als er neben ihr saß, sah sie ihn unsicher an.

»Sie müssen mir noch was versprechen.«

»Was?«

»Verraten Sie niemandem, wo meine Mutter ist. Sie hat da ihre Ruhe, und es wäre schön, wenn es so bleibt.«

»Das ist schon okay. Aber wenn sie jemand wirklich finden will, dann schafft er das auch. Meinen Sie nicht?«
»Ja. Aber wir müssen es ihm ja nicht einfacher machen als nötig.«
»Reden Sie von jemand Bestimmtem?«
»Sie wissen, von wem ich rede.«
»Schön. Ich versprech es Ihnen.«
»Gut.« Sie startete den Motor und bog an der Ampel rechts ab.
»Darf ich hier rauchen?«, fragte er.
»Nein, bitte nicht.«
Sie fuhren nach Norden, über das Niehler Ei, vorbei an dem gigantischen neuen Müllofen, bräunlichen Chemiefabriken und Tanklagern, durch eine Landschaftsruine von fast surrealer Hässlichkeit. Jan kämpfte gegen zunehmende Kopfschmerzen, während er durch die Frontscheibe starrte, die die Scheibenwischer nur mühsam durchsichtig hielten. Als sie auf die Autobahn in Richtung Dortmund bogen, schloss er die Augen und legte den Kopf zurück. Er war froh, dass sie nicht sprach. Er döste sogar ein, schreckte aber immer wieder hoch. Ab und zu tastete er nach dem Umschlag mit Bobs Scheck, der in der Innentasche seiner Jacke steckte. Irgendwann sah er auf und hatte keine Ahnung mehr, wo sie sich befanden. Er schloss die Augen wieder, mit dem seltsam wohligen Gefühl, sich seiner Chauffeurin auszuliefern.

»Wir sind gleich da«, sagte sie irgendwann. Eine vierspurige Schnellstraße wand sich abwärts in ein dicht bewaldetes Tal. Er sah auf die schwach beleuchtete Uhr im Armaturenbrett. Sie waren gut vierzig Minuten unterwegs. Sandra steuerte in eine Ausfahrt und dann in einen schmalen, als Sackgasse gekennzeichneten Weg, der direkt in den Wald hineinführte. Nach einer kleinen Brücke über einen Bach hielt sie vor einem recht großen Fachwerkhaus, das hier ganz allein stand.

»Wir sind da«, sagte sie und stieg aus.

Dicke Tropfen fielen von den Ästen, einer klatschte in Jans Nacken, als er ihr durch ein Gartentor folgte. Außer dem Regen war nichts zu hören. Sandra besaß einen Schlüssel für die alte zweiteilige Holztür.

»Mama, ich bin's«, rief sie ins Treppenhaus, nachdem sie aufgeschlossen hatte. Vera Petalovich kam die Treppe herunter. Sie war eine kleine, schlanke Frau. Ihre Bewegungen strahlten Eleganz aus. Jan schätzte sie auf Ende fünfzig. Das volle hellgraue Haar fiel glatt bis auf ihre Schultern. Sie begrüßte ihre Gäste mit einem Lächeln. Sandra stellte Jan vor, und Vera bat sie ins Wohnzimmer. Es war ein großer Raum mit kleinen Fenstern und einer vielleicht zwei Meter hohen Decke. Jan hätte die freigelegten Tragbalken bequem mit den Händen erreichen können. Mit einer Geste bot Vera ihm Platz an.

»Möchte jemand Kaffee?«, fragte sie und verschwand in der Küche, ohne eine Antwort abzuwarten. Jan setzte sich auf einen Lederschwinger und sah sich um. Es war fast dunkel, die Fenster ließen wenig von dem Tagesgrau herein, und nur eine kleine Lampe brannte auf einem Couchtisch.

Das Zimmer war schlicht eingerichtet, kaum ein Stück Nippes war zu entdecken. In einer Ecke stand ein moderner gusseiserner Ofen. Hinter seiner gläsernen Klappe brannten ein paar Scheite. Die Möbel schienen gar nicht hierher zu gehören, sie waren von strengen, klaren Linien, schwarz, weiß, Chrom und Glas, in sich elegant, aber in diesem Haus wirkten sie als Stilbruch. An den Wänden hingen einige große Kalligraphien chinesischer Schriftzeichen.

»Die sind von ihr«, sagte Sandra, als sie seinen Blick bemerkte.

Ein Hund kam aus dem Treppenhaus ins Zimmer, ein kurzhaariger rotbrauner Mischling, groß genug, um Jan vorsichtig werden zu lassen.

»Das ist Chrissie, die tut nichts«, sagte Sandra. Tatsächlich kam der Hund nur langsam ins Zimmer getrottet. Er stupste einmal mit der Schnauze gegen Jans Oberschenkel, eher pflichtschuldig als neugierig, und bedachte den Besuch mit einem müden Blick. Jan bemerkte graue Haare um seine Schnauze.

»Sie ist zu alt, um sich noch aufzuregen«, sagte Sandra.

Der Hund gähnte und legte sich unter den Tisch. Jan gähnte auch und rieb sich die Augen. Das dämmrige Zimmer und die ungewohnte Stille machten es ihm schwer, gegen seine Müdigkeit anzukämpfen. Vera kam mit einem Tablett aus der Küche und servierte Kaffee und Kekse. Nachdem sie allen eingeschenkt hatte, setzte sie sich und sah von Sandra zu Jan und wieder zu Sandra.

»Du willst wissen, warum ich Jan mitgebracht habe«, stellte Sandra fest.

Ihre Mutter nippte an ihrem Kaffee. »Du hast noch nie jemanden mitgebracht«, sagte sie lächelnd. »Aber glauben Sie bloß nicht, Sie seien nicht willkommen, Herr Richter.«

»Du weißt ja noch gar nicht, warum er hier ist.« Sandra sprach den Satz schrill, fast bedrohlich. Veras Augenbrauen zogen sich fragend zusammen. Mutter und Tochter sahen sich in die Augen – für eine endlose Zeit, nach Jans Gefühl. Er hörte den Hund unter dem Tisch atmen.

»Es ist ...«, seine Stimme war nur ein Krächzen, er räusperte sich, »... es ist wegen –«

»Meiner Vergangenheit«, unterbrach Vera Petalovich ihn. Erst danach wandte sie ihm langsam ihren Blick zu. »War das deine Idee, Sandra?«

»Nein. Natürlich nicht. Das solltest du dir denken.«

»Also Ihre, Herr Richter?«

»Nein. Es war –«

»Warten Sie!« Dieses Mal fiel ihm Sandra ins Wort, aber ihre Mutter unterbrach sie mit einer harschen Geste.

»Hast du damit zu tun?«, fragte sie sie.

»Nein. Er ist zu mir gekommen und hat nach dir gefragt. Ich habe versucht –«

»Ich habe Ihre Tochter schon ein wenig nötigen müssen, Frau Petalovich«, gelang es Jan einzuwerfen.

»Was ist er? Ein Psychiater? Oder ein Anlageberater?«

»Ich bin Konzertveranstalter«, sagte Jan.

Der Wandel in ihrem Ausdruck war dramatisch. Von Misstrauen über Verblüffung, Freude, Zweifel zurück zu Misstrauen in wenigen Sekunden. Eine steile Falte stand auf ihrer Stirn, während sie Jan musterte. »Das Sextett«, sagte sie schließlich. Eine Feststellung, keine Frage.

»Das Sextett«, sagte Jan.

Mit einem Seufzer lehnte sie sich auf ihrem Stuhl zurück und griff mit einer langsamen Bewegung nach ihrer Kaffeetasse. Sie hielt sie vor den Mund, aber sie trank nicht. Ihr Blick ging in irgendeine Ferne. Endlich stellte sie die Tasse wieder ab und sah ihre Tochter an.

»Lass uns allein, Sandra.« Sie setzte noch ein »Bitte« hinzu, aber es war ein Befehl. Sandra stand auf und ging zur Tür. Der Hund sah neugierig auf und folgte ihr hinaus. Vera Petalovich wartete, bis die Tür sich hinter ihrer Tochter geschlossen hatte.

»Was wissen Sie über mich?«, fragte sie dann. Sie sah ihn an, forschend, fast scharf, aber nicht feindselig.

»Wissen ... na ja, wirklich *wissen* tu ich nicht viel. Man hat mir über Sie erzählt.«

»Wer?«

»Sandra, Heiner Küfermann, Richard und Heidi Jung, Olaf Kranz ...«

»Einer fehlt.« Sie entließ seine Augen nicht aus ihrem Blick.

»Bob Keltner«, sagte Jan.

Sie nickte. »Und *Sie* wollen die Gruppe wieder zusammenbringen?«

»Ich soll es organisieren. Die Idee stammt von Bob.«

»Bob?« Ihr Ausdruck bekam etwas Unsicheres, sie sank ein wenig in sich zusammen. »Warum?«

»Wegen der Musik, nehme ich an. Es liegt ihm viel daran.«

Umständlich nahm sie ihre Kaffeetasse zusammen mit der Untertasse vom Tisch und trank einen winzigen Schluck.

»Sie wissen«, sagte sie und stellte die Tasse vorsichtig wieder ab, »Sie wissen, dass ich streng genommen noch nie mit der Gruppe gespielt habe?« Sie lächelte etwas verzerrt.

»Sandra hat mir erzählt, was ... mit Ihnen los ist.«

»Wissen die anderen es auch?«

»Nein.«

Wieder balancierte sie die Tasse auf der Untertasse zum Mund und zurück. Klaviermusik erklang aus dem Zimmer über ihnen. Jan tippte auf Bach, war sich aber nicht sicher. Das Spiel war frei von großen Fehlern, aber es wirkte hölzern und unrhythmisch.

»Sie spielt so gern«, sagte Vera Petalovich, »aber sie hat leider überhaupt kein Talent. Sie ist so gar nicht musikalisch.« Wieder nahm sie ihren Kaffee auf und setzte ihn nach einem Schluck wieder ab. »Ich freu mich ja, dass sie Spaß daran hat, aber in all den Jahren als Klavierlehrerin habe ich es nicht geschafft, mich daran zu gewöhnen, wenn jemand den Rhythmus nicht halten kann.

Wenn ich mal in die Hölle komme, muss ich mein ewiges Leben lang zuhören, wie jemand die Eins nicht trifft. Oder noch schlimmer: manchmal trifft und dann wieder nicht, so dass man in jedem Takt zwischen Angst und Hoffnung ...« Sie sah ihn an und lächelte verlegen. »Sie müssen mich für verrückt halten.«
»Neinnein, ich versteh Sie. Ich habe früher mal Schlagzeug gespielt. Mir geht es ganz ähnlich.«
Sie lachten beide ein wenig.
»Das war ja war das Tolle an diesem Sextett. Diese Präzision im größten Getümmel ... Und Bob will ...?«
»Würden Sie sich das zutrauen?«
Wieder lachte sie, stolz diesmal. Sie stand schnell auf und ging zu einem niedrigen Hifi-Regal, auf dem ein großes, teuer aussehendes Laufwerk stand, daneben eine fast zwei Meter lange Reihe Schallplatten. Zielsicher griff sie einen Stapel von vielleicht acht LPs heraus und brachte sie zum Tisch. Sie reichte den Stapel Jan.
»Das sind alle Platten des Bob-Keltner-Sextetts. Legen Sie ein Stück auf, irgendeines, ganz egal.«
Er nahm die Schallplatten und sah sie durch. »Wie wär's mit –«
»Nein, sagen Sie es mir nicht. Legen Sie *irgend*ein Stück auf.«
Jan zog wahllos eine Platte hervor, er kannte sie nicht: »M-Behaviour«, eine Studioaufnahme von '71. Er nahm sie mit zum Plattenspieler und wählte das dritte Stück der B-Seite. Es hieß »Going Far« und begann mit einem einfachen, unauffälligen Schlagzeugbeat, wie er hundertfach auf Jazzplatten zu hören ist.
»Das ist ›Going Far‹«, sagte Vera Petalovich nach einem halben Takt, »von der ›M-Behaviour‹«. Vier Takte später setzte der Bass, vier weitere das Piano ein. Es spielte eine vertrackte Melodie, die in einer anderen Taktart als die Begleitung zu stehen schien, und Vera Petalovich sang diese Melodie mit, ohne dass es sie irgendwelche Konzentration oder gar Anstrengung zu kosten schien. Beim zweiten Durchgang begleiteten die Bläser die Melodie in haarsträubenden Harmonien, dann setzte ein Klaviersolo ein. Mit unveränderter Gelassenheit sang Vera Petalovich weiter mit, alle Synkopen, Rubati und freien Passagen, ohne einen erkennbaren Fehler oder Aussetzer. Das Solo dauerte fast zwei Minuten, und

erst als es endete und das Posaunensolo begann, beendete sie ihren Gesang.

»Dafür haben Sie bestimmt lange üben müssen«, sagte Jan.

Sie schüttelte den Kopf. »Nein. Es war seltsam ... Alles war seltsam damals. Sandra zeigte mir die Platten, auf denen mein Name und mein Foto war. Ich habe sie angehört und gedacht: Mein Gott, das ist großartig. Aber ich konnte mich beim besten Willen nicht erinnern, das gespielt zu haben. Ich habe die Platten weggeräumt, ich konnte sie nicht ertragen. Sie *bewiesen*, dass ich verrückt war. Sie werden das vielleicht nicht verstehen ...« Ihre Stimme wurde leiser. »Niemand wird das verstehen können, der das nicht mitgemacht hat. Wenn auf einmal achtzehn Jahre Ihres Lebens verschwunden sind. Ich hatte auf einmal eine Tochter von zwölf Jahren ...« Sie kämpfte mit den Tränen, und Jan sah, sie würde den Kampf nicht verlieren.

Beherrscht sprach sie weiter. »Was ich ... nein, was *das* Sandra angetan hat, ist überhaupt nicht wieder gutzumachen. Mein Leben lang nicht. Aber ich kann nichts dafür. Das arme Kind. Denken Sie sich mal an ihre Stelle: Sie sind zwölf, und Ihre Mutter kann sich nicht mehr an Sie erinnern. Das ist doch schrecklich! Dabei ist sie so ein liebes Mädchen. Immer gewesen. Ich kann nichts dafür.« Sie schüttelte sich, als versuche sie, den Gedanken abzustreifen. »Aber die Schallplatten! Irgendwann habe ich sie doch wieder hervorgeholt und sie angehört. Alle, eine nach der anderen, chronologisch, in der Reihenfolge, in der wir sie aufgenommen haben, und plötzlich, ich weiß es noch genau, es war während des Solos in ›Polarlight‹, von dem Konzertmitschnitt aus Den Haag, da war es, als ... Ich weiß nicht, wie ich es sagen soll, die Musik war wieder da, ganz unvermittelt. Ich erkannte alles wieder, ich wusste, was diese Pianistin auf der Platte als Nächstes tun würde, jeden überraschenden Wechsel konnte ich mitmachen. Ich habe mich ans Klavier gesetzt und mitgespielt, einfach *so!* Die Musik war *in* mir – aber: Ich konnte mich nicht erinnern, sie *gespielt zu haben*, verstehen Sie?«

Jan wich ihrem Blick nicht aus, aber er schwieg.

»Nein, das können Sie natürlich nicht.« Eine Pause entstand, in der beide sich mit ihren Kaffeetassen beschäftigten. »Sie haben mich gefragt, ob ich mir zutraue, mit der Gruppe zu spielen. Meine Antwort ist ›Ja‹. Meine Frage an Sie ist: Warum sollte ich es tun?«

»Ich hoffte, die Gelegenheit wäre Anreiz genug für Sie.«

»So einfach kann ich es mir nicht machen. Es hängt zu viel Unwägbares daran.«

»Was genau meinen Sie?«

Sie sah auf ihre Armbanduhr. »Es ist zwar noch sehr früh, aber ich glaube, ich möchte einen Cognac trinken. Ich hoffe, das stört Sie nicht, normalerweise trinke ich nicht um diese Uhrzeit, aber das Thema ist für mich sehr anspannend.« Sie stand auf und ging in die Küche. »Möchten Sie vielleicht auch einen?«, fragte sie, als sie mit einer Flasche Remy Martin und zwei Schwenkern zurückkam.

»Oh, ich … äh, ja«, sagte Jan.

Sie schob ihm ein gut eingeschenktes Glas zu und nahm selbst im Stehen einen ersten Schluck, ohne ihm zuzuprosten. Dann verließ sie den Raum und kam kurz darauf mit einem Ordner in der Hand zurück. Sie legte ihn vor sich auf den Tisch, langsam, als sei er zerbrechlich. Es war ein gewöhnlicher dunkelgrauer Büroordner, nicht sehr dick und nicht sehr gefüllt.

»Das«, sagte sie, als sie wieder saß, »ist alles, was ich von achtzehn Jahren meines Lebens weiß. Ich habe sehr viel Anstrengung in diesen Ordner gesteckt. Jahrelang war sein Inhalt meine wichtigste Beschäftigung. Aber ich habe ihn geschlossen, und eigentlich möchte ich ihn nicht wieder öffnen.«

»Was ist darin?«, fragte Jan und nippte an seinem Cognac.

»Informationen über Vera Petalovich und die Mitglieder des Sextetts. Aber diese Informationen stehen allein, jede für sich. Ich kenne die Beziehungen zwischen ihnen nicht, und das ist letztlich, was Erinnern ausmacht. Das habe ich gelernt bei meinen Bemühungen.«

»Haben Sie das alles allein gesammelt?«

»Anfangs schon, aber ich hatte Scheu, mich den Leuten zu nähern. Ich habe mich nicht getraut, sie aufzusuchen. Ich habe sie beobachtet, recherchiert. Schließlich habe ich einen Privatdetektiv engagiert.« Sie lachte verlegen.

»Warum?«

»Ich habe allein einfach vieles nicht herausbringen können. Ich dachte, ein Profi, also jemand mit Erfahrung ... Aber was dieser Mann dann so berichtet hat ... Nein, das wollte ich auch nicht. Er hat im Privatleben der anderen herumgeschnüffelt, am Ende war es mir fast peinlich, was er alles entdeckt hat. Wirklich intime Dinge, die mich gar nichts angingen. Ich habe den Ordner geschlossen und versucht, andere Wege zu gehen. Spirituelle Wege.« Sie schloss die Augen und genoss mit sanftem Lächeln das Aroma des Cognacs. Jan tat es ihr gleich und fragte sich, welche Schwierigkeiten ihm Vera Petalovichs Spiritualität noch bereiten würde.

»Der Mensch kann sich an vergangene Leben erinnern, an Zeiten vor seiner Geburt, und ich soll achtzehn Jahre *nach* meiner Geburt einfach verloren haben? Das kann ich nicht akzeptieren.«

»Was tun Sie also?« Jan schwenkte sein Cognacglas etwas hektischer als beabsichtigt, und einige blasse Tropfen spritzten auf seinen Daumenballen. Verstohlen leckte er sie ab.

»Ich habe versucht, mein Inneres zu erforschen. Schritt für Schritt. Mit transzendentaler Meditation, Selbsthypnose, Rebirthing, alles Mögliche habe ich probiert. Auch wenn Sie darüber lachen: Ich hab es einfach versucht. Vielleicht hilft irgendwann irgendetwas davon, dachte ich. Sandra macht sich immer Sorgen, dass ich einer Sekte auf den Leim gehen würde, aber so bin ich nicht. Ich bin etwas anderes. Ich habe es herausgefunden.«

Sie lächelte mit geschlossenen Augen, stolz, und schüttelte sanft den Kopf.

»Was sind Sie denn?«, fragte Jan.

»Das würden Sie nicht verstehen, junger Mann.«

Sie sah eine der Kalligraphien an, mit kritischer Miene, als sehe sie sie zum ersten Mal. Das Klavierspiel aus dem ersten Stock verstummte mitten im Takt, nach einigen Momenten setzte es mit einem anderen Stück wieder ein.

»Das ist von Scarlatti. Sie probiert es seit Jahren. Ich muss sagen, dass mich ihre Unverdrossenheit manchmal wirklich anrührt.«

»Vielleicht versucht Ihre Tochter ja, Sie zu beeindrucken.«

»Möglicherweise haben Sie Recht, doch so kann ihr das nicht

gelingen. Aber mit derselben Beharrlichkeit hat sie um meine Liebe gekämpft. Immer, von Anfang an, ohne nachzulassen. *Das* hat mich beeindruckt. Ich habe ihr gegeben, was ich hatte, aber wie kann ich wissen, ob es genug war? Habe ich sie früher mehr geliebt, als ich noch wusste, dass sie meine Tochter war? Ich habe keine Ahnung. Was *ist* Mutterliebe? Ist sie wirklich so etwas Wunderbares? Wird sie nicht schnell zu etwas Beängstigendem? Da stand dieses Mädchen und war meine Tochter. Und ich konnte es nicht fühlen. Entsetzlich. Es tut mir so Leid für Sandra.« Sie erhob sich. »Entschuldigen Sie mich einen Moment«, sagte sie und verließ das Zimmer.

Jan hörte sie eine Tür verschließen. Von oben erklang weiter Scarlatti. Das Stück mündete jetzt in eine lange Kette paralleler Sechzehntelläufe, der Rhythmus schwankte, stolperte, und das Spiel brach ab. Trotzig setzte es an der gleichen Stelle wieder ein und scheiterte abermals. Noch ein vergeblicher Anlauf, dann kehrte Stille ein. Jan sah den Ordner an. Er lauschte. Die Tür zum Treppenhaus stand einen Spalt weit offen, aber nichts war zu hören. Er gab dem Impuls nach und zog den Ordner zu sich heran, schlug ihn auf und blätterte schnell und zunächst ziellos darin herum. Der vordere Teil bestand vorwiegend aus Zeitungs- und Magazinausschnitten, Fotos, Konzertkritiken, einem Interview, das eine holländische Musikzeitung '71 mit Vera Petalovich geführt hatte. Weiter hinten fand er ein gutes Dutzend Klarsichthüllen, darin Ausdrucke auf dem Geschäftspapier einer Privatdetektei, datiert von 1992; dabei jeweils ein dünner Packen Fotos. Wieder lauschte Jan, und noch immer war es still.

Er zog die Fotos und Blätter aus der ersten Hülle und erkannte Richard und Heidi Jung, einzeln und deutlich abgebildet, aufgenommen beim Verlassen ihres Hauses. Er überflog den Ausdruck, das meiste darin drehte sich um Richard Jungs akademische Karriere, weiter unten stieß er auf die von Hand unterstrichenen Worte »massive Alkoholprobleme, Gewohnheitstrinkerin«. Er steckte alles wieder in die Hülle und blätterte weiter. Der Inhalt der nächsten Hülle beschäftigte sich laut Überschrift mit »Küfermann, Heiner; Küfermann, Luzia; Küfermann, Johanna«. Zwei Fotos von Heiner und Johanna, ähnlich denen der Jungs, aufgenommen, ohne dass sie es wussten. Jan verharrte einen Moment bei Johannas Foto. Sie war noch so jung. Mit stolzem Blick fixierte sie einen Punkt dicht neben dem Fotografen. Die schwarzen Locken trug sie länger als heute, offen umwehten sie ihr Gesicht. Gekleidet war sie in einen hellen Sommeranzug, der das Dunkel ihrer Haut sanft betonte.

Das nächste Bild war eine ältere Porträtaufnahme, ein Ausschnitt aus einer Broschüre oder einem Programmheft. Es trug die Unterschrift: »Luzia Küfermann, freie Musikjournalistin. Künstlerische Beratung der Festivalleitung«.

Johannas Mutter war eine schöne Frau mit einer schmalen Nase und einnehmendem Lächeln. Sie wirkte auffällig blass, und ihre Haare waren hellblond. Jan starrte auf das Bild, dann überflog er zweifelnd das dicht bedruckte Blatt mit der Überschrift »Luzia Küfermann«. Sein Zeigefinger fuhr die Zeilen hinab und blieb hängen bei den Sätzen: »Am 23.05.1973 bringt sie in Köln (Krankenhaus der Johaniterinnen) ihre einzige Tochter Johanna zur Welt. In Anbetracht der Hautfarbe des Kindes scheidet Ehemann Heiner Küfermann als leiblicher Vater aus. Trotzdem erkennt er die Vaterschaft an und übernimmt alle sich aus dem Eheverhältnis ergebenden rechtlichen Verpflichtungen gegenüber dem Kind.«

Die letzten beiden Zeilen auf dem Blatt waren wieder rot unterstrichen. »Verstorben am 19.06.1986. Ursache: Selbstmord mittels Autoabgasen.«

Jan merkte, wie seine Arme kraftlos auf die Tischplatte sanken. Langsam und ohne zu wissen, warum, nahm er das Foto von Johanna Küfermann. Er faltete es und steckte es in die Brusttasche seines Hemdes.

Das Rauschen einer Wasserspülung schreckte ihn hoch, er musste sich zwingen zu reagieren. Fahrig steckte er Blätter und Bilder in die Hülle und schloss den Ordner. Er legte ihn dorthin, wo er ihn fortgenommen hatte, und ließ sich wieder auf seinen Stuhl fallen. Als Vera Petalovich die Tür öffnete, verschluckte er sich gerade an seinem Cognac.

»Sie trinken zu hastig, junger Mann«, sagte sie mit mütterlichem Ernst in der Stimme, »das ist mir eben schon aufgefallen.«

Jan hustete den Cognac aus der Luftröhre und schnappte nach Luft, froh, damit die hektischen roten Flecken erklären zu können, die er in seinem Gesicht vermutete.

»Haben Sie Lust, ein bisschen an die Luft zu gehen? Chrissie braucht Bewegung.«

Jan sah ungläubig zum Fenster, das vor treibendem Regen fast undurchsichtig war. »Ich glaube, dafür bin ich nicht angemessen gekleidet«, sagte er. »Meine Schuhe ...« Er zeigte seine weißen Sportschuhe.

»Wir finden was für Sie. Der Gärtner hat in etwa Ihre Größe. Ich hole Ihnen seine Gummistiefel aus dem Schuppen. Wenn ich Sie so anschaue, brauchen Sie mindestens so dringend Bewegung wie der Hund.« Ohne auf Antwort zu warten, verschwand sie erneut aus dem Zimmer. Jan sah ihr hoffnungsarm hinterher. Sein Blick tastete sich wieder zu dem Ordner, aber bevor er es ein zweites Mal wagte, ihn zu öffnen, kam Sandra Petalovich die Treppe herunter und ins Wohnzimmer.

»Wo ist meine Mutter?«, fragte sie.

»Sie holt mir Gummistiefel.«

Sie lachte mit freundlicher Schadenfreude. »Dann müssen Sie also *mit* raus.«

Jan versuchte einen passenden Blick, aber er hatte nicht das Gefühl, es hinzubekommen.

»Falls Sie glauben, mit diesem Blick um die Wanderung herumzukommen, muss ich Sie enttäuschen. Wenn Mutter beschlossen hat zu gehen, dann wird gegangen. *Sie* wollen nicht, *ich* will nicht, und Sie können mir glauben, der Hund will ganz und gar nicht. Aber die Demokratie wurde hier noch nicht eingeführt.«

»Sie kommen auch mit?«

»Befehl ist Befehl.«

Ihre Mutter kam wieder herein und stellte triumphierend ein Paar dreckverkrustete Gummistiefel auf dem Boden ab. »Bitte sehr, damit sind Sie wasserdicht.«

Jan stieg gehorsam in die Stiefel, sie passten tatsächlich. Der Hund wurde gerufen, er kam mit hängendem Kopf unter dem Tisch hervor und bedachte Jan mit einem traurigen Blick, als wisse er, was ihnen beiden bevorstand. Vera, mittlerweile mit Goretexjacke, Südwester und Wanderschuhen bekleidet, nahm ihn an die Leine und bugsierte Jan und den Hund vor sich her aus der Tür. Sandra folgte unter einem Regenschirm. Jan zog seine Kappe ins Gesicht und stolperte neben Vera her, die in einen Waldweg einbog, so schmal, dass sie hintereinander gehen mussten. Von Beginn an legte sie ein enormes Tempo vor. Der Weg stieg an, nicht sehr steil, aber durchgehend, und Jan merkte nach hundert Metern, dass ihm die Puste auszugehen drohte.

Seine Gedanken drehten sich um Johanna Küfermann und ihre Mutter. Und ihren Vater, den tatsächlichen. »*In Anbetracht der Hautfarbe des Kindes scheidet Ehemann Heiner Küfermann als leiblicher Vater aus.*« Es gab einen sehr nahe liegenden Verdacht, wer ihr Erzeuger sein könnte. – »*Heiner will mitspielen? Mit Bob?*« – Richard Jung hatte bei seiner Frage ziemlich verwundert geklungen. Hatte Heiner Bobs Tochter großgezogen? Warum hatte Luzia Küfermann ihrem Leben ein Ende gesetzt und ihre Tochter zurückgelassen?

»Wo bleiben Sie denn?«, rief Vera Petalovich. Sie hatte einen Vorsprung von fast fünfzig Metern gewonnen und wartete an einer Wegkreuzung. Hinter sich hörte er ihre Tochter lachen.

»Ich bin aus dem Training«, keuchte Jan, als er sie erreichte.

»Das merkt man«, sagte sie nur und setzte ihren Weg fort, ohne das Tempo zu verringern. Immerhin wurde der Pfad nun etwas flacher und breiter, so dass Sandra jetzt neben ihm ging.

»Haben Sie etwas erreicht bei ihr?«, fragte sie.

»Sie hat noch nicht zugesagt. Aber auch nicht abgelehnt.«

Er blieb stehen, um sich eine Zigarette anzuzünden, aber Wind und Regen bliesen sein Feuerzeug immer wieder aus, bis er es aufgab.

»Wenn sie nicht wollte, hätte sie es Ihnen gesagt. Laut und deutlich. Ich glaube, es ist ein gutes Zeichen, dass Sie mit spazieren gehen.«

»Na toll«, sagte Jan und drückte einen Zweig weg, der über den Weg hing. Der Regen lief seine Regenjacke hinunter und von dort auf seine Jeans. Seine Knie waren kalt und nass.

»Was hat sie Ihnen erzählt?«

»Dies und das ... Ich weiß nicht, ob es für Sie bestimmt war.«

»Dass ich unmusikalisch bin? Oder dass es ihr für mich Leid tut? Weiß ich alles schon. Oder das mit dem Privatdetektiv?«

»Haben Sie den Ordner gelesen?«

»Na klar, was denken *Sie* denn? Aber das darf sie nicht wissen, haben Sie verstanden?«

»Ja. Was steht drin?«

Sie schaute zu ihrer Mutter, die allerdings schon wieder einen erklecklichen Vorsprung herausgearbeitet hatte.

»Über Mutter nicht wirklich viel. Keine Fakten über sie als Person, nur über die Musikerin. Dafür jede Menge über die anderen aus der Gruppe. Ich habe mir nicht alles gemerkt und vielleicht auch nicht alles verstanden. Es war mir auch relativ egal, wessen Ehefrau welche Probleme hat. Ich kenne die Leute ja alle nicht.«

Jan musterte sie von der Seite. Er überlegte, welchen Grund sie haben könnte, ihn anzulügen. Nach dem, was sie ihm bei ihrem ersten Treffen erzählt hatte, konnte er nicht glauben, dass sie so gleichgültig war gegenüber Informationen über das vergessene Leben ihrer Mutter, in welcher Form auch immer sie sie gefunden hatte. Aber er musste nicht immer den Grund kennen, wenn er angelogen wurde, das hatte er gelernt. Er fror und war erschöpft, und was er in seinem Magen spürte, war außer Stress ein plötzliches, drückendes Hungergefühl. Außerdem sehnte er sich nach der Cognacflasche.

»Haben Sie das über Bob Keltner gelesen?«, fragte Sandra.

»Nein, nur das über –« Er brach ab und stöhnte auf.

Sie lachte. »Sie hat ihn vor Ihnen auf dem Tisch liegen lassen und ist rausgegangen, was?«

»Ja«, antwortete er verdrossen. »Woher wissen Sie das?«

»Er lag ja eben noch da. Sollte wohl ein Test sein.«

»Ein Test? Macht sie so was öfter?«

»Ja. Mich kann sie aber kaum noch erwischen. Ich kenn ihre Tricks mittlerweile. Es wundert mich nicht, dass sie es bei Ihnen versucht hat.«

»Jedenfalls bin ich durchgefallen.«

»Nicht unbedingt.«

»Wieso? Ich habe die erste Gelegenheit genutzt, sie zu hintergehen.«

»So geradeaus tickt sie nicht. Ich habe sehr lange gebraucht, das zu verstehen. Was Sie und ich für logisch halten, ist es für sie noch lange nicht. Sie haben Interesse für Mutters Geschichte gezeigt. Das ist immerhin mehr, als sie nur für das Konzert zu wollen.«

»Na, dann hoff ich mal, dass Sie Recht haben. Kann ich mir aber nicht vorstellen.«

Eine weitere Wegkreuzung tauchte auf, und sie bogen nach links ab. Vera Petalovich war bereits außer Sicht.

»Hier haben wir ungefähr die Hälfte geschafft. Jetzt geht es nur noch bergrunter«, sagte Sandra.

»Was *stand* denn über Bob Keltner in dem Ordner?«

»Das werde ich Ihnen nicht sagen. Wenn Mutter es für richtig hält, wird sie es Ihnen erzählen.«

»Sie sagte, Sie hätte den Ordner geschlossen und wolle ihn nicht wieder öffnen.«

»Wenn sie das Konzert spielt, wird sie ihn öffnen *müssen*.«

Sie gingen nun gegen den Wind, der Regen schlug ihnen ins Gesicht. Jan versuchte, mit vorgeschobener Unterlippe seine Nase warm zu blasen. »Sie sei ›etwas anderes‹, hat sie gesagt. Es klang, als meine sie ›etwas Besonderes‹. Können Sie sich denken, was sie meinte?«

»Ja ... Sie hat es Ihnen nicht gesagt?«

»Dann würde ich nicht fragen.«

»Sie wird es Ihnen selbst erzählen wollen. Oder eben nicht.«

Der Weg führte steil nach unten. Auch Vera Petalovich war nun wieder in Sicht, fast hundert Meter vor ihnen. Am Ende des Tales entdeckte Jan das Haus.

Erleichtert streifte er vor der Tür die Stiefel ab und ging auf Socken ins Wohnzimmer, das sie mit einer heimeligen Wärme empfing. Er sank auf seinen Stuhl und streckte die Füße in Richtung des Ofens.

Vera Petalovich schenkte einen großzügig bemessenen Cognac ein und stellte ihn vor ihn hin. Ihr Blick war ein wenig spöttisch und gleichzeitig misstrauisch oder besorgt.

»Sie meinen, ich sollte den nicht trinken«, stellte Jan fest und hob das Glas.

»Nein. Dieser wird keinen Unterschied machen.« Sie setzte sich zu ihm, und er stellte den Schwenker ab, ohne getrunken zu haben.

»Ich mach uns ein paar Brote«, sagte Sandra und ging in die Küche.

»Ich habe in den Ordner geschaut«, sagte Jan. »Als Sie nicht im Zimmer waren.«

»Das Gegenteil hätte mich gewundert«, sagte sie ernst. »Warum beichten Sie mir das? Hat Sandra Ihnen dazu geraten?«

»Ja. Ich habe auch ein Foto genommen.«

Sie machte eine nachsichtige Handbewegung. »Bitte. Ich brauche die Bilder nicht mehr. Haben Sie aus dem Ordner denn etwas Neues erfahren? Etwas, das Ihnen weiterhilft?«

»Ich habe etwas erfahren. Aber ich bezweifle, dass es helfen wird.« Eher im Gegenteil, dachte er.

»Das ist einer der Gründe, warum ich den Ordner geschlossen habe. Vieles darin hilft mir nicht. Es schreckt ab, wenn man Dinge über Menschen weiß, die glauben, man wisse sie nicht. Ich bin mittlerweile den anderen gegenüber in einer wirklich absurden Situation. Sie glauben zu wissen, was ich weiß, aber genau das habe ich vergessen. Und sie glauben zu wissen, was ich nicht weiß, und genau davon steht sehr viel in diesem Ordner. Ein Mensch muss die Chance erhalten, ein Geheimnis zu haben, finden Sie nicht? Was haben Sie Neues erfahren aus meinem Ordner?«

»Dass Heiner Küfermann nicht Johannas Vater ist und dass ihre Mutter sich umgebracht hat. Die beiden reden fast nie über die Mutter. Sie erzählen, sie sei in Kanada.«

»Jetzt wissen Sie also, dass das nicht stimmt. Und? Was nun?«

Ja, dachte Jan, was nun?

»Geht es Ihnen mit diesem Wissen besser als zuvor? Sie machen nicht den Anschein.«

»Ich kann mich nicht daran gewöhnen, angelogen zu werden. Und ich *will* es auch nicht.«

»Gewöhnen sollen Sie sich auch nicht daran. Aber damit zu rechnen hilft.«

»Wie kann ich einem Menschen trauen, der mich anlügt?«

»Können Sie einem Menschen trauen, der Ihnen die Wahrheit

sagt? Er könnte sich zum Beispiel irren. Oder selbst angelogen worden sein.«

»Aber dann spricht er in ehrlicher Absicht.«

»Das Resultat für Sie ist doch das Gleiche, oder nicht?«

Jan griff nach dem Cognacschwenker. Er wusste nicht, wer hier wen nicht verstand, und der Verdacht, er selbst sei der Tor, lag zu nahe, um ignoriert zu werden. Sie hatte ja Recht: Das Resultat war dasselbe, ob er belogen wurde oder einen Irrtum glaubte. Aber wollte sie wirklich, dass er den Lügner genauso beurteilte wie den Irrenden? Er hob das Glas und trank, ohne zu denken. Als er es wieder auf den Tisch stellte, war es zur Hälfte leer.

»Können Sie immer den Grund für eine Lüge erkennen, Herr Richter? Natürlich nicht, denn dann könnten Sie jede Lüge erkennen. Das geht nicht. Niemand kann das. Johanna und Heiner versuchen, Frieden zu finden – das ist, was ich vermute. *Wissen* kann ich es auch nicht. Aber kann man nicht akzeptieren, dass die beiden nicht mehr über Luzia reden wollen? Ich denke, man kann ihnen vertrauen, obwohl man weiß, dass sie nicht die Wahrheit sagen. Sie werden einen Grund dafür haben. Ich weiß nicht, ob es ein guter ist. Wissen *Sie* immer, warum Sie lügen? Ich für mich weiß es nicht.«

»Lügen Sie denn?«

»Natürlich, manchmal. Jemand, der Ihnen sagt, er lüge nie, lügt.« Sie lächelte.

Sandra kam mit einem Tablett aus der Küche und stellte es auf dem Tisch ab. Es gab Schinken, duftenden Käse, Hartwürste und frisches Brot, für Jan sogar eine Flasche Bier. Er lud sich gierig den Teller voll und wurde rot, als er es merkte. Mühsam zügelte er seinen Hunger, während sie aßen. Die Mahlzeit tat ihm gut. Als sie fertig waren und gemeinsam den Tisch abgeräumt hatten, kam Vera Petalovich mit einer Schere und einer kleinen Chromschale aus der Küche.

»Ich muss Sie um etwas bitten«, sagte sie. »Ich möchte eine Haarsträhne von Ihnen.«

»Warum?«, fragte Jan verblüfft.

Sie trat auf ihn zu und schnitt mit einer schnellen und sicheren Bewegung eine dünne Strähne hinter seinem Ohr ab. »Danke«, sagte sie und legte sie in die Schale.

»Wofür brauchen Sie die?«, fragte Jan.
»Vertrauen Sie mir, Herr Richter?«
»Nach dem, was Sie mir vor dem Essen gesagt haben, fällt es mir nicht gerade leicht, überhaupt noch jemandem zu trauen.«
»Würden Sie mir glauben, wenn ich Ihnen sagte, dass ich eine Hexe bin?«
»*Was?*«
»Glauben Sie an Hexen, Herr Richter?«
»Eher nicht. Nein.«
»Das dachte ich mir. Angenommen, *ich* glaubte an Hexen und daran, eine zu sein, wäre das dann die Wahrheit?«
»Nicht meine.«
»Aber meine wäre es.«
»Ich verstehe. Und? *Sind* Sie eine Hexe?«
»Wie kann ich das sein, wenn Sie nicht daran glauben«, sagte sie mit einem kurzen maliziösen Lächeln. »Ich werde nachdenken über das Konzert, Herr Richter. Und wenn ich mich entschieden habe, werde ich es Ihnen sofort mitteilen.«
»Wann wird das sein?«
»Wie sollte ich das wissen, Herr Richter? Schließlich *habe* ich mich noch nicht entschieden.«
»Es würde mir helfen, wenn ich –«
»Ich weiß, aber das ändert überhaupt nichts an der Situation. Ich werde nachdenken, bis ich mich entschieden habe. Nicht kürzer und nicht länger.«

*

»Ich hätte nicht gedacht, dass Hexen Chromstühle im Wohnzimmer haben«, sagte er und hoffte, nicht zu flapsig zu klingen.
»Sondern?«
»Na, irgendwie was mit Voodoo-Masken und Regalen voll mit ledergebundenen Folianten. Oder mit einer offenen Feuerstelle für den Kessel.«
Sandra lächelte verhalten. »Mutter hat nicht mal eine schwarze Katze.«
Der Regen wollte nicht nachlassen. Wie auf dem Hinweg schon

hatte Jan keine Ahnung, wo sie sich befanden. Sie fuhren auf einer Bundesstraße, ab und an tauchte ein Hinweisschild auf Köln und die A3 auf. Sie schienen einen anderen Weg zu nehmen, als sie gekommen waren, aber er war nicht hundertprozentig sicher.

»Was sollte das mit der Haarsträhne? Was hat sie damit vor?«

Sandra antwortete nicht. Schweigend fuhren sie durch den Regen. Endlich bogen sie auf die Autobahn.

»Ist sie denn eine Hexe?«, fragte Jan.

»Es gibt keine Hexen.«

Er sah sie von der Seite an, sie blickte ungerührt nach vorn, ernst und ohne ein Lächeln.

»Aber sie hat doch –«

»Was hat sie? Sie hat gefragt, ob Sie an Hexen glauben. Und Sie haben verneint. Wie kann sie also eine Hexe sein?«

»Das ist doch Haarspalterei. Hält sie sich für eine Hexe? Ist das eine zugelassene Frage?«

»Ja. Aber ich kann sie nicht beantworten.«

»Wieso nicht?«

»Weil ich es nicht weiß.«

Jan stöhnte. »Entschuldigen Sie, dass ich gefragt habe.« Er stellte sich Vera Petalovich vor, wie sie in einem dunklen Gewölbekeller seine Haarsträhne in Krötenblut und Warzenschweineiern kochte, um herauszufinden, ob sie bei einem Konzert Klavier spielen sollte. Es wollte nicht zu dem Bild passen, das er von der ernsten und beherrschten Frau gewonnen hatte.

»Hoffentlich macht sie bei dem Konzert mit«, sagte Sandra unvermittelt.

»Warum ›hoffentlich‹?«

»Ich habe das Gefühl … es könnte ihr wirklich helfen. Sie sagt, sie habe den Ordner geschlossen, aber das stimmt nicht wirklich. Außerdem ist sie einfach zu viel allein.«

»Es scheint ihr zu gefallen.«

»Schon. Aber das, was einem gefällt, ist selten das, was gut für einen ist.«

»Da haben Sie wohl Recht«, murmelte Jan.

Sie überquerten das Leverkusener Kreuz. Trotz der noch frühen Stunde war es bereits so düster, dass die Beleuchtung über

dem Mittelstreifen anging. Sie zog sich in sanft geschwungenen Bögen vor ihnen her durch die regnerische Dämmerung, manchmal unterbrochen von Brücken, die langsam Lampe für Lampe verdeckten, um sie danach beim Näherkommen wie triumphierend wieder hervorschnellen zu lassen.
»Wo soll ich Sie rauslassen?«, fragte Sandra.
»Ich weiß nicht ... Hätten Sie Lust, noch was trinken zu gehen?«, fragte er – aus Höflichkeit, denn er konnte sich nicht vorstellen, dass sie zustimmen würde, und tatsächlich sagte sie:
»Vielen Dank, aber ich habe zu Hause noch zu tun.«
»Schade. Können wir über den Eigelstein fahren?«
»Ja, das ist kein Umweg.«
»Dann lassen Sie mich doch am ›Vogel‹ raus.«
Von der Zoobrücke aus war der Dom kaum zu erkennen. Selbst das grüne Leuchten der Scheinwerfer wurde vom Regen fast verschluckt.
Sie hielt in zweiter Reihe, um ihn aussteigen zu lassen.
»Viel Glück«, sagte sie. »Wir sehen uns bestimmt noch mal.«
»Bestimmt«, sagte Jan.
Hinter ihnen hupte ein Taxi. Er warf die Tür zu und flüchtete in die Gaststätte. Als Erstes bestellte er ein Kölsch und einen Wacholder. Erst dann sah er sich um, aber er entdeckte weder Heiner noch ein anderes bekanntes Gesicht. Er suchte sich einen freien Tisch, trank den Klaren auf ex und spülte mit Kölsch nach. Eine Weile blieb er still sitzen und fragte sich, was ihn so erschöpft haben könnte. Er vermutete zunächst eine Mischung aus zu frühem Aufstehen und zu viel frischer Luft. Aber er wusste, es war etwas anderes – das anhaltende Gefühl von Unsicherheit, das ihn bedrückte, seit er Lissabon verlassen hatte.
Ich muss Quitéria anrufen, dachte er und bestellte noch ein Bier.
Zum ungezählten Mal tastete er nach Bob Keltners Scheck, dabei berührte er etwas in seiner Hemdtasche. Er zog es hervor, es war das Foto von Johanna Küfermann, das er aus dem Ordner gestohlen hatte.
Gestohlen?, dachte er. Ich habe gestohlen? Immerhin hatte er es gebeichtet, und Vera Petalovich hatte ihm vergeben und ihm

das Bild überlassen. Trotzdem fühlte er ein schlechtes Gewissen, und es wurde nicht besser. Wahrscheinlich liegt es daran, dass ich selbst nicht weiß, warum ich es genommen habe. Nicht genau, jedenfalls. Das Foto lag vor ihm auf dem Tisch. Johanna war so jung auf dem Bild, kaum zwanzig, und sie kam ihm wunderschön vor. Aber diese Schönheit hatte nichts mit dem Alter zu tun. Es war eine Ausstrahlung von Stärke und Freundlichkeit, die das Bild ihm vermittelte und die er an der realen Johanna Küfermann immer noch im Verborgenen vermutete. Als der Köbes mit dem nächsten Bier kam, steckte Jan das Bild hastig wieder ein, als müsse er es verbergen.

Der Abend brach an, das Publikum wechselte. Ein bekanntes Gesicht unter einer dunkelroten Baskenmütze erschien, der Mann grüßte ihn; es war der, den er als Ersten hier angesprochen und der ihm Heiner gezeigt hatte, aber Jan wollte sein Name nicht einfallen. Der Mann setzte sich zu ihm und erkundigte sich nach Heiner. Als Jan andeutete, nicht mit ihm verabredet zu sein, wurde der Mann gesprächig, und Jan war erleichtert, als der Köbes ihn mit »Otto« ansprach und er in der Unterhaltung nicht ständig die Anrede vermeiden musste.

Dass er bei ihrem letzten Treffen Jans Gespräch mit Heiner Küfermann nicht hatte belauschen dürfen, hatte Otto sehr neugierig gemacht, und Jan mühte sich, ihm möglichst höflich nichts zu erzählen. Als ihm das nach einer guten Weile zu anstrengend wurde, verabschiedete er sich und machte sich auf den Weg, ohne zu wissen, wohin. Als er draußen im Regen stand, dachte er an den Scheck und hielt ein Taxi an.

*

Das »Metronom« hatte gerade erst aufgemacht, trotzdem war schon ein halbes Dutzend der besten Plätze besetzt. Er eroberte einen Platz am Ende der Theke. Chris begrüßte ihn mit Handschlag und zapfte ohne zu fragen ein Pint Guinness an. Jan saß nicht lange allein, dazu war er hier immer noch zu gut bekannt. Nach einer halben Stunde war er fest in eine Runde Kniffel mit Chris und drei anderen Gästen integriert. Er gewann sogar. Eine

Frau, Ende dreißig, wurde ihm als Karin vorgestellt, sie besetzte bei erster Gelegenheit den Platz an seiner Seite und verteidigte ihn tapfer für den Rest des Abends. Sie war ein wenig mollig und hatte ein freundliches Gesicht, doch ihre Stimme war zu schrill. Da sie aber ziemlich wenig dummes Zeug redete, war ihm ihre Gesellschaft gerade recht. Er spendierte ein paar Runden, und sie revanchierte sich jedes Mal. Er genoss den Jazz, der hier konsequent vom Plattenspieler kam – klassischer Hardbob allererster Kajüte, manchmal auch ein bisschen Blues und Swing. Chris erzählte vom Besuch beim Jazzfestival von Malta, den er von einigen alten Stammgästen zum Fünfzigsten geschenkt bekommen hatte, Karin berichtete vom Montreux-Jazzfestival und Jan von der Szene in Lissabon. Im Laufe des Abends stellte er zu seiner Verwunderung fest, dass er sich beinahe wohlfühlte, bis er plötzlich ziemlich unsanft in den Rücken gestoßen wurde. Er drehte sich um. Es war Ilja.

»Chef wollte dich sprechen, heute«, sagte er mit unbewegter Miene, die Hände in den Taschen eines kurzen schwarzen Mantels.

»Und ich hatte keine Zeit. Das hab ich dir gestern schon gesagt. Er kann ja herkommen, ich bin noch 'ne Weile hier. Sonst soll er mich morgen anrufen.«

Iljas Blick schweifte durch das Lokal, als schätze er ab, was diese Umgebung vertragen könne.

»Das soll ich Chef sagen?«, fragte er. »Gut überlegt?«

»Ja. Sag ihm auch, er soll nicht anfangen, den wilden Mann zu spielen.«

Noch einmal sah sich Ilja um, mit leichtem Bedauern in der Miene. Dann nickte er und ging wortlos hinaus.

»Wer war das denn?«, fragte Karin.

»Niemand«, sagte Jan und bestellte eine neue Runde.

*

Sie ging langsam über den Altermarkt und bog in die Lintgasse. Die Stadt war wie leer gefegt. Im Fernsehen sprach gerade Heidi Schüller den olympischen Eid. Die Haustür war offen. Nach wie vor hing ein durchdringender Geruch nach Qualm im Treppenhaus. Als sie auf den Lichtschalter drückte, gab nur eine Lampe im ersten Stock etwas gelbes Licht. Weiter oben war alles finster. Vorsichtig tastete sie sich ins Dachgeschoss vor. Die Wohnungstür war nur angelehnt. Die Sonne schien durch das quadratmetergroße Loch in der Decke. Zögernd trat sie zwischen die verkohlten Reste der Möbel. Nichts mehr erinnerte an Gregor, nur durcheinander geworfene Trümmer waren geblieben. Dort, wo das Bett gestanden hatte, ging sie in die Hocke. Sanft strich ihre Hand durch die Asche, die immer noch feucht war vom Löschwasser. Mehr war nicht da. Nur Asche. »Was soll ich denn nur tun, Gregor?«, flüsterte sie. Als sie ihre Tränen abwischte, malte ihr Ärmel schwarze Streifen auf ihre Wangen. Sie merkte es nicht.

*

Als Chris ihm seinen Deckel präsentierte, war es halb drei. Die Summe erschien ihm phantastisch, aber er wusste, dass er hier nicht verarscht würde.

»Hab ich wirklich zehn Pints getrunken?«, fragte er.

»Herzlichen Glückwunsch, du hast deinen Rekord gebrochen«, sagte Chris mit seinem amerikanischen Akzent, der auch nach all den Jahre nicht geringer werden wollte.

Karin lachte. Chris nahm Jans Glas und füllte es halb.

»*One zip for the road*«, sagte er und stellte es vor ihn hin.

Immer noch bevölkerte ein halbes Dutzend Kläävbotze den Thekenraum.

»*Who loves you? Your mother! So go home!*«, rief Chris in den Raum, erntete aber nur Protest.

»Ein Lied, Chris!«, rief jemand und erhielt sofort Unterstützung.

Chris zierte sich der Form halber ein wenig, dann annoncierte er einen Song »von meine Landsmann George Jones, was vergleischt die Liebe mit wie es ist auf der Pferderönnbahn. Heißt: *The Race Is On.*«

Er stellte sich hinter der Theke in Positur und begann zu singen:

I feel tears wellin' up cold and deep inside
Like my heart's sprung a big break
And the stab of loneliness, sharp and painful
That I may never shake
You might say I was taking it hard
When she wrote me off with a call
But don't you wager that I'll hide the sorrow
When I may break right down and bawl

Well the race is on and here comes ›Pride‹ up the backstretch
›Heartache‹ is going to the inside
›My Tears‹ is holding back, trying not to fall
›My Heart‹'s out of the running
›True Love‹'s scratched for another's sake
The race is on and it looks like ›Heartache‹
And the winner loses all …

Mit »*Badib'mbadum Badib'mbadum dum dum*« endete Chris und verbeugte sich. Alle an der Theke klatschten, manche begeistert, ein oder zwei, die das Lied schon kannten, eher höflich. Jan hatte es seit über vier Jahren nicht gehört. Er schüttelte leicht den Kopf. *The winner loses all.* Kaum ein Trost, dachte er. Schon wieder hatte er Quitéria nicht angerufen.

»Gehen wir noch zu Rita?«, fragte Karin, und er war nicht in der Stimmung zu widersprechen, obwohl er wusste, dass der Vorschlag das Gegenteil von vernünftig war. Sie torkelten Arm in Arm zum Barbarossaplatz und in den »Rappen«, den Rita seit Jahr und Tag bis morgens um sechs offen hielt.

»Was trinken wir?«, fragte Karin, als sie an einem Tisch saßen. Jan besann sich auf den Merkspruch »Kölsch auf Guinness – ganz was Schlimmes« und entschied sich für Weizenbier. Rita erkannte Jan, als sie die Getränke brachte.

»Lange nicht gesehen«, sagte sie und kniff ihn leicht in die Wange. Jan spürte Karins Hand auf seinem Oberschenkel, und als er sein Glas halb leer hatte, waren sie beim ersten Zungenkuss. Sie redeten wenig, und wenn, war es betrunkener Schwachsinn. Irgendwann verabschiedete er sich aufs Klo und musste ihr versprechen, sofort wiederzukommen.

Schwankend stand er vor dem Urinoir und schimpfte halblaut auf sich ein. Er nannte sich einen charakterlosen Schwachkopf und ein bemitleidenswertes Würstchen, aber natürlich würde er weiter mit Karin knutschen, sobald er wieder am Tisch saß. Doch als er vom Klo kam, stand Ilja neben ihrem Tisch.

Karin sah ihn verunsichert an, als Jan sich an ihm vorbei auf seinen Platz zwängte.

»Was gibt's noch?«, fragte er.

»Hab mit Chef telefoniert. Chef möchte mehr Respekt von dir.«

»Danke gleichfalls«, sagte Jan.

»Was heißt das?«

»Dass du mich mal lecken kannst.«

Jan nahm sein Glas und führte es zum Mund. Das Nächste, was er fühlte, war ein heftiger Schlag, dann eine Menge Flüssigkeit auf seinem Hemd. Karin schrie auf. Scherben lagen auf dem Tisch. Jan hielt nur noch den Stumpf des hohen Glases in der Hand, und auch den ließ er fallen, als er den Schnitt in seinem Daumen sah. Eine Menge Blut quoll hervor, die Wunde klaffte tief, und er sah Sehnen und weißes Fleisch. Seine Hemdbrust färbte sich rot. Als er seinen Mund betastete, war die Hand augenblicklich voller Blut. Er hielt sie unters Kinn und sah es hineinlaufen: In hellen Strömen rann es ihm aus dem Mund.

Fassungslos sah er Ilja an. Niemand der Umstehenden hatte mitbekommen, was passiert war, erst Karins Geschrei machte sie aufmerksam. Ilja blickte ungerührt auf ihn herab.

»Chef sagt, kein Ärger bei Chris. Aber will Respekt.« Er drehte sich um und ging hinaus.

Jan saß hilflos auf seinem Platz und versuchte, das Blut aus seinem Mund in den Händen aufzufangen. Er hatte keine Ahnung, was er tun sollte. Schmerz fühlte er nicht, aber er wusste, dass der kommen würde, sobald der Adrenalinschub nachließ, der unter seiner Schädeldecke pochte. Jemand drückte ihm einen Packen Servietten in die Hand. Er steckte ihn komplett in den Mund und presste die Lippen darauf, aber es half kaum.

»Ich ruf die Bullen«, sagte jemand.

»Der Typ ist doch eh weg«, wandte jemand ein, und auch Jan machte eine abwehrende Geste.

»Na schön. Aber einen Krankenwagen brauchen wir«, sagte eine andere Stimme. »Der blutet ja wie'n Schwein.«

»Ist schon unterwegs«, rief eine Frau.

Jan stand auf und ging zur Tür. »Ich warte draußen«, nuschelte er durch die Servietten. Er hatte das Gefühl, dass sein Abschied überwiegend erleichtert aufgenommen wurde. Nur Karin kam hinter ihm her.

»So was hab ich ja noch nie gesehen«, keuchte sie. »Was soll ich denn jetzt tun?«

Jan lehnte sich an ein Verkehrsschild und versuchte, zu Atem und zur Ruhe zu kommen. Er spürte sein Herz im Hals schlagen. Vorsichtig nahm er die Servietten aus dem Mund, sie waren blutdurchtränkt.

»Geh einfach nach Hause«, sagte er. »Ich komm schon klar.«

Doch sie bestand darauf, ihm zu helfen, obwohl sie nicht mehr tat, als ihm zusätzlich auf die Nerven zu gehen. Der Krankenwagen kam nach zehn Minuten, und Jan brachte Karin dazu, nicht mit einzusteigen. Sie lieferten ihn im Klösterchen ab.

Er hatte keine Ahnung, was man von ihm wollte, als man eine »Praxisgebühr« von ihm verlangte, war aber in seinem Zustand schon rein physisch nicht in der Lage, Fragen zu stellen. Eine Schwester nahm ihm zehn Euro aus dem Portemonnaie und tat ihm dafür eine Quittung rein, während er auf dem Operationstisch lag und darauf wartete, dass es vorbeiging. Die Uhr über der Tür des OP zeigte halb vier, als der Arzt ein grünes Tuch über sein Gesicht deckte und sich der Schnittwunden an seinem Mund annahm. Er erhielt eine lokale Betäubung, aber eigentlich hatte er immer noch keinen wirklichen Schmerz gespürt. Als die Nähte am Mund fertig waren, nahm man ihm das Tuch vom Gesicht, aber als er den Zustand seines Daumens sah, wünschte er es sich zurück. Die erst halb geschlossene Naht wölbte sich nach außen, und für Jan sah sein Daumen aus, als würde er nie wieder etwas damit greifen können. Er sah weg.

»Das wird wieder«, sagte der Arzt.

»Sieht aber nicht so aus«, murmelte Jan.

»Vertrauen Sie uns.«

Jan antwortete nicht. Als der Daumen verbunden war, ließen

sie ihn zum Waschbecken gehen, um sich die Blutspuren aus dem Gesicht zu waschen. Zögernd blickte er in den Spiegel darüber und flüsterte »Scheiße«, als er in das kreidebleiche Gesicht unter den strubbeligen Haaren sah. Die Unterlippe war geschwollen, vorsichtig berührte er die vorstehenden Fäden der Naht. Er zuckte zusammen und beließ es bei dem einen Versuch. Der Schmerz kam, langsam, aber stetig zunehmend. Mit der linken Hand wusch er sich so gut es ging. Der junge Arzt gab ihm Verhaltensregeln und Ratschläge für die weitere Versorgung der Wunden und entließ ihn mit ein paar aufmunternden Worten, die ihre Wirkung komplett verfehlten.

Man rief ihm ein Taxi zur Pforte, und er versuchte zu rauchen, während er unter dem Vordach wartete, aber nach zwei Zügen gab er es auf. Der Qualm ließ die Wunde unerträglich schmerzen.

Der Taxifahrer betrachtete sein blutverschmiertes Hemd mit unverhohlenem Misstrauen. Jan nuschelte eine Erklärung, aber der Mann blieb zurückhaltend. Schließlich zog Jan beiläufig sein Portemonnaie und zählte gut sichtbar seine verbliebenen Hunderter. Sofort entspannte sich die Atmosphäre im Wagen deutlich, und der Fahrer äußerte sogar so etwas wie Mitleid. Als sie in Westhoven ankamen, ließ Jan sich eine Quittung geben, ohne zu wissen, was er damit anfangen konnte. Als er die Haustür aufschloss, bemerkte er, dass in der Küche Licht brannte.

Johanna saß am Tisch, vor sich ein Glas und zwei leere und eine fast volle Flasche Rotwein. Der Aschenbecher quoll über, Jan empfand die Luft als zum Schneiden dick.

»Noch wach?«, fragte er.

Sie sah mit trübem Blick auf. »Wie sehen *Sie* denn aus?«, nuschelte sie.

»Ich hab ein bisschen Pech gehabt«, sagte er und versuchte ein Lächeln, was mit der genähten Unterlippe nicht überzeugend ausfiel.

Sie starrte auf sein blutverschmiertes Hemd. »Mein Gott. Was ist denn passiert?«

Jan gab ihr einen kurzen und leicht geschönten Abriss seines Aufeinandertreffens mit Ilja, er ließ Karin weg und verschwieg, dass er seinen Gegner kannte – und sehr falsch eingeschätzt hatte.

»Die Welt ist wahnsinnig«, sagte Johanna, als er geendet hatte, und starrte in ihr Glas. »Für heute hatten Sie dann wohl genug schlechte Nachrichten.«

»Wieso? Gibt's noch mehr?«

»Irgendwas ist immer, oder?«

»Nun reden Sie schon. Was ist passiert?«

»Nichts weiter. Vater wird es Ihnen schon früh genug erzählen.«

Jan seufzte und entschied sich, nachzugeben. Er hatte wirklich genug für heute. Der Adrenalinstoß verebbte, und er fühlte sich mies. Er war betrunken. Aber er hatte Durst.

»Kann ich einen Schluck Wein kriegen?«, fragte er.

Sie drehte sich auf ihrem Stuhl um, nahm ein Wasserglas von der Spüle und hielt es gegen das Licht. Sie entschied, dass es sauber war, und schenkte ein, wobei ein guter Teil des Weines auf der Tischdecke landete und den bereits zahlreichen Flecken des Abends einen weiteren hinzufügte. Sie schob ihm das Glas über den Tisch zu.

»Ihr Wohl«, sagte sie und trank, ohne ihn anzusehen.

Jan warf einen Blick auf das Etikett der Weinflasche, irgendein Vin de Pays aus dem Supermarkt, aber in seinem Zustand konnte er ohnehin nichts schmecken. Die Betäubung ließ nach, und die Taubheit in seinen Lippen wich einem schmerzhaften Kribbeln. Vorsichtig kippte er den Wein an der Wunde vorbei und spülte ausgiebig den Mund, um den Geschmack nach Krankenhaus zu vertreiben. »Warum sind Sie noch wach?«, fragte er.

Sie zuckte die Achseln. »Ich kann nicht schlafen.«

»Steht Marco nicht bald schon auf?«

»Er übernachtet bei einer Freundin von mir. Sie hat auch Kinder. Ich kann heute also richtig einen draufmachen.«

»Und das machen Sie so ganz allein?«

»Ich hatte genug Gesellschaft. Vielen Dank.«

»Ihren Vater?«

»Hh-hm.« Sie verzog das Gesicht und trank ihr Glas leer.

»Gab's Streit?«

»Wenn wir beide trinken, gibt es eigentlich immer Streit.« Sie schenkte sich nach und machte dabei noch einen Fleck auf die Decke.

»Ist er schon im Bett?«, fragte Jan.

Sie nickte, während sie trank, dann setzte sie heftig ihr Glas ab. »Finden Sie nicht«, fragte sie mit erhobener Stimme, »dass wir uns langsam mal duzen sollten?« Trunken griente sie ihn an.

Er lächelte ein schiefes Lächeln zurück und hob das Glas. »Dann lassen Sie uns mal Brüderschaft trinken.«

Sie stieß entschlossen mit ihm an und trank. Dann rückte sie auf ihrem Stuhl nach vorn und drückte ihm einen sanften Kuss auf die unversehrte Seite seines Mundes.

»Hallo, Jan, ich heiße Johanna«, sagte sie heiser. Ihr Mund verharrte neben seinem. Noch einmal berührten ihre Lippen die seinen. Ihr Atem hauchte über seine Wange, roch nach Wein und Rauch. Jan schloss die Augen. Geh ins Bett, Jan, dachte er, aber erneut streiften ihn ihre Lippen, und er fühlte für den Bruchteil einer Sekunde ihre Zungenspitze. Widerwillig oder doch nicht wandte er sich ihr zu. Er öffnete den Mund ein bisschen, und sofort drang ihre Zunge zwischen seine Lippen, ganz kurz nur, dann zog sich Johanna von ihm zurück, wie erschrocken über sich selbst. Sie kicherte ein wenig.

»Weißt du, wie lange ich das nicht mehr gemacht habe?«, flüsterte sie und beugte sich wieder zu ihm vor. »Ich bin betrunken.«

Er fühlte ihre Hand, die sich unter seinen Arm schob. Unwillkürlich spannte er die Brustmuskeln an. Sie zog die Hand zurück und fuhr zwischen Hemd und T-Shirt hinein, während ihre Zunge wieder nach einem Weg in seinen Mund suchte. Er legte seine Hand auf ihre, strich ihren Arm empor; seine Finger berührten ihre Brust, er fühlte den BH. Sanft legte er die Hand auf ihren Busen, tastete vorsichtig forschend nach dem, was er fand, und war's zufrieden. Plötzlich stieß die Spitze ihrer Zunge gegen eine der Nähte an seinen Lippen, und er gab einen kleinen Schmerzenslaut von sich.

»Entschuldige«, sagte sie lächelnd. Sanft streichelte sie seine Wange mit den Spitzen ihrer Finger.

»Lass uns raufgehen«, flüsterte sie heiser und stand auf. Er blieb zunächst sitzen und versuchte, zu Atem zu kommen. Er zitterte leicht. Der Schmerz und das verbliebene Adrenalin mischten sich mit Lust und dem unguten Gefühl, vor dem Begehen einer unnötigen Dummheit zu stehen.

»Komm«, sagte Johanna und zog ihn aus seinem Stuhl. Er stand auf. Mit der unverletzten Linken griff er nach der Weinflasche, dann folgte er ihr die Treppe hoch in ihr Zimmer.

Als er die Tür hinter sich geschlossen hatte, zog sie ihn an sich. Mit beiden Händen griff sie in sein Hemd und zog es mitsamt dem T-Shirt aus der Hose. Ihre Finger glitten darunter und fuhren tastend und knetend über seinen Oberkörper. Er fühlte Schauer seinen Rücken herunterlaufen und suchte Halt an ihr. Zögernd suchte er einen Weg unter ihren Pulli, aber letztlich schienen seine Hände ihn ganz allein zu finden. Nur der Schmerz in seinem Daumen rief ihn manchmal für Sekundenbruchteile in die Realität zurück. Er wehrte sich nach Kräften dagegen. Zart strich er ihre Flanken hoch und schluckte, als er ihre Zähne an seinem Hals spürte. Mit einer forschen Bewegung streifte sie ihm Hemd und T-Shirt über den Kopf.

»Komm«, sagte sie wieder und zog ihn aufs Bett. Er ließ sich auf den Rücken fallen und schloss die Augen. Sekunden später fühlte er ihre Haare und ihre nackten Brüste über seinen Körper streichen und ihre Finger am Verschluss seiner Jeans nesteln.

*

»Aber wenn die Polizei sagt, es war ein Unfall...« – *»Was wissen die denn? Wann ist Gregor gestorben? Am Freitag. Und wann war der Sachverständige da? Am Montag! Wenn da jemand Spuren verwischen wollte, hatte er genügend Gelegenheit!«* Hektische Flecken erschienen auf ihrem Hals, während sie sprach. – *»Woher weißt du das alles?«* – *»Ich habe mich umgehört. Man kann eine Menge erfahren, wenn man wirklich will.«* Er sah zweifelnd zu Boden. *»Was wirst du unternehmen?«*, fragte er. – *»Ich weiß es nicht. Noch nicht. Aber ich lasse das nicht auf sich beruhen. Ein Mord ist ein Mord«*, sagte sie.

*

Es war der pochende Schmerz in seinem Daumen, der ihn immer wieder hochschrecken ließ. Das Bett war nicht sehr breit. Johanna lag in seinem Arm, der langsam, aber sicher taub wurde. Sie schnarchte – leise und gleichmäßig. Vorsichtig zog er den Arm unter ihr weg. Sie machte ein unwilliges Geräusch, aber nur Sekunden später schnarchte sie bereits wieder. Unentschlossen lag er neben ihr, schließlich schwang er die Füße aus dem Bett und schlich aus dem Zimmer, seine Sachen zurücklassend. Er stieg die Treppe hoch und zog leise die Tür zu seiner Dachkammer zu. Erschöpft sank er auf sein Bett und konnte dort genauso wenig schlafen wie in Johannas. Er wartete auf den Sonnenaufgang, bis er schließlich doch von seiner Müdigkeit übermannt wurde.

Als er aus einem unguten Traum schreckte, war es hell, und Johanna stand neben seinem Bett. Sie trug Adiletten und einen roten Bademantel, die Haare standen ihr wüst und ungekämmt nach allen Seiten. Er lächelte sie an, aber ihr Blick war eisig.

»Woher stammt das?«, fragte sie und warf etwas auf seine Decke, etwas Leichtes. Während er noch danach tastete, wusste er schon, was es war: ihr Foto aus Vera Petalovichs Ordner.

»Durchsuchst du meine Taschen?«, fragte er.

»Ich wollte Ihr Hemd waschen! Es ist voller Blut, falls Sie sich erinnern!«

»Ich erinnere mich an manches«, sagte Jan. Man duzte sich also nicht mehr. Er versuchte es noch einmal mit einem Lächeln.

»Einiges sollten wir wohl besser schnell vergessen«, antwortete sie. »Beide!«

»Warum? Ich fand's schön.«

»Lenken Sie nicht ab! Woher ist das Foto? Von meinem Vater?«

»Nein.«

»Mein Mann? Er steckt dahinter!«

»Nein!«

»Sie sollten mich bespitzeln, *das* ist es! Nachweisen, dass die Schlampe mit jedem ins Bett geht! Ist es so?«

»Nein! Wie kannst du –«

»*So* war es! Geben Sie's doch zu! *Des*wegen haben Sie mich gestern Abend angemacht!«

»Ich? Aber –«

»Wer hat das Bild gemacht? Von wem haben Sie es?«

»Von …« Mit einer müden Geste brach er den Satz ab. Wie

sollte er erklären, dass Vera Petalovich im Besitz dieses Fotos war, dass sie dafür sogar einen Privatdetektiv engagiert hatte, ohne die Wahrheit über ihre Krankheit zu sagen? Aber er hatte Sandra *und* Vera versichern müssen, niemandem von ihrer Amnesie zu erzählen.

»Ich verlange eine Antwort!«

Jan schwieg. Es gab nichts zu sagen. Johanna riss das Bild aus seinen Fingern und verließ das Zimmer. Die Tür knallte, und Jan zog sich die Decke über den Kopf. Trotzdem hörte er die Türklingel, einmal, bald darauf wieder, energisch diesmal. Schritte auf der Treppe, Johannas Stimme, die eines Mannes, wieder Schritte und dann ein entschiedenes Pochen an seiner Tür.

»Herr Richter?«, fragte ein Mann laut.

»Was ist denn?« Jan richtete sich auf und sah misstrauisch die Tür an.

»Kripo Köln. Ich muss mit Ihnen reden.«

»Ach du Scheiße«, flüsterte Jan. »Moment«, rief er dann. Er zog aus seiner Reisetasche, was noch darin war, er hatte kaum noch saubere Wäsche. Er entschied sich für Boxershorts und das ungewaschene Holzfällerhemd, das er auf dem Flug angehabt hatte. Barfuß öffnete er die Tür. Davor stand, die Miene so unfreundlich wie vorgestern, der schnauzbärtige Polizist.

»Guten Morgen«, sagte er kühl.

»So früh?«, fragte Jan.

»Es ist nach neun. Manche Leute arbeiten um diese Uhrzeit schon. Wo waren Sie gestern, Herr Richter?«

»Wieso? Gestern ... ich habe ein paar Besuche gemacht ...«

»Ich hatte Sie gebeten, in der Stadt zu bleiben.«

»Ich bin doch hier. Um was geht es denn? Um Heidi Jung?«

»Natürlich. Was ist mit Ihrem Gesicht passiert?« Es war nicht der winzigste Hauch von Mitgefühl in seiner Frage. Er ermittelte Tatsachen.

»Jemand hat mir ein Glas ins Gesicht gedrückt. In einer Kneipe. Ich hab nicht aufgepasst.«

»Wer was das?«

»Keine Ahnung«, sagte Jan. Reflexhaft hatte er sich für die Version entschieden, die er Johanna Küfermann erzählt hatte, und für eine Sekunde glaubte er selbst daran. »Eine Kneipenschlägerei. Ich kannte den Mann nicht«, setzte er hinzu.

»Haben Sie Anzeige erstattet?«

»Nein.« Er lächelte etwas schief. »Entschuldigung, ich habe Ihren Namen vergessen.«

»Hauptkommissar Schneider. Wieso keine Anzeige?«

»Der Mann war weg. Ich kannte ihn nicht.«

»Sind Sie sicher?«

»Wie meinen Sie das? Natürlich.«

»Immerhin kennen Sie einige ziemlich gefährliche Leute. Sollen die das für Sie regeln?«

»Ich verstehe nicht, was Sie meinen.«

»Als wir das letzte Mal hier waren, hatten Sie Besuch von Ilja Roganow, einem *Angestellten* von Hermann Josef Löwenstein alias Jupp alias ›Der Bär‹. Ich habe mir mal Roganows Akte angesehen, nur so aus Neugier. Das ist ein ganz harter Bursche. Andere kriegen so einen Job bei Löwenstein auch gar nicht.«

»Ich habe nichts mit ihm zu tun.«

»Und was hat er dann von Ihnen gewollt?«

»Es ging um ein Treffen mit Löwenstein.«

»Aha. Mit *dem haben* Sie also zu tun?«

»Ja. Geschäftlich.«

»*Geschäftlich?* Mit Jupp Löwenstein? Was für Geschäfte sind das, wenn ich fragen darf?«

Dürfen Sie nicht, hätte Jan am liebsten gesagt. Schneider stand immer noch in der Tür, und Jan stand ihm gegenüber, immer noch barfuß. »Hören Sie, Herr Kommissar –«, sagte er, aber der Polizist fiel ihm ins Wort.

»Hauptkommissar«, blaffte er.

»Verzeihung. Darf ich mich erst mal anziehen? Und vielleicht einen Kaffee trinken, bitte? Manche Leute arbeiten noch *nicht* um die Uhrzeit.«

Ein paar Sekunden starrte ihn der Polizist an, dann sagte er: »Ich warte unten. Beeilen Sie sich. Und putzen Sie sich bitte auch die Zähne.«

»Ist das ein Befehl?«, fragte Jan, aber Schneider ging die Treppe hinunter, ohne sich noch einmal umzudrehen.

Jan suchte halbwegs systematisch noch tragbare Kleidung zusammen und zog sich an. Als er ins Bad kam, traute er sich kaum, in den Spiegel zu sehen. Die untere rechte Hälfte seines Gesichts war geschwollen. Die Fäden der Nähte zeichneten ein hässliches schwarzes Muster um den Mundwinkel. Mit der Linken warf er sich Wasser ins Gesicht. Er überlegte kurz, auf das Zähneputzen zu verzichten, aber der Geschmack in seinem Mund ließ ihn davon Abstand nehmen. Er schaffte es – trotz des Verbands um den Daumen.

Jan sah nicht wesentlich besser aus als vorher, als er in die Küche kam, wo Hauptkommissar Schneider und Johanna Küfermann saßen und ihn feindselig anstarrten. Er bediente sich aus der Thermoskanne und setzte sich.

»Was wollen Sie also von mir?«, fragte er nach dem ersten Schluck Kaffee. »Warum sind Sie hier?«

»Er war gestern schon hier«, sagte Johanna kalt.

»Und warum weiß ich da nichts von?«

Sie sah an ihm vorbei. »Heute Morgen schien mir nicht der richtige Zeitpunkt.«

»Warum nicht?«

»Sie waren zu betrunken.«

»*Ich?*«

»Herr Richter«, unterbrach Hauptkommissar Schneider, »wir haben Heidi Jung gefunden. Sie ist tot.«

Jan hörte, was er sagte, aber es erschloss sich ihm nicht. Tatsächlich fehlte ihm für Sekunden völlig der Faden. Erst nach und nach begriff er, was er gerade erfahren hatte. Und was das für ihn bedeuten konnte. Er sah den Hauptkommissar fassungslos an, ohne eine Ahnung, was jetzt zu sagen war.

»Man hat sie gestern Morgen aus dem Rhein gezogen. Ein Stück unterhalb der Fundstelle der Handtasche. Wir gehen von einem Gewaltverbrechen aus.«

Der Becher in seiner Hand zitterte so sehr, dass er ihn mit beiden Händen zum Mund führen musste.

»Ich muss Sie bitten, mit mir aufs Präsidium zu kommen, Herr Richter.«

Jan trank gierig von dem Kaffee, auf irgendeine positive Wirkung hoffend, die sich nicht einstellen wollte. Dann setzte er den Becher ab und nickte nur.

*

Jan sah zu der gebäudehohen Decke. Die moderne Eingangshalle wirkte wie die eines Dienstleistungsunternehmens. Außer ein paar Plakaten der GdP gab es kaum einen Hinweis darauf, dass er sich in einem Polizeipräsidium befand. Er folgte dem Hauptkommissar durch eine Glastür, die der mit einer Ausweiskarte öffnete, in ein verwinkeltes Treppenhaus, hinauf zum ersten Stock, durch eine weitere gesicherte Tür in ein Büro, in dem Schneiders junger kurzhaariger Kollege an einem Schreibtisch saß. Er schaute nur kurz von seinem Bildschirm auf und grüßte nickend, dann tippte er weiter auf seiner Tastatur.

»Was Neues?«, fragte Schneider.

Der andere nickte nur und wies mit dem Kopf zur Tür. Dann stand er auf und ging hinaus, Schneider folgte ihm, ohne dass Jan ein Wort der Erklärung oder der Entschuldigung zu hören bekommen hätte. Er ließ sich auf einen Stuhl vor dem Schreibtisch fallen und schloss die Augen. Mit Bedauern hörte er die beiden Polizisten schon nach wenigen Momenten wieder hereinkommen. Schneider machte sich an einer Kaffeemaschine zu schaffen und verließ den Raum mit der leeren Kanne wieder. Der Jüngere setzte sich an seinen Schreibtisch und sah Jan freundlich an.

»Tut mir Leid, dass wir Sie so früh hierher holen mussten. Aber es geht immerhin um einen Todesfall.«

»Schon gut«, murmelte Jan.

»Es gibt gleich einen Kaffee. Der Kollege kümmert sich gerade drum.«

»Das ist schön.« Jan räusperte sich. »Verzeihung, mir ist leider Ihr Name entfallen.«

»Jürgens. Jürgens, wie Udo. Oberkommissar. Zigarette?«

»Gern.« Jürgens reichte ihm die Packung über den Schreibtisch. Wenn die beiden »Guter Bulle – Böser Bulle« spielen, weiß ich wenigstens, wer wer ist, dachte Jan, als er sich die Marlboro anzündete.

Hauptkommissar Schneider kam wieder herein und füllte Wasser in die Kaffeemaschine. Er fluchte vor sich hin, als etwas danebenlief, und suchte mit mürrischer Miene nach einem Lappen. Jan kannte diesen Ausdruck schon. Schneider hatte ihn die ganze Fahrt über gezeigt, während er schweigend den Wagen gesteuert hatte.

»Wir haben noch kein Obduktionsergebnis«, sagte er in Richtung der Kaffeemaschine. »Aber der Augenschein spricht wie gesagt für ein Gewaltverbrechen.«

Jan schwieg. Was hätte er sagen sollen?

»Das scheint Sie nicht zu beeindrucken«, sagte Schneider und schaltete die Kaffeemaschine ein.

»Beeindrucken?« Jan sah fragend zu Oberkommissar Jürgens. Der nickte beruhigend.

»Ich fasse mal zusammen, was wir bisher von Ihnen erfahren haben, Herr Richter«, sagte Schneider und lehnte sich mit verschränkten Armen an den Schreibtisch. »Frau Jung hat Sie telefonisch um ein Treffen am Freitag um dreizehn Uhr gebeten. Grund: Sie habe wichtige Informationen für Sie, die sie am Telefon nicht weitergeben wolle. *Sie* haben als Ort das Rheinufer an der Bastei vorgeschlagen. Dann haben Sie das Treffen verschlafen.« Er betonte das Wort so offensichtlich nicht, dass es Jan die Röte ins Gesicht trieb. »Ende Ihrer Geschichte. Richtig.«

Jan nickte.

»Was wir *nicht* erfahren haben bisher, ist – zettbeh –, was Sie mit Herrn Löwenstein und seinem Schläger zu schaffen haben.«

Jan lauschte sehnsüchtig auf das Blubbern der Kaffeemaschine. Wieder räusperte er sich. »Herr Löwenstein und ich wollen eine CD produzieren«, sagte er.

»Eine *CD*? Löwenstein geht ins Musikbusiness?« Schneider und Jürgens lachten. »Verpackt er seine AK 47 jetzt in Geigenkoffern?«

»AK 47? Das ist ein Gewehr, oder? Ich weiß nicht, was Sie meinen. Soll das heißen, Löwenstein handelt mit Waffen?«

»Aber nein. Das würden wir nur sagen, wenn wir es beweisen könnten.«

»Ich habe jedenfalls nichts damit zu tun«, sagte Jan.

»Natürlich nicht.« Schneider stieß sich vom Schreibtisch ab und schlenderte zum Fenster. Der Regen hatte tatsächlich aufgehört, aber die Wolken hingen immer noch niedrig über der Wüstenei, die einmal die chemische Fabrik Kalk gewesen war.

Jan gab sich einen Ruck. »Ich halte die Rechte an einem Konzertmitschnitt. Ich habe nicht die Mittel, die CD zu produzieren, und ich habe sonst niemanden gefunden, der bereit war, Geld hineinzustecken.«

»Wie lange leben Sie schon in Lissabon?«

»Viereinhalb Jahre.«

»Da kommen Sie nach so langer Zeit wieder nach Köln, und als Partner suchen Sie sich ausgerechnet Löwenstein aus? Woher kennen Sie den eigentlich?«

»Er hat mir mal Geld geliehen, früher. Aber darf ich mal fragen, was das alles mit Heidi Jung zu tun hat?«

»Sie *dürfen* natürlich fragen. Aber uns wär es lieber, Sie würden genau diese Frage be*ant*worten.«

»Richard Jung soll bei dem Konzert mitspielen. Das ist der ganze Zusammenhang.«

»Er *soll* oder er *wird*?«

»Es ist noch nichts endgültig.«

»Aber seine Frau war dagegen, wie Sie gesagt haben.«

»Ja.«

»Könnte dieses Konzert auch ohne Richard Jung stattfinden?«

»Kaum … Oder vielmehr: Nein.«

»Und was würde das für Sie bedeuten, Herr Richter?«

»Dass ich unverrichteter Dinge wieder abfahre.«

»Um was geht es bei dem Konzert? Um wie viel, meine ich?«

»Nicht viel«, murmelte Jan und tastete unwillkürlich nach Bob Keltners Scheck. »Ein paar tausend Euro vielleicht.«

»Und *da*für brauchen Sie Löwenstein?«

»So eine Produktion ist teuer, das geht nicht einfach so. Man muss erst mal reinstecken, um was rauszuholen. Ich schätze, das Ganze kostet sechs-, siebentausend Euro, und am Ende kommen zehn oder elf wieder rein. Wenn alles glatt geht. Also bleiben drei- bis fünftausend, und die gehen noch mal durch zwei, also für Löwenstein und mich. Glauben Sie, *da*für würde ich jemandem etwas antun?«

»Niemand hat das behauptet, Herr Richter.« Oberkommissar Jürgens mischte sich zum ersten Mal in das Gespräch. »Sie sind hier als Zeuge, nicht als Verdächtiger. Wenn sich das ändern sollte, werden wir Ihnen das unverzüglich mitteilen, denn dann kommen wir in eine ganz andere Situation. Sie können dann zum Beispiel die Aussage verweigern. Das können Sie als Zeuge nicht. Und was Ihre Frage angeht: Wir beide hier haben schon Morde aufgeklärt, die für erheblich weniger Geld begangen wurden ... Womit wir wieder beim Thema wären: Für Sie geht es um ein- bis zweieinhalbtausend Euro. Nicht mehr?«

Jan rieb sich die Stirn. Zusammen mit Bobs versprochener Prämie ging es um dreizehn- oder vierzehntausend. Eine Summe, die sich schon anders ausnahm. Er sah kurz auf, konnte aber Jürgens' forschendem Blick nicht standhalten. »Nein«, sagte er. »Nicht mehr.«

»Wann soll dieses Konzert stattfinden?«

»In den nächsten zwei bis drei Monaten.«

»Und wer soll noch mitspielen?«

»Alle ehemaligen Mitglieder des Bob-Keltner-Sextetts. Wahrscheinlich sagt Ihnen das nichts. Aber in Köln war'n die mal weltberühmt.«

Jürgens schmunzelte und notierte etwas.

»Ich verstehe immer noch nicht, was das mit Heidi Jung zu tun hat«, sagte Jan.

Jürgens lehnte sich zurück und sah ihn ernst an. »Eine Frau wird tot aufgefunden. Wahrscheinlich ermordet, ebenso wahrscheinlich *nicht* sexuell missbraucht oder vergewaltigt. Eine ganz gewöhnliche Frau ...«

»So ganz gewöhnlich schien sie mir nicht.«

»Wieso nicht?«

»Sie war alkoholabhängig, glaub ich. Oder Tabletten oder sonst was. Oder geisteskrank. Jedenfalls nicht gewöhnlich.«

»Wenn wir alle alkohol- oder tablettenabhängigen Frauen in Köln aus dem Rhein ziehen müssten, hätten wir 'ne Menge Arbeit«, bellte Schneider. »Und allem Anschein nach sind *Sie* auch niemand, der sich über Trinker eine Meinung anmaßen sollte!«

»Lassen wir das mal außen vor«, sagte Jürgens mit einer beschwichtigenden Geste. »Eine weitgehend normale Frau also, ohne irgendwelche auffälligen Kontakte. Wir nennen so etwas ›gewöhnlich‹. *Außer*gewöhnlich ist allerdings, dass sie tot im Rhein lag. Deshalb suchen wir nach *Außer*gewöhnlichem, mit dem sie vor ihrem Tod in Kontakt geraten ist. Und das Außergewöhnlichste, das wir finden können, sind *Sie*, Herr Richter.«

Das Blubbern der Kaffeemaschine wurde zu einem Zischen. Jürgens stand auf und holte Becher aus einem Aktenschrank.

»Zucker, Milch?«, fragte er.

»Nur Milch, bitte«, antwortete Jan. »Ganz gewöhnlich.«

Jürgens füllte und verteilte die Becher. Der Kaffee roch stark. Hauptkommissar Schneider ergriff wieder das Wort:

»Ich möchte, dass Sie noch einmal darüber nachdenken, was es gewesen sein könnte, das Frau Jung Ihnen so dringend mitzuteilen hatte.«

Jan blies in seinen Becher und überlegte, die Wahrheit zu sagen. Dass Heidi Jung ihm den Namen eines Mörders nennen wollte. Von der Rache, vor der sie Angst hatte und von der er nicht sagen konnte, wessen Rache es sein sollte. Wenn er den Tod Gregor Vasteels erwähnte, kämen immer mehr Fragen, auf die er dann die Wahrheit sagen müsste – all die Wahrheiten, die man ihm erzählt hatte. Aber schon das bisschen, das er bisher zum Besten gegeben hatte, hatte ihn nur verdächtig gemacht.

»Ich habe keine Ahnung«, sagte er.

Schneider schnaubte wütend, und Jürgens schob ihm Papier und Kuli über den Tisch.

»Schreiben Sie bitte die Namen der anderen Musiker auf und wie wir sie erreichen können.«

»Warum?«

»Weil wir neugierig sind«, sagte Schneider bissig.

»Wir haben noch keine heiße Spur, Herr Richter«, sagte Jürgens, um etliches konzilianter als sein Kollege, »und solange wir die nicht haben, können wir – jetzt mal bildlich gesprochen – nicht in die Tiefe ermitteln. Also ermitteln wir in der Breite. Es geht um ein Kapitalverbrechen, Herr Richter. Wahrscheinlich um Mord. Da pflegen wir uns ziemlich Mühe zu geben.« Er lächelte, aber seine Augen blitzten kalt.

Jan drückte seine Zigarette in einem kleinen, sauberen Aschenbecher aus, den Jürgens ihm zugeschoben hatte, und griff nach dem Kuli. Er begann mit Heiner, das war die einzige Adresse, die er im Kopf hatte. Er zog seine Brieftasche aus der Jackentasche, dabei fiel der Umschlag mit Bobs Scheck heraus und segelte zu Boden. Er bückte sich danach, aber Schneider war schneller, hob ihn auf und reichte ihn Jan wortlos.

Er steckte den Umschlag wieder in die Tasche und versuchte, sich seine Erleichterung darüber nicht anmerken zu lassen, dass sich niemand für dessen Inhalt interessierte. Er suchte die Liste mit den Telefonnummern von Bob Keltner und den anderen heraus.

»Es ist ein bisschen kompliziert«, sagte er. »Außer Heiner Küfermann sind alle zurzeit nicht direkt erreichbar.«

»Schreiben Sie auf, was Sie wissen«, sagte Jürgens.

Jan schrieb die Nummer von Sandra Petalovich mit einem c/o versehen hinter den Namen ihrer Mutter; »zurzeit im Krankenhaus« hinter Olaf Kranz und die ganze Reihe von Nummern und Tourdaten hinter Bob Keltner. »Richard Jung gehört natürlich auch dazu«, sagte er und reichte Jürgens den Zettel.

Der Oberkommissar nahm ihn entgegen und las mit gerunzelter Stirn. »Das sind vier Namen. Richard Jung wäre Nummer fünf. Hatten Sie nicht von einem Sextett gesprochen?«

»Einer ist gestorben. Vor über dreißig Jahren.«

Nachdenklich sah Jürgens auf den Zettel. Dann gab er ihn Jan wieder. »Schreiben Sie mir *den* Namen auch auf, bitte.«

Jan tat, wie ihm geheißen. Schneider stand immer noch am Fenster und sah hinaus, Jürgens schrieb irgendetwas auf einen Block, dann zog er die Computertastatur zu sich heran und begann zu tippen. Jan sah von einem zum anderen, aber sie beachteten ihn nicht mehr. Sein Kaffeebecher war leer. Er wollte gerade nach neuem Kaffee fragen, als Schneider zum Fenster hin sagte:

»Sie können gehen.«

Jan war so verblüfft, dass er fast mit einem »Was?« geantwortet hätte.

»Ich muss Sie bitten, sich zu unserer Verfügung zu halten, Herr Richter«, sagte Schneider, immer noch in Richtung Fenster.

Er zündete sich eine Zigarette an. »Es ist gut möglich, dass es noch Fragen gibt, die wir Ihnen stellen müssen. Sollten sich dann Schwierigkeiten ergeben, Sie zu erreichen, können Sie sehr schnell vom Zeugen zum Verdächtigen werden. Und kein fester Wohnsitz in Deutschland ist ein absoluter Haftgrund. Sollten Sie mit dem Gedanken spielen, sich nach Lissabon abzusetzen: Man wird Sie auch dort finden. Haben wir uns verstanden?«

»Was soll das denn heißen? Verdächtigen Sie mich oder nicht?«

»Sie dürfen gehen. Reicht Ihnen das nicht?«

Jan stand auf und nahm seine Jacke von der Stuhllehne.

»Ich hätte noch eine kleine Sache«, sagte Oberkommissar Jürgens. »Wo hatten Sie gestern diese Auseinandersetzung, bei der Sie verletzt wurden?«

Jan zögerte. Wenn sie herausfanden, dass Ilja ihn verletzt hatte, nachdem er behauptet hatte, den Täter nicht zu kennen, käme er in neue Schwierigkeiten. Es hatte keinen Zweck, sich dumm zu stellen, sie würden schnell herausfinden, wo der Krankenwagen ihn gestern abgeholt hatte. Sollte er sich korrigieren und die Wahrheit sagen – jetzt, wo sie ihn gerade gehen lassen wollten?

»Ist die Frage so schwierig, oder warum antworten Sie nicht?«, bellte Schneider vom Fenster her.

»In einer Kneipe am Barbarossaplatz. Im ›Rappen‹. Warum fragen Sie das?«

Die beiden schüttelten gelangweilt den Kopf. »Wir dachten, Sie hätten verstanden, dass wir *alles* wissen wollen«, sagte Jürgens. »Vielleicht finden wir da jemanden, der den Mann kennt oder ihn beschreiben kann.«

»Da drin ist doch keiner mehr nüchtern gewesen. Um die Zeit«, sagte Jan.

»O doch«, sagte Schneider. »Im ›Rappen‹ ist immer jemand nüchtern. Rita trinkt nie.«

*

Sollte er froh sein, dass niemand im Haus war, als er es betrat? Er sehnte sich nach jemandem, mit dem er reden konnte, aber er hatte keine Kraft für weiteren Streit mit Johanna. Langsam ging er ins Wohnzimmer und griff zum Telefon. Er wählte Quitérias Nummer, obwohl es dafür zu früh war – er würde sie wecken. Das »Cool Moon of Lissabon« machte nicht vor fünf zu, jetzt war es noch nicht Mittag. Sie ging nicht dran. Der Anrufbeantworter sprang an, und Jan wusste nicht, was er der Maschine mitteilen sollte. Er sprach einen belanglosen Gruß auf das Band und legte auf. Er hätte ihre Hilfe gebraucht, zumindest ihren Zuspruch, aber er wagte es nicht, sie auf dem AB darum zu bitten. »*Well, the race is on and here comes ›Pride‹ up the backstretch ...*«, ging es ihm durch den Kopf. Es war tatsächlich eine Art Stolz, der ihn davon abhielt, mit Quitéria zu reden, gestand er sich ein. Eine Weile hockte er auf der Lehne von Heiners Fernsehsessel und starrte auf das Telefon. Dann suchte er Bob Keltners aktuelle Telefonnummer heraus und wählte. Eine holländische Telefonistin verband ihn weiter, und kurz darauf meldete sich Bobs Stimme.

»Es ist etwas Schreckliches passiert«, sagte Jan. Er berichtete ihm von Heidi Jungs Tod, Bob hörte schweigend zu; erst als er ihm erzählte, dass die Polizei einen Zusammenhang mit dem Konzert nicht ausschloss, wurde er laut.

»Was ist denn das für ein *Bullshit*?«

»Das brauchst du mich nicht zu fragen. Ich habe das nicht behauptet. Aber unsere Meinung spielt da überhaupt keine Rolle.«

»Was ist mit Richard? Hast du mit ihm gesprochen?«

»Noch nicht. Aber ich kann mir nicht vorstellen, dass er noch Interesse an dem Konzert hat.«

»Frag ihn.«

»Jetzt? Heidi ist gerade erst –«

»Tu was für dein Geld, Junge. Für fünfzehntausend kannst du dich ruhig ein bisschen anstrengen.«

Jan atmete tief. »Hör zu, Bob. Ich habe der Polizei nichts von dem Geld erzählt. Es wäre gut, wenn du es auch nicht erwähnen würdest.«

»Was soll das heißen? Warum hast du es nicht erzählt?«

»Weil die mich sonst verdächtigen würden. Heidi war doch *gegen* das Konzert.«

Für ein paar Sekunden herrschte Schweigen am anderen Ende.

»Ich verstehe«, sagte Bob dann langsam. »Fünfzehntausend Dollar sind ja auch eine Menge.«

»Wie meinst du das?«

»Wie ich es gesagt habe. Aber wieso glaubst du, ich würde mit so was zur Polizei rennen? Traust du mir das zu?«

»Moment mal! Glaubst du etwa auch, dass –«

»Quatsch! Jetzt beruhig dich mal, Jan!«

Jan versuchte es, aber es fiel ihm nicht leicht. »Du brauchst nicht zu ihnen zu rennen. Sie werden wahrscheinlich zu dir kommen.«

»Wieso zu mir?«

»Sie werden zu allen kommen. Sie wollten alle Namen haben. Ich musste sie ihnen geben. Sag ihnen, was du willst, aber red bitte nicht über das Geld.«

»Schön. Wie geht es jetzt weiter mit dem Konzert? Was ist mit Vera?«

»Sie hat sich noch nicht entschieden.«

»Wann wird sie das tun?«

»Wenn sie es tut. Sie hat sich nicht festlegen lassen.«

Bob lachte kehlig. »Das sieht ihr ähnlich«, sagte er. »Ruf mich wieder an, wenn du mit Richard gesprochen hast. Oder wenn Vera sich meldet.«

Jan legte auf. Er suchte Richard Jungs Karte aus seiner Brieftasche und rief in der Praxis an. Aber der Herr Doktor war in dieser Woche krank, wie ihm eine Sprechstundenhilfe mitteilte. Ihre angespannte Stimme ließ vermuten, dass sie wusste, was passiert war.

Er wählte Richard Jungs Privatnummer und war überrascht, als er sich tatsächlich meldete.

Jan sagte seinen Namen und wartete auf die Reaktion.

Richard Jung blieb höflich und kühl. Nichts an seiner Begrüßung ließ auf einen Vorbehalt gegen Jan schließen, aber ebenso wenig war irgendeine positive Regung darin.

»Ich möchte Ihnen mein Beileid ausdrücken«, sagte Jan. »Ich habe erfahren, was passiert ist. Es tut mir Leid.«

»Ja«, sagte Richard Jung.

»Ich hab sie ja kaum gekannt, aber …« Er brach ab.

»Ja«, sagte Richard Jung wieder.

»Ich meine, ich möchte nur sagen ... die Polizei hat mir Fragen gestellt, und ...«

»Ich verstehe«, sagte Richard Jung und legte auf.

»*Scheiße!*«, fluchte Jan. Den Hörer in der Hand saß er da und überlegte, was zu tun blieb.

Das Konzert war abgehakt. Richard Jung würde nicht mitspielen. Nach Hause, dachte er, aber sofort schnitten ihm die letzten Sätze des Hauptkommissars ins Gedächtnis: »... zu unserer Verfügung halten ...«, und dann: »Sollten Sie mit dem Gedanken spielen, sich nach Lissabon abzusetzen: Man wird Sie auch dort finden.«

Ich brauch einen Anwalt, dachte Jan.

Er hörte, dass die Haustür aufgeschlossen wurde, Sekundenbruchteile später kam Marco ins Zimmer geschossen.

»Tag«, sagte er und grinste frech.

»Tag, kleiner Mann«, sagte Jan und strubbelte ihm durchs Haar.

Marco entdeckte Jans verbundenen Daumen. »Wehgetan«, sagte er.

»Nicht so schlimm«, antwortete Jan.

Johanna kam ins Zimmer, ihr Blick zeigte das Gegenteil von dem ihres Sohnes, er war kalt und feindselig.

»Geh oben spielen, Marco«, sagte sie, und er verschwand tatsächlich aus dem Zimmer. »Man hat Sie also wieder laufen lassen?«, fragte sie, als Marco weg war.

»Wundert Sie das? Oder halten Sie mich für einen Mörder, Frau Küfermann?«, fragte Jan.

Einen Moment funkelten sie sich gegenseitig an, dann senkte sie den Blick. »Entschuldigen Sie. Ich bin wohl zu weit gegangen.«

»Ja«, sagte Jan.

»Trotzdem schulden Sie mir noch eine Erklärung. Woher haben Sie das Foto?«

Jan seufzte. Natürlich war er bei Vera Petalovich und ihrer Tochter im Wort, aber Heidi Jungs Tod hatte die Lage völlig verändert. Es war nicht mehr wichtig. Nichts von dem, was ihm hier zu tun oder sagen blieb, schien ihm noch wichtig.

So erzählte er ihr von Vera Petalovichs Amnesie; von ihrem

Versuch, mit Hilfe eines Privatdetektivs wieder Licht in ihre Vergangenheit zu bringen; davon, dass er den Ordner durchstöbert, und von dem, was er dort über Luzia Küfermann gelesen hatte; und schließlich von dem Foto, das er entwendet hatte, ohne zu wissen, warum. »Ich glaube, es hat mir einfach gefallen«, endete er.

Eine Weile sah sie zu Boden. Als sie wieder aufsah, war viel der Kälte aus ihrem Blick verschwunden, aber immer noch war große Distanz zu erkennen. »Nun gut«, sagte sie endlich. »Ich erwarte, dass Sie die Geschichte für sich behalten.«

Jan zuckte müde die Achseln. »Das haben die Damen Petalovich für ihre Geschichte auch verlangt. Ich kann das aber nicht garantieren. Die Bullen haben mich an den Eiern und fragen, was sie wollen. Vielleicht irgendwann auch mal nach Ihrer Mutter. Ich werde ihnen sagen, was ich weiß. Es ist nicht meine Art – weder unnötig Geheimnisse mit mir herumzutragen noch sie herumzutratschen. Wenn die Bullen mich ließen, säße ich im nächsten Flieger nach Hause. Aber ich muss in Köln bleiben, bis sie von meiner Unschuld überzeugt sind. Und so, wie es sich im Moment darstellt, kann das dauern. Vielen Dank für die großzügige Unterbringung bisher.« Er stand auf und nickte ihr zu. »Ich werde jetzt meine Sachen zusammenpacken und wieder ins Hotel ziehen.«

»Das ist wohl das Beste«, sagte sie leise. Sie sah ihn nicht an dabei.

»Trotzdem möchte ich noch etwas sagen. Es war ...«

Er wurde vom Klingeln des Telefons unterbrochen. Sie griff in einer automatischen Bewegung nach dem Hörer und meldete sich.

»Für Sie«, sagte sie dann.

Er nahm den Hörer. Es war Richard Jung.

»Ich rufe an, weil ich bei unserem Gespräch eben vielleicht einen falschen Eindruck bei Ihnen hinterlassen habe«, sagte er. Seine Stimme war unverändert kühl und kontrolliert. »Es bleibt bei meiner Zusage, zu den genannten Bedingungen.«

»Sie wollen *spielen*?«

»*Und* ich will das Treffen. Rufen Sie mich an, sobald Sie wissen, ob alle einverstanden sind.«

»Bob ist es auf jeden Fall. Frau Petalovichs Zusage steht noch aus. Aber ich weiß natürlich nicht, ob das alles jetzt noch Bestand hat, nachdem ... ich meine ... nach der Sache ...«

»Wenn ›die Sache‹ *meine* Entscheidung nicht beeinflusst, warum sollte sie für jemand anderen eine Rolle spielen?«

»Das kann ich nicht beurteilen, Herr Jung. Ich bin quasi nur der Bote.«

»Ja. Nur der Bote«, sagte Richard Jung und legte auf.

»Er will spielen?«, fragte Johanna.

Jan nickte. »Er scheint sehr gefasst.«

»Ich finde das sehr erstaunlich«, sagte sie.

»Was ist denn mit Ihrem Vater? Hat er sich irgendwie geäußert?«

»Nein. Über das Konzert haben wir gar nicht gesprochen. Nur über Heidi und Richard und wie er sich fühlen muss.«

»Ich werde Heiner anrufen, sobald ich ein Zimmer habe.«

»Sie wollten eben noch was sagen, als das Telefon klingelte«, sagte sie.

»Ja ... ich wollte sagen, dass ich es heut Nacht sehr schön fand mit Ihnen. – Und dass ich es schade finde, dass wir uns wieder siezen.«

Sie wandte den Blick ab, für ein paar Sekunden. Als sie ihn wieder ansah, schimmerte es in ihren Augen. Sie schluckte. »Bleib hier«, flüsterte sie. »Bitte.« Sie ließ sich auf die Sessellehne sinken, auf der eben noch Jan gesessen hatte.

Jan schwieg.

»Es tut mir Leid«, sagte sie, den Blick zu Boden gerichtet. »Es war nur ... als ich das Foto gefunden habe ... Ich war wie vor den Kopf gestoßen. Er lügt mich an, habe ich gedacht. Wieder einer, der mich anlügt.«

»Glaubst du mir denn, was ich über das Foto erzählt habe?«

»Ja.« Sie nickte bekräftigend und setzte dann leiser hinzu: »Ich *will* dir glauben.«

Er wollte fragen, ob sie auch glaube, dass er an Heidi Jungs Tod unschuldig war, aber er wagte es nicht. Natürlich glaubte sie das, sonst hätte sie ihn nicht gebeten zu bleiben, aber wenn er sie jetzt fragte, würde das vielleicht ihre Zweifel wecken. Denn wie konnte sie es wissen? Er war nur ein Fremder. Sie konnte nur glauben. Er machte einen Schritt auf sie zu und berührte ihren Arm. Sie sah zu ihm auf.

»Ich will nicht mehr allen misstrauen. Es kostet so viel Kraft«, sagte sie und lächelte traurig.

Er gab ihr einen sanften Kuss auf die Wange.

»Wirst du mir noch eine Frage beantworten?«, fragte er.

Sie schloss die Augen und schüttelte hoffnungslos den Kopf. »Du willst wissen, wer mein Vater ist. Ob es Bob Keltner ist.«

»Ja.«

»Ich weiß es nicht«, sagte sie. »Mutter hat es nie erzählt.«

*

»Ich war es nicht. Niemand war es, das weißt du doch! Ein Unfall! Wie oft soll ich es dir ...« Sie schüttelte unwillig den Kopf und drehte ihm den Rücken zu. »Natürlich«, sagte sie. »Ein Unfall.« – »Ja. Und was hast du jetzt vor?« Immer noch sah sie ihn nicht an. Sie wagte es nicht. »Ich werde dich verlassen«, sagte sie. »Aber warum denn?« Er hob flehend die Hände. »Weil ich Gregor liebe.« – »Aber Gregor ist tot! Willst du denn immer ...« – »Ja«, sagte sie. Sie ging hinaus, ohne ihn noch einmal anzusehen.

*

Er vertrieb sich die Zeit mit Marco und dem Playmobil. Irgendwann kam Heiner ins Zimmer.

»Was hast *du* denn gemacht?«, fragte er, als er Jans Verletzungen entdeckte.

»Körperliche Auseinandersetzung. Ich hab wohl verloren.«

»Bist du nicht ein bisschen zu alt für so was?«

»Danach bin ich nicht gefragt worden.«

»Warst du bei den Bullen?«

»Ja. Aber nicht *des*wegen.«

»Das hab ich auch nicht gemeint. Was wollten die?«

»Fragen stellen. Das ist ihr Job.«

»Haben die einen Verdächtigen?«

»Keinen außer mir. Aber bisher ist nicht einmal sicher, ob es überhaupt ein Verbrechen war. Sie hatten noch kein Obduktionsergebnis. Vielleicht ist sie einfach nur ins Wasser gefallen ... Übrigens: Ich habe mit Richard gesprochen. Er will trotz allem spielen. Bob auch. Was ist mit dir?«

Heiner sah einigermaßen verblüfft aus. Er zuckte die Achseln. »Wenn Richard spielt ... warum nicht? Kommt mir nur komisch vor, irgendwie.«

Ja, dachte Jan, mir auch. »Haben sie eigentlich auch mit dir gesprochen?«, fragte er.

»Klar. Gestern, als sie dich gesucht haben. Haben mir Löcher in den Bauch gefragt über dich, aber was sollte ich ihnen schon erzählen. Ich kenn dich ja kaum. Ich hab gesagt, du wärst mein Gast, und für mich wärst du in Ordnung. Und das mit dem Konzert hab ich erzählt, schien sie aber kaum zu interessieren.«

Unten klingelte das Telefon. »Bestimmt für dich«, sagte Heiner. Sie hörten Johanna rangehen. »Für Jan«, rief sie dann ins Treppenhaus.

»Siehste«, sagte Heiner.

»*No news are good news*«, brummte Jan und stand auf; Marco protestierte, aber sein Großvater hockte sich zu ihm und nahm Jans Position als Anführer der den Indianern unterlegenen Cowboys ein.

Es war die sehr empörte Sandra Petalovich. »Die Polizei hat mich gerade angerufen! In was für eine Geschichte wollen Sie uns da verwickeln?«

Jan setzte zu einer Erklärung an, kam aber nicht weit.

»Ich musste denen Mutters Adresse und Telefonnummer geben. Ich weiß überhaupt nicht, was ich jetzt machen soll. Ich kann meine Mutter doch nicht allein mit denen lassen!«

»Haben die Ihnen nicht gesagt, worum es geht?«

»Doch natürlich, das ist ja das Schreckliche! Dass diese Frau tot ist!«

»Bitte beruhigen Sie sich doch, sie werden Ihrer Mutter allenfalls ein paar Routinefragen stellen, vielleicht nicht einmal das. Bestimmt wollten sie nur meine Angaben überprüfen.«

»*Ihre* Angaben? *Sie* haben denen von Mutter erzählt?«

»Natürlich hab ich das! Das ist die Polizei! Erwarten Sie, dass ich die anlüge, damit Ihre Mutter ihre Ruhe hat?«

»Ohne Sie hätte meine Mutter ihre Ruhe!«

»Ich glaube, jetzt werden Sie ein bisschen ungerecht …«

»Ich verlange, dass Sie sich von meiner Mutter fern halten!«

»*Die* Entscheidung hat *sie* sich vorbehalten.«

»Das ist mir egal, ich will nicht, dass –«

»Frau Petalovich, das hat doch so keinen Zweck. Lassen Sie uns vernünftig miteinander reden. Haben die denn überhaupt schon mit ihr gesprochen?«

»Nein.« Jans Protest hatte einen kleinen, aber immerhin spürbaren Erfolg gezeitigt: Sie klang jetzt etwas ruhiger. »Ich habe natürlich sofort bei ihr angerufen. Sie geht nicht dran. Wahrscheinlich ist sie mit dem Hund draußen.«

»Hat sie einen Anrufbeantworter?«

»Nein. Ich kann aber nicht die ganze Zeit da anrufen, um sie vorzubereiten, ich muss gleich zur Arbeit!«

»Wenn Sie mir ihre Nummer geben, könnte ich –«

»Habe ich mich nicht deutlich genug ausgedrückt? Ich will nicht, dass Sie mit ihr reden!«

»Dann kann ich Ihnen auch nicht helfen«, sagte Jan.

Für einen Moment schwieg Sandra Petalovich, dann legte sie auf. Als auch Jan den Hörer auf die Gabel drückte, klingelte es an der Tür. Durch die offene Wohnzimmertür konnte er die Haustür sehen und durch deren Fenster Ilja. Jan ließ die Schultern sinken. Als Johanna aus der Küche kam, sagte er nur: »Der will zu mir.«

Sie blieb in der Küchentür stehen. »Wer ist das?«, fragte sie, aber er gab keine Antwort. Langsam ging er zur Haustür und öffnete. Ilja grinste ihn an.

»Wie geht?«, fragte er.

Jan sagte nichts.

»Mitkommen«, sagte Ilja. »Chef will dich sprechen. Jetzt.«

Jan nickte nur. Er holte seine Jacke von der Garderobe.

»Wo gehst du hin?«, fragte Johanna.

»Geschäfte«, sagte Jan.

»Mit *dem*?«

»Das ist nur der Chauffeur.«

»Wann kommst du wieder?«

Gute Frage, dachte Jan. »Dauert nicht lange«, antwortete er.

»Was soll ich sagen, wenn *jemand* anruft?« Die leichte Betonung des ›jemand‹ zeigte, dass sie nicht *irgend*jemanden meinte.

»Ich ruf zurück«, sagte Jan und ging hinaus.

Er stieg zu Ilja in den schwarzen BMW. Aus der Anlage dröhnten Bässe, die er mehr spürte als hörte, und er hörte sie erheblich besser, als ihm lieb war. Ilja startete, wahrscheinlich mit quietschenden Reifen, aber das war durch den Lärm nur zu ahnen. »Hmpa-hmpa-hmpa-hmpa«, brüllte es von allen Seiten. Ilja grinste vor sich hin, während sie die B8 Richtung Norden fuhren. An ein Gespräch war bei dem Getöse nicht zu denken, aber Jan fühlte dazu ohnehin keine Neigung. Erst als sie die Auffahrt zur Zoobrücke erreicht hatten, stellte Ilja die Musik ab.

»Glück gehabt, gestern«, sagte er und wies mit dem Daumen auf Jans Gesicht. »Jetzt keine große Schnauze mehr.«

Die Antworten, die Jan darauf einfielen, schienen ihm alle nicht tauglich, also hielt er den Mund. Keine große Schnauze mehr. Hinter der Brücke bog Ilja in die Niehler Straße ein und schaltete das Dröhnen wieder an. Als sie dann auf die Xantener fuhren, ahnte Jan, wohin er gebracht wurde. Tatsächlich parkte Ilja den Wagen vor der »Royal Play Halle«, die Löwenstein aus dem ehemaligen »Cool Moon« gemacht hatte.

»Aussteigen«, kommandierte er.

Jan gehorchte und trottete ergeben auf den Eingang zu. Der blaue Neonschriftzug war ausgetauscht worden gegen ein in knalligen Farben leuchtendes Werbeband. Er trat ein und nahm sich vor, sich nichts draus zu machen. Das, was einmal sein Lebenstraum gewesen war, dem er – unter anderem – seine Ehe geopfert hatte, war nun eine mit billigem Filzboden ausgelegte Kaschemme voller Flipper und Geldspielautomaten. Die Theke war verschwunden, ersetzt durch eine Kassenkabine. Ilja war an der Tür stehen geblieben, Jan durchquerte den Raum. Er entdeckte nur zwei oder drei Kunden an den Maschinen. Auf der ehemaligen Bühne stand ein Pooltisch, an dem Jupp Löwenstein spielte, allein. Er sah nicht auf, als Jan neben ihn trat, sondern blickte konzentriert an seinem Queue entlang. Der Stoß ging daneben.

»Was wollten die Bullen?«, fragte er. Er würdigte ihn immer noch keines Blickes und suchte nach einer Position für seinen Stoß.

»Hast du von Heidi Jung gehört?«

»Natürlich.«

»Sie stellen Fragen.«

»Und was hast du ihnen erzählt?«

»Dass wir beide Geschäfte machen.«

Löwenstein stieß zu und versenkte die letzte Kugel.

»Wirf mal 'nen Euro rein«, sagte er.

Jan suchte nach Kleingeld. Er zog neue Kugeln und legte sie auf den Tisch.

»Warum hast du das erzählt?« Löwenstein sortierte die Kugeln in das Dreieck.

»Sie haben Ilja gesehen und sich ihren Teil gedacht.« Jan ging zu dem Halter an der Wand und suchte sich einen Queue aus. »Sie sagten was von Waffenhandel.«

Löwenstein grinste. »Auch, dass sie was beweisen können?«

»Nein. Aber wenn ich gewusst hätte, dass du mittlerweile in *der* Liga spielst, wäre ich nicht zu dir gekommen.« Er probierte den Queue aus, aber mit dem verbundenen Daumen war an Spielen nicht zu denken. »Geht nicht«, sagte er und reichte Löwenstein den Stock. Er nahm ihn mit steinerner Miene und stieß das nächste Spiel an.

»Was ist mit Heidi Jung passiert?«, fragte er.

»Woher soll ich das wissen? *Du* bist doch der mit den Informationen.«

»Und du bist der mit dem Motiv.« Er versenkte die erste Kugel, aber die Weiße rollte in eine schlechte Position. Er grunzte unzufrieden.

»Du glaubst, ich hätte sie getötet?«, fragte Jan.

»Die Bullen glauben es.«

»Und wieso lassen sie mich dann laufen?«

»Aus dem gleichen Grund wie mich. Sie können's nicht beweisen.«

»Ist das dein Ernst? Glaubst du wirklich, *ich* war's?«

»Spielt das eine Rolle?«

Für Löwenstein nicht, wie Jan seinem nonchalanten Versuch entnehmen konnte, die 3 über Bande zu versenken.

»Was willst du eigentlich von mir?«, fragte er.

»Einen Zwischenbericht. Und ein Exempel statuieren. Du scheinst vergessen zu haben, mit wem du Geschäfte machst, Jan. Wenn ich dich um was bitte, erwarte ich keine Ausflüchte, sondern nur ein ›Ja‹. Nichts weiter.«

»Und deshalb krieg ich die Visage demoliert? Es scheint sich wirklich einiges geändert zu haben, während ich weg war. Früher hättest du so was nur wegen Geld gemacht.«

»So? Mag sein, dass du einiges nicht mitbekommen hast, da unten. Aber wenn du mit mir Geschäfte machst, kommst du, wenn ich dich sprechen will.«

»Das hab ich wohl kapiert.«

»Gut.« Nächster Stoß, wieder schlecht. »Ich nehme an, Richard Jung lässt das Konzert jetzt platzen?«

»Nein. Er will spielen.«

»Aha? Interessant.« Löwenstein erwischte die angepeilte Kugel über Bande und nickte befriedigt. »Das Konzert könnte *hier* stattfinden.«

Jan verzog das Gesicht. »Jupp, bitte! *Du* machst das ›Cool Moon‹ wieder auf? Darf ich mal raten, wer der Geschäftsführer werden soll? Etwa der Wiener Verlobte deines Patenkindes?«

»Nein.« Er erwischte die 4 mit einem satten Klack. »Du.«

Jan stöhnte auf. »Ich hoffe, ich hab eine Wahl.«

»Kommt drauf an.«

»Worauf? Ob das Konzert stattfindet?«

»Das natürlich auch. Aber ich meinte: ob du in der Stadt bleiben willst.«

»Hatte ich nicht vor.«

Löwenstein grinste milde bei seinem nächsten Stoß.

»Wenn die Bullen dich verdächtigen, brauchst du einen Anwalt«, sagte er, als habe es das letzte Thema gar nicht gegeben. »Hast du einen?«

»Nein.«

Löwenstein richtete sich auf. Er legte den Stock weg und suchte eine Visitenkarte aus seiner Brieftasche, die er Jan reichte. »Die

Bullen wissen, dass der für mich arbeitet«, sagte er. »Aber im Ernstfall gibt's keinen Besseren.«

»Danke«, sagte Jan, bevor er es unterdrücken konnte. »Noch was?«

»Nur eine Wiederholung. Wenn das Konzert stattfindet, spielt Aufdemsee.«

»Von mir aus«, sagte Jan. Darauf kam es nun wirklich nicht mehr an.

»Schön. Du kannst gehen.«

Jan verzog sich. Als er zur Tür kam, war von Ilja nichts zu sehen. Auch der BMW war verschwunden. Er machte sich auf den Weg zur Bushaltestelle. Doch der Bus überholte ihn, hundert Meter, bevor er sie erreicht hatte. Er ging Richtung Niehler Straße und dann weiter zur Neusser. Es war vierzehn Uhr. Zeit für ein Bier.

*

Er setzte sich in die Schwemme des »Golde Kappes« und trank drei Kölsch und zwei Wacholder, bevor er nach dem Telefon fragte und Johanna anrief.

Sie klang beunruhigt. Hauptkommissar Schneider hatte nach Jan gefragt und ziemlich unwirsch reagiert, als er erfuhr, dass er nicht da sei. Auch Vera Petalovich hatte angerufen, aber weder eine Nachricht noch eine Nummer hinterlassen. Jan versuchte, so gelassen wie möglich zu wirken, als er Johanna versicherte, alles sei in Ordnung. Aber als er anschließend die Nummer des Polizeipräsidiums wählte, zitterte seine Hand.

Er war erleichtert, als sich Jürgens meldete und nicht Schneider, aber auch der klang wenig amüsiert.

»Wir wollen Sie sofort hier sprechen, Herr Richter.«

»Ich bin zurzeit in Nippes. Ich komme mit der nächsten Bahn.«

»Wie lange wird das dauern?«

Jan wollte gerade antworten, dass er keine Ahnung habe, als er aus dem Hintergrund Hauptkommissar Schneider brüllen hörte:

»Sag ihm, wenn er in einer halben Stunde nicht da ist, komme ich ihn holen.«

»Ich nehm 'n Taxi«, sagte Jan und legte auf.

*

Auf der Zoobrücke war Stau, und Jan sah immer wieder auf die Uhr und das Taxameter, die beide unerbittlich vorrückten, aber sie schafften es rechtzeitig. Er betrat die Halle und ging auf die Tür zu, durch die er das letzte Mal seinem Begleiter gefolgt war, aber ein Pförtner bellte ihn zurück. Er musste erklären, wer ihn bestellt hatte, und der Mann bedeutete ihm, Platz zu nehmen, bis man ihn abhole. Schneiders Ultimatum lief ab, aber die Herren hatten nun offenbar alle Zeit der Welt. Beinahe eine halbe Stunde verging, bevor Jürgens aus der Tür auftauchte, sie offen hielt und Jan zu sich winkte. Jürgens grüßte flüchtig, als er ihn erreichte.

»Kommen Sie mit«, sagte er. Jan folgte ihm durch die Tür. Als sie das Büro erreichten, saß Schneider auf dem Platz, den beim letzten Mal Jürgens inne gehabt hatte. Jans Gruß beantwortete er nur mit einem Kopfnicken, während er auf der Computertastatur herumhackte. Jürgens setzte sich und wies auf einen Stuhl. Irgendwann drückte Schneider mit großer Geste die Enter-Taste und drehte sich zu Jan.

»Langsam wird's eng, Herr Richter«, sagte er.

Jan sah ihn schweigend an.

»Ihr finanzieller Gewinn an dem Konzert beläuft sich laut Ihrer gestrigen Aussage auf …«, er blätterte in einem Aktendeckel, »etwa ein- bis zweieinhalbtausend Euro. Richtig?«

»Ja.«

»Und wenn ich Ihnen jetzt auf den Kopf zusage, dass es außerdem um weitere fünfzehntausend Dollar geht, was würden Sie dann antworten?«

Jan wusste nicht, ob er rot oder blass wurde, aber er fühlte, wie sich seine Gesichtsfarbe drastisch veränderte. Er schluckte.

»Ich höre«, sagte Schneider.

»Das ist … nur eine Option.«

»Was heißt das?«

»Ich weiß nicht, ob ich es wirklich kriege. Ich glaube es eigentlich nicht.«

»Sie haben die Hälfte bereits erhalten.«

»Woher wissen Sie das alles? Von Keltner?«

»Das werde ich Ihnen nicht sagen.«

»Es ist nur ein Scheck. Ich habe nur einen Scheck bekommen.«

»Schon eingelöst?«

»Nein.« Er fummelte hektisch den Umschlag aus seiner Innentasche. »Hier ist er.«

Jürgens nahm ihm den Umschlag ab und sah den Scheck prüfend an. »Das ist kein Bargeld, aber letztlich genauso gut.«

»Ich habe keine Ahnung, ob der gedeckt ist.«

»Warum haben Sie uns angelogen, Herr Richter?«, fragte Jürgens.

Jan rang um Atem. »Sie haben doch selbst gesagt ... Ich wollte mich nicht verdächtig machen.«

»Das haben Sie jetzt erst recht.«

»Ja.« Verzweifelt suchte er nach einer Idee, nach etwas, das ihn entlasten konnte. Er sehnte sich nach einer Zigarette oder etwas zu trinken. Plötzlich schoss es ihm durch den Kopf: die Rettung. »Er hat mir das Geld erst Freitagabend angeboten! Da war Heidi Jung schon verschwunden!«

Die beiden Polizisten, die eben noch beiläufig hierhin und dorthin geblickt hatten, wandten sich ihm zu, wie Katzen, die weiter mit der Maus spielen wollten.

»Können Sie das beweisen?«

»Das Datum! Auf dem Scheck!«

Jürgens warf einen Blick darauf und nickte.

»Kann vordatiert sein«, sagte Schneider.

»Keltner kann es bezeugen! Fragen Sie ihn!«

»Das werden wir tun.«

Jans Gedanken rotierten weiter. Noch etwas fiel ihm ein, blitzartig, aber er wagte nicht, es auszusprechen: Wenn Bob Keltner das Konzert fünfzehntausend Dollar wert war, würde er dann vielleicht auch einen Mord dafür begehen? Wenn sie es Jan zutrauten, warum dann nicht auch Keltner?

Die Polizisten tauschten einen langen Blick. Schneider blies die

Backen auf, und Jürgens zog das Telefon zu sich heran. Er blätterte in einer Akte und wählte.

»*Mister Keltner, please*«, sagte er nach ein paar Sekunden. Dann: »*When will he be back?*« und »*One moment, please.* – Nicht da«, sagte er dann in den Raum. »Sie wissen nicht, wann er wiederkommt.«

»Soll zurückrufen«, sagte Schneider.

»Wie lange sind wir hier?«

»Bis fünf. Sonst morgen wieder.«

Jürgens übersetzte ins Telefon und sagte: »*Thank you*«, bevor er auflegte.

»Nächste Frage.« Hauptkommissar Schneider griff zu der Akte und zog ein Foto heraus, das er Jan zuschob.

»Den kennen Sie«, sagte er.

»Nur den Vornamen«, sagte Jan. Es war Ilja.

»Roganow ist der Nachname. Ein markanter Kopf. Fand Rita auch. Ilja Roganow hat im ›Rappen‹ neuerdings Lokalverbot. Seit er einem Gast ein Glas ins Gesicht gedrückt hat.«

Jan starrte seinen verbundenen Daumen an und schwieg.

»Was geht da vor zwischen Ihnen und Löwenstein? Wieso haben Sie Ärger mit ihm?«

»Ich habe nur Ärger mit diesem Roganow.«

»Niemand hat Ärger mit Roganow, wenn Löwenstein es nicht will.«

»Es war was Persönliches.«

»Reden Sie keinen Scheiß, Richter.« Schneider sah zu Jürgens und wies mit dem Kinn zur Tür. Beide standen auf und verließen den Raum.

Jan fingerte seine Zigaretten hervor und zündete sich eine an. Er suchte nach einem Aschenbecher und entdeckte einen auf dem Schreibtisch. Er stand auf und bemerkte neben dem Ascher den Aktendeckel, aus dem Jürgens die Telefonnummer genommen hatte. Eine Sekunde lang war er verlockt hineinzusehen, aber seine Furcht vor Entdeckung war zu groß. Er spazierte mit dem Aschenbecher zu seinem Platz zurück; niemand kam herein. Je länger er allein blieb, umso verlockender wirkte der Aktendeckel und umso größer war die Gefahr, dass er erwischt wurde. Er stellte den Aschenbecher ab und schlenderte zurück, um den Schreibtisch herum. Beiläufig schob er zwei Finger der Linken in die Akte und hob sie an. Es gelang ihm, die Überschriften zweier Blätter zu lesen, bevor die Türklinke heruntergedrückt wurde und er hastig zwei Schritte zur Seite trat.

Es waren die Worte »Ergebnisse DNA-Vergleich« und »Abhörprotokoll«.

Schneider und Jürgens trugen betont gelassene Gesichter zur Schau, als sie wieder hereinkamen. Jan versuchte mitzuhalten, aber ihm war klar, dass er diese Profis nur sehr bedingt beeindrucken konnte.

Abhörprotokoll, dachte er. Ihr Säcke! Ihr hört Heiners Telefon ab. Nur daher wisst ihr von den fünfzehntausend.

Die beiden setzten sich und Jürgens sagte:

»Ich sehe, Sie haben einen Aschenbecher gefunden.«

Aschenbecher, dachte Jan und ihm fiel der kleine runde aus Glas ein, den Jürgens ihm das letzte Mal zugeschoben hatte, blank gewienert, ausschließlich für seine Kippen, und so gab auch das Wort »DNA-Vergleich« einen Sinn. Er sog seine Lungen voll Rauch und fühlte sich wieder im Rennen.

»Bis wir Mister Keltner gesprochen haben, werden Sie bei uns bleiben müssen, Herr Richter. Mindestens bis dann«, sagte Schneider, und Jans kleiner Triumph verdampfte erheblich schneller, als er gekommen war.

»*Was* war das?«, fragte er.

»Ich denke, jetzt wäre ein guter Zeitpunkt, einen Anwalt anzurufen ...«, Schneider machte sich nicht die Mühe, sein Grinsen zu unterdrücken, »... so Sie denn einen haben.«

Oberkommissar Jürgens wahrte immerhin die Form. »Herr Richter, Sie sind ab sofort nicht mehr Zeuge, sondern Beschuldigter. Alles, was Sie ab jetzt sagen, kann gegen Sie verwendet werden. Sie haben das Recht, die Aussage zu verweigern und einen Anwalt zu Rate zu ziehen.«

»Ich bin verhaftet?«

»Festgenommen.«

Jan tastete nach seinem Stuhl und sank darauf nieder. »Das können Sie nicht machen«, sagte er.

Schneider lachte kurz und dreckig. Jürgens blieb ernst.

»Doch, das können wir na*tür*lich, Herr Richter. So, wie sich die Lage für uns darstellt, gibt es nichts, was *für* Sie spricht. Sie waren mit der Toten verabredet. Sie haben ein Motiv, aber kein Alibi. Sie haben gelogen, gleich mehrfach. Sie haben Kontakt zur Kölner Halbwelt. Sie neigen zur Gewalttätigkeit ...«

Jan starrte ihn an. »Sie können mir nichts beweisen! ... Weil ich es nicht war«, setzte er hastig hinzu.

»Uns reichen die Indizien«, sagte Schneider.

»Ich will meinen Anwalt sprechen«, sagte er.

»Wer ist denn Ihr Anwalt?«, fragte Schneider höhnisch.

Jan zog seine Brieftasche und suchte die Karte heraus, die Löwenstein ihm gegeben hatte. »Dr. Liesegang«, las er ab.

»*Der* Dr. Liesegang?« Der Hohn verschwand aus Schneiders Gesicht.

»Ja«, sagte Jan.

Die beiden sahen ihn an, sie wirkten angeekelt.

»Schade«, sagte Jürgens zu Schneider. »Dann eben das nächste Mal.«

»Gehen Sie«, sagte Schneider. »Gehen Sie mir aus den Augen.«

*

»Was hast du jetzt vor? Wirst du fortgehen?« – »Ja.« Mit hängenden Schultern saß er auf der Kante seines unordentlichen Bettes. Die Luft war stickig, es roch nach Qualm, nach getragener Kleidung und nach Verzweiflung. »Was wird mit Vera?« Er zuckte die Achseln. »Kümmer dich um sie, wenn sie dich lässt.« – »Und die Band?« – »Die Band ist tot«, sagte er. »Und ich bin tot.«

*

Jan ging zum Münztelefon in der Eingangshalle. Er zog die Karte der Kanzlei Liesegang und wählte die Nummer. Sobald er den Namen Löwenstein fallen ließ, wurde er unverzüglich durchgestellt. Dr. Liesegang war die Konzilianz in Person. Er hörte sich Jans Schilderung des Falles an, ohne mehr als notwendig zu unterbrechen.

»Ich war nicht da, an der Bastei. Das ist die Wahrheit«, endete Jan.
»Die Wahrheit ist von keinerlei Interesse, Herr Richter. Es kommt nur darauf an, wie der Sachverhalt sich darstellt – und wie wir ihn darstellen können.«
»Aha«, sagte Jan.
»Zu schade, dass Sie nicht den Inhalt des Abhörprotokolls und des DNA-Abgleichs lesen konnten. Aber die Tatsache, dass Sie draußen sind und nicht bei den Herren Schneider und Jürgens, spricht für sich. Offenbar hat man zurzeit keine konkreten Beweise gegen Sie.«
»Ich glaube, Ihr Name hat auch einigen Eindruck gemacht, Herr Doktor«, sagte Jan.
Dr. Liesegang lachte guttural. »Ich bin seit über dreißig Jahren hier in Köln im Geschäft – da kennt man sich eben. Der Herr Hauptkommissar und ich haben einen gewissen Respekt voreinander. Ich weiß, dass er kein Idiot ist, und das ist immerhin erheblich mehr, als ich von vielen seiner Kollegen sagen würde. Dafür weiß er, dass er meine Klienten nicht ins Bockshorn jagen kann. Im Weiteren müssen Sie sich aber über eines klar sein, Herr Richter: Ab jetzt nimmt der Herr Hauptkommissar den Fall persönlich.«
»Oh«, sagte Jan.
»Halten Sie mich einfach auf dem Laufenden, was immer in der Angelegenheit passiert, dann haben wir alles im Griff.«
»Kann man etwas gegen die Telefonüberwachung unternehmen?«
»Ich werde das überprüfen, aber dafür wird eine Genehmigung vorliegen. Es ist auch nicht unbedingt sinnvoll, die Herren darauf zu bringen, dass Sie davon wissen. Immerhin wissen Sie jetzt Bescheid, das ist ja schon mal die halbe Miete.«
»Eine Sache noch«, sagte Jan und räusperte sich. »Wegen Ihrer Bezahlung … Momentan bin ich etwas knapp an Barem.«
»Sie bekommen eine Rechnung von mir, wenn der Fall abgeschlossen ist. Ich mache mir keinerlei Sorgen um die Begleichung. Schließlich bürgt Herr Löwenstein für Sie.«
»Verstehe«, sagte Jan.
»Bis dahin, Herr Richter«, verabschiedete sich Dr. Liesegang, und Jan legte auf.

Er zählte seine Centmünzen und warf alles in den Apparat, was er hatte, dann versuchte er, Bob Keltner zu erreichen, aber er war noch immer unterwegs. Er hängte ein und fingerte das Restgeld aus dem Schlitz.

Ein Bier, dachte er. Und ein Wacholder.

*

Er müsste in der Nähe des Telefons bleiben. Müsste mit Bob sprechen, mit Vera. Stattdessen stand er hier in Kalk an der Theke einer obskuren Kaschemme und trank schlecht gezapftes Sünner-Kölsch. Der Wacholder hier schmeckte wie schlechter Tequila, aber das war ihm egal.

Das Telefon wurde abgehört. Zum ersten Mal in seinem Leben *wusste* er, dass er abgehört worden war. Er rekapitulierte die Gespräche, die er von Heiners Anschluss aus geführt hatte. Mit wem hatte er gesprochen? Seit wann wurden sie überhaupt abgehört? – Noch nicht lange, entschied er. Sie wollten *ihn* abhören und hörten alle ab, Heiner, Johanna, alle, mit denen einer von ihnen sprach. Wenn sich Johanna mit einer Freundin über Menstruationsbeschwerden unterhielt oder Heiner mit Saufkumpanen über die Prostata, egal, alles ins Abhörprotokoll. Sogar Marco, wenn er mal wieder der Erste am Telefon war, wenn es klingelte. Wahrscheinlich nannte man das einen Kleinen Lauschangriff. Vielleicht hatten sie sogar Wanzen installiert. Unwahrscheinlich? Vielleicht. Unmöglich? Keinesfalls. Jan schüttelte sich und bestellte noch ein Gedeck. Er hatte keine Lust und, wie er fürchtete, auch keine Kraft, zu Heiner zu fahren und den beiden zu erzählen – oder zu verschweigen –, was er wusste und was er vermutete. Trotzdem fragte er nach dem Telefon, als er das nächste Bier bestellte. Er wählte Heiners Nummer, Johanna meldete sich.

»Wo steckst du?«, fragte sie, besorgt, nicht unfreundlich.

»Hast du Lust, dich mit mir zu treffen?«, fragte Jan.

»Treffen? Wieso?«

»Vielleicht können wir was spazieren gehen. Marco kann ja mitkommen.«

Sie lachte fragend. »Wie bist *du* denn plötzlich drauf?«

»Ich dachte nur …«

»Komm erst mal her. Übrigens hat Herr Emmerling für dich angerufen.«

»Kenn ich nicht.«

»Ich glaube doch. *Carsten* Emmerling. Vom WDR.«

»O Scheiße, den hatte ich ja ganz vergessen. Was sagt er?«

»Nur einen schönen Gruß, er wartet auf deinen Anruf. Du wüsstest Bescheid. Er wär noch bis acht im Sender.« Sie nannte eine Telefonnummer, die er hastig auf einen feuchten Bierdeckel krakelte.

»Da muss ich mich erst mal drum kümmern«, sagte er.

»Jan?«, fragte sie vorsichtig.

»Ja?«

»Alles in Ordnung?«

»Pfffh«, machte er. »Kann man nicht sagen.«

»Komm nach Hause«, sagte sie.

Er legte auf.

Nach Hause.

Etwas mühsam las er Carstens Nummer von dem Bierdeckel ab. Er hätte sie wohl auch irgendwo in seiner Brieftasche finden können, wie ihm jetzt einfiel.

Carsten meldete sich schwungvoll.

»Die drei Tage sind um«, sagte er nach einer kurzen Begrüßung.

»Es hat sich einiges getan. Hast du von Heidi Jung gehört?«

»Klar. Stand ja in der Zeitung. Was heißt das für dein Projekt?«

»Ich habe noch nicht mit allen gesprochen.«

»Du weißt es also nicht?«

»Nein.«

Eine Weile herrschte Schweigen in der Leitung, dann sagte Carsten: »Tut mir Leid, Jan, aber ich weiß, dass ich nicht der Einzige bin, der an der Story arbeitet. Ob ich es heute bringe oder nicht, morgen steht es im Stadt-Anzeiger. Nimm's bitte nicht persönlich.«

»Schon gut«, sagte Jan. Er schob das Telefon der Frau hinter der Theke zu, sie stellte ihm ein neues Kölsch neben sein halb leeres.

Für die Bedienung ist das Glas immer halb leer, dachte Jan. Für mich auch.

*

Müde saß er in der Bahn. Wenn er die Augen schloss, sah er den Sonnenuntergang hinter der Tejo-Brücke, von seinem Lieblingscafé aus. Eilige Fähren, behäbige Frachter, Sonne, Wärme auch am Abend, manchmal regnete es. Manchmal. Wenn er wieder aufsah, blickte er in das Gesicht eines Mannes unklaren Alters und rätselhafter Herkunft, dessen Augen in gelbem Aspik eingelegt schienen. Der Mann hielt die Bank gegenüber besetzt und starrte ihn mit aggressiver Neugier an. Er war froh, als der Mann mit einem bösen Brummen aufstand und die Bahn verließ. Als er in Westhoven ausstieg, riss der Himmel auf. Dankbar fühlte er die Wärme der Nachmittagssonne.

Johanna und Marco saßen in der Küche, als er hereinkam. Marco begrüßte ihn mit einem strahlenden Lachen, und Jan bemerkte, wie es irgendwas in seinem Innern berührte. Er schloss den Kleinen in die Arme.

»Das Telefon steht nicht still«, sagte Johanna ernst. »Vera Petalovich hat noch mal angerufen. Die Polizei hat nach Heiner gefragt. Bob Keltner wollte dich sprechen, hat aber nichts hinterlassen. Außerdem Peter Edelhoff, er klang aufgebracht ... Ich hoffe, ich hab keinen unterschlagen.«

»Hat Edelhoff gesagt, was er wollte?«

»Nein. Aber die Polizei hat wohl bei ihm angerufen.«

»Verstehe. Heiner ist nicht da?«

»Nein. Hast du immer noch vor, spazieren zu gehen?«

»Auf jeden Fall.«

»Gut. Ich ziehe Marco was über, dann können wir los.«

Ein paar Minuten später gingen sie nebeneinander zwischen schmucken kleinen Einfamilienhäusern her zum Rhein hinunter. Marco lief wie aufgedreht vor ihnen her.

»Was ist los?«, fragte Johanna. »Etwas liegt dir auf der Seele.«

»Ich werde wohl doch in ein Hotel gehen müssen«, sagte Jan.

»Und warum?«

»Ich weiß nicht, wie ich ... oder ob ich ... das überhaupt sagen soll.«

Neugierig sah sie ihn von der Seite an, aber sie drängte ihn nicht.

»Was macht Marco da?«, fragte er aufgeschreckt, als der Junge auf eine kleine Vorgartenmauer kletterte, aber Johanna sagte nur:

»Das kann er.«

Er beobachtete den Kleinen aufmerksam und ahnte ein amüsiertes Lächeln auf ihrem Gesicht.

»Ich glaube ... ich habe Grund zu der Annahme ...«, setzte er an, aber er brach den Satz wieder ab.

»Nur Mut«, sagte Johanna.

»Die Polizei hört das Telefon ab.« Er streckte das Kinn vor und sah geradeaus.

»Oh«, sagte sie. Ein paar Schritte ging sie schweigend neben ihm. Sie erreichten den Weg am Ufer. »Seit wann?«, fragte sie dann.

»Ich weiß nicht. Vielleicht seit vorgestern. Nachdem sie Heidi gefunden haben.«

»Hm«, sagte sie nur.

Immer noch traute er sich nicht, sie anzusehen. Sie sagte nichts weiter.

»Dass die das überhaupt dürfen«, sagte er.

»Haben sie es dir gesagt?«

»Nein.«

»Und wie kommst du darauf?«

»Sie wussten von etwas, das sie eigentlich nicht wissen konnten. Und ich habe ein Abhörprotokoll gesehen. Leider konnte ich es nicht lesen. Ich bin also nicht ganz sicher ... Aber ich gehe doch besser wieder ins Hotel«, setzte er leise hinzu.

»Glaubst du, da hören sie dich nicht ab?«

»Das nicht. Aber, aber ihr ... ich meine, die hören *euch* doch auch ab.«

»Na und? Ich habe nichts zu verbergen.«

»Und Heiner?«

»Sag ihm einfach nichts davon.«

»Das kann ich nicht machen. Es geht doch auch ums Prinzip.«

»Du weißt es doch gar nicht sicher. Und wer sagt dir, dass sie die Überwachung einstellen, wenn du weg bist.«

Zwei Inline-Skater kamen ihnen mit hoher Geschwindigkeit entgegen. Jan sah nach Marco, aber der Junge spielte zwischen den Büschen am Wasser im Kies. Sie setzten sich auf eine Bank und sahen ihm zu, wie er Steine aufsammelte und in den Fluss warf. Die Sonne sank langsam hinter die hohen Bäume am anderen Ufer. Ihre Strahlen färbten das Wasser rot. Er schloss die Augen und lauschte den leisen Geräuschen des Rheins und der Schiffe.

»Ich möchte, dass du bleibst«, sagte Johanna, und Jan fühlte einen kleinen warmen Ball in seinem Innern, der sich langsam ausdehnte.

»Das ist schön«, sagte er und meinte es genau so.

*

Sie hörten das Telefon läuten, als Johanna die Tür aufschloss. Marco rannte voran ins Wohnzimmer und nahm ab. Der Anrufer schien Spaß an der Unterhaltung mit ihm zu haben, Marco lachte und sagte »Ja« und »Nein«, schließlich nahm Johanna ihm den Hörer ab, meldete sich und reichte ihn an Jan weiter. Er nahm ihn mit einem unguten Gefühl entgegen. Das Gerät kam ihm wie ein Verräter vor.

Es war Vera Petalovich. Nach dem eher hysterischen Ton ihrer Tochter klang sie überraschend entspannt. Ja, die Polizei hatte angerufen, nein, es gab nichts von Belang, was sie ihnen hätte mitteilen können, und dann endlich: Ja, sie wolle das Konzert spielen.

Jan unterdrückte die Frage, ob seine Haarsträhne sie zu dieser Entscheidung gebracht hatte.

»Ich glaube, ich kann Ihnen vertrauen, Herr Richter«, sagte sie. »Sandra ist nicht meiner Meinung, das sollten Sie vielleicht wissen, aber ich verlasse mich auf mein eigenes Gefühl.«

Sie diktierte ihm ihre Telefonnummer. Termine, auf die bei der weiteren Planung Rücksicht genommen werden musste, hatte sie keine. Fröhlich-freundlich verabschiedete sie sich, und Jan legte mit einem unsicheren Kopfschütteln auf.

Johanna lehnte am Türrahmen und sah ihn neugierig an.

»Sie spielt«, sagte Jan.

»Das ist doch großartig!«

»Ja«, antwortete er. Er nahm den Hörer wieder ab und wählte Richard Jungs Nummer. Er sprach die Neuigkeit auf den Anrufbeantworter und bat um Rückruf zwecks Terminabsprache. Das Gleiche machte er bei Peter Edelhoff, und in Bob Keltners Hotel hinterließ er die Nachricht am Empfang. Als letzten rief er Carsten Emmerling an.

»Alle an Bord«, sagte er, als Carsten sich meldete. »Wir machen es.«

»Wann?«

»Ist noch nicht raus. Halt es erst mal auf kleiner Flamme.«

Carsten brummelte etwas Unwilliges. Jan legte auf, ohne darauf einzugehen.

»Hast du was zu trinken?«, fragte er Johanna.

Sie nickte, und er folgte ihr in die Küche.

»Heiner muss es noch erfahren«, sagte er.

»Eilt ja nicht«, antwortete sie und reichte ihm ein Bier. Sie nahm sich ebenfalls eines, und sie stießen an.

»Auf deinen Erfolg«, sagte sie und lächelte.

Der Abend verging in einem wärmeren Licht als die anderen zuvor, auch wenn immer wieder Gedanken an Heidi Jung und die Kripo, das abgehörte Telefon, an Löwenstein und Ilja seine Stimmung trübten.

Er brachte Marco in die Badewanne und ließ sich dabei nass spritzen. Als der Kleine im Bett war, wurde darauf bestanden, dass Jan noch »Gute Nacht« sagte. Die Zeit verging so rasch, dass es zu seiner Verblüffung fast zehn geworden war, als das Telefon wieder klingelte.

Es war Bob Keltner. Er gratulierte gelinde euphorisch zu Veras Zusage, aber der Klang seiner Stimme ließ ahnen, dass etwas nicht in Ordnung war.

»Die Polizei hat bei mir angerufen. Sie haben ein paar komische Fragen gestellt.«

»Darüber sollten wir vielleicht nicht am Telefon reden …«

»Wieso nicht? Ich will von dir wissen: Wer zum Teufel ist dieser Löwenstein?«

»Bist du auf deinem Zimmer? Ich ruf dich gleich zurück.«

»Nein! Du beantwortest mir meine Frage! Wer ist der Kerl? Angeblich produziert er unsere CD! Findest du nicht, dass mich das was angeht?«

»Bob, hör mir zu ...«

»Nein. *Du* hörst *mir* zu! Wie kommst du dazu, jemanden zu beteiligen, ohne mich zu fragen?«

»Du hast *mir* die Rechte übertragen.«

»Ja, *dir*! Aber doch nicht irgendwelchen Gangstern!«

»Wie kommst du auf Gangster? Was haben die Bullen denn erzählt?«

»Sie haben mich gefragt, was ich mit ihm zu tun habe. Ich habe zurückgefragt, wer das sei, und sie sagten, der Mann wäre ein stadtbekannter Krimineller. Was soll das, Jan?«

»Ich kann die Produktion allein nicht finanzieren. Er versteht was von Jazz. Also hab ich ihn gefragt. Als Letzten.«

»Als Letzten? Du meinst ...?«

»Ich meine, dass ich sonst niemanden gefunden habe, der bereit war, Geld mit dem Bob-Keltner-Sextett zu riskieren«, sagte Jan und atmete scharf aus.

»Okay«, sagte Bob, er sammelte sich. »Tut mir Leid. Aber wir müssen diese Sache besprechen.«

»Ja. Aber nicht jetzt.«

»Na gut. Was die fünfzehntausend angeht: Das wussten sie schon, das konnte ich gar nicht leugnen. Woher hatten die *das* denn?«

»Ich habe keine Ahnung, Bob«, sagte Jan stoisch.

»Außer uns wusste keiner davon. Du musst es ihnen erzählt haben. Ich war's nicht.«

»Denk mal drüber nach, Bob. Vielleicht fällt dir noch eine andere Möglichkeit ein.«

Eine Pause entstand. »Oh«, sagte Bob dann. »Du meinst ... Verstehe ... Dann sollten wir wohl ...«

»Genau.«

Bob zögerte einen Moment. »Das Treffen sollte so bald wie möglich stattfinden«, sagte er dann hastig. »Und das Konzert auch. Du hast meinen Tourplan, du weißt, wann ich Zeit habe. Ruf mich wieder an. Vielleicht von woanders.« Er legte auf, und Jan tat es ihm nach.

Heiner kam kurz darauf nach Hause – leicht, aber nicht zu sehr angetrunken. Als er ihm von Veras Zusage erzählte, umarmte er Jan und gab ihm einen Kuss auf den Scheitel. Dann stürmte er aus der Küche und die Kellertreppe hinunter, um dreißig Sekunden später mit einer triumphierend geschwungenen Schampusflasche wieder aufzutauchen. Er drückte sie Jan in die Hand und kommandierte »Aufmachen«, während er hektisch Gläser aus dem Schrank holte. Jan schaffte es, sie trotz seiner Behinderung zu öffnen, und sie stießen auf das Konzert an.

»Erst mal die Friedenskonferenz«, sagte Jan.

»Was soll da schief gehen?«, fragte Heiner, aber man konnte an seinem Blick ablesen, dass ihm selbst eine ganze Menge Antworten auf diese Frage einfielen.

Bald darauf riefen kurz hintereinander Peter Edelhoff und Richard Jung an. Edelhoff fragte ihn als Erstes nach Löwenstein und klang sehr ungehalten über die Beteiligung eines »Halbweltlers«, wie er sich ausdrückte. Es gelang Jan nur mühsam, ihn zu beruhigen und ihm die Zusage abzuringen, Okay zu informieren.

Richard Jungs Reaktion dagegen überraschte Jan.

»Woher kennen Sie denn Herrn Löwenstein?«, fragte er kühl.

»Von früher. Geschäftlich.«

»Aha. Und jetzt ist er an dieser ganzen Geschichte beteiligt?« Jung klang fast amüsiert.

»Kennen Sie Löwenstein denn?«, fragte Jan.

»Als er noch gespielt hat, waren wir öfter mal zusammen auf dem Golfplatz.« Er sprach so distanziert, dass seinem Ton nicht zu entnehmen war, ob er Löwenstein für einen schlechten Golfer oder nur für einen Gangster hielt.

»Ich hoffe, seine Beteiligung stellt für Sie kein Problem dar«, sagte Jan unsicher.

»Nein, nicht direkt zumindest. Aber von einer Aufnahme war bisher ja gar keine Rede. Bevor da irgendwas beschlossen werden kann, muss zumindest die Beteiligungsfrage geklärt sein.«

»Es wird dabei kaum um nennenswerte Beträge gehen«, sagte Jan.

»Dass ein Herr Löwenstein an dem Konzert verdient und ich nicht, kommt absolut nicht in Frage.« Es war klar: Hier ging es jemandem ums Prinzip.

»Ich schlage vor, wir besprechen das bei dem Treffen«, sagte Jan. »Wann haben Sie Zeit?«

Sie glichen Jungs Termine mit Bobs ab und einigten sich auf drei Alternativen, die erste bereits in drei Tagen.

»Wann ist denn ... die Beerdigung?«, fragte Jan.

»Die Polizei hat die Leiche noch nicht freigegeben«, sagte Jung so unbeteiligt, als redeten sie über den Termin für einen Ölwechsel.

Nachdem er aufgelegt hatte, fluchte Jan leise vor sich hin. Er war davon ausgegangen, dass die Rechte natürlich bei Bob Keltner lagen, schließlich war es seine Band. Aber wenn nun einer der Musiker auf einem Anteil bestand, müssten die anderen das Gleiche bekommen, und Jan hielte dann gerade noch Bobs Anteil: ein Fünftel. Geteilt durch zwei. Die CD war für ihn so gut wie wertlos. Was blieb, war die Musik. Die Chance auf ein großes Konzert. Die letzte und einzige Chance für diese Gruppe.

War es das wert? Ja, dachte Jan. Das war es.

Außerdem waren da die fünfzehntausend Dollar. Wenn der Scheck gedeckt war. Und es einen zweiten gab. Er ging zurück in die Küche. Die zweite Flasche Champagner war leer, und man kehrte zum Bier zurück. Als Heiner irgendwann auf dem Klo verschwand, sah Johanna zu Jan und lächelte fragend.

»Wenn ich gleich ins Bett gehe ...«, sagte sie.

»Ja«, sagte Jan. »Was dann?«

Sie kicherte ein bisschen. »Irgendwie möchte ich nicht, dass Vater mitkriegt, dass wir ... du weißt schon.«

»Im Versteckspiel bin ich aus der Übung.«

Sie beugte sich über den Tisch und gab ihm einen Kuss. »Wenn wir darauf warten, dass er vor uns schlafen geht, haben wir verloren. Der hält länger durch als wir«, flüsterte sie ihm ins Ohr.

»Dann geh ich wohl am besten zuerst«, flüsterte er zurück.

»Genau«, sagte sie, und ganz kurz berührte ihn ihre Zungenspitze am Mundwinkel. Als die Wasserspülung ging und Heiner geräuschvoll aus dem Klo kam, stand Jan auf.

»War 'n harter Tag heute«, sagte er vernehmlich. »Ich geh schlafen.«

Heiner protestierte, aber Jan ließ sich nicht umstimmen. Er putzte sich sorgfältig die Zähne und sprang auch noch kurz unter die Dusche. Er räumte die wenigen Sachen in seiner Dachkammer zusammen und legte sich dann ins Bett. Er hoffte, Johanna würde ihn nicht lange warten lassen.

Ein harter Tag, dachte er. Das war nicht mal gelogen.

Als Johanna eine halbe Stunde später leise die Tür öffnete, war er fest eingeschlafen.

*

Plötzlich ging alles ganz schnell. Es brauchte nur ein halbes Dutzend Telefonate, und der Termin stand. In drei Tagen konnte das Treffen stattfinden. Jan rief im Crowne Plaza an und reservierte ein Zimmer für Bob. Dazu mietete er einen kleinen Konferenzraum für den Nachmittag.

Als er nach dem Gespräch den Hörer auflegte, fühlte er sich, als wäre ein Schalter umgelegt worden. Er spürte, wie Johanna hinter ihn trat.

»Alles erledigt?«, fragte sie.

»Ja«, sagte er. »Ich habe frei.«

Sie legte ihm die Hand auf die Schulter, und er drehte sich zu ihr. Sie sah ihn ernst an. »Ich hoffe, dass alles gut wird«, sagte sie.

Er beugte sich langsam vor, doch als ihre Lippen sich berührten, hörten sie Heiner die Treppe herunterkommen.

Sie mussten beide lachen, als sie zusammenzuckten wie ertappte Teenager.

»Was hast du jetzt vor?«, fragte sie.

»Mein Fahrrad reparieren«, sagte er.

Die Tage kamen ihm fast unwirklich ruhig vor. Er beschaffte Ersatzteile für das Faggin aus Rolf Wolfshohls Laden in Rath, schraubte, so gut das mit seinem bandagierten Daumen ging, putzte und stellte ein. Zwischendurch ließ er bei einem Arzt die Nähte untersuchen, und man versicherte ihm, das Krankenhaus habe ganze Arbeit geleistet, alles heile prima. Er trank mit Heiner, spielte mit Marco und schlief mit Johanna. Ein paarmal sprach er auf Quitérias Anrufbeantworter.

Johanna gab ihm Rätsel auf, sorgte dafür, dass er sich selbst rätselhaft wurde. Eine selten erlebte Form der Anziehung herrschte zwischen ihnen, die unter – oder über – der sicht- und verstehbaren Ebene lag. Sie sprachen nicht viel; und wenn, dann nicht über ihre Mutter oder ihren wahren Vater. Nur einmal, an einem Nachmittag, als sie, das Gesicht in seine Achselhöhle vergraben, neben ihm döste, fragte er sie nach Bob.

Sie hob den Kopf, und ihr Blick war unglücklich, als habe er sie aus einem schönen Traum gerissen. »Ich habe ihn nie kennen gelernt«, sagte sie. »Du willst wissen, ob er mein Vater ist, aber das *weiß* ich nicht. Und er weiß nicht, dass es mich gibt. Heiner ist mein Vater. Heiner hat mich großgezogen. Alles andere ist egal.« Sie zog sich in sich zurück. Jan sah einen Anflug von Gänsehaut auf ihrer Schulter. Er küsste ihren Nacken und schwieg.

Als er begann, sich wie im Urlaub zu fühlen, waren die Tage vorbei.

*

»Bob ist weg«, sagte er. »Weg? Was soll das heißen?« Unwillkürlich und gegen ihren Willen griff sie nach seiner Hand. »Er ist nicht mehr in Köln. Und er wird nicht zurückkommen.« – »Aber die Band?« – »Was soll mit ihr sein? Es gibt sie nicht mehr. Wir wissen doch beide, dass sie ohnehin tot war. So tot wie Gregor.« Sie zog leicht die Nase hoch, er meinte, ein zustimmendes Nicken zu entdecken. »Wo ist er hin?«, fragte sie. »Ich weiß es nicht. Weg eben. Vielleicht zurückgegangen.« – »Nach Hause?«, flüsterte sie. »Nach Hause? Bob hat kein Zuhause. Du weißt das.« – »Ja. Du hast Recht. Deshalb ist er fort«, sagte sie. »Nicht einmal hier ist sein Zuhause. Zuhause – das ist ein Ort, an dem man nicht davonlaufen kann.«

*

»Nervös?«, fragte Bob Keltner.

»Warum sollte ich nervös sein? *Du* wolltest dieses Konzert«, sagte Jan.

Bob lag auf dem Bett seines Hotelzimmers und grinste sein Grinsen, aber es schien Jan anders als sonst, schwächer, ein wenig verzerrt, als habe er Schmerzen, die er nicht zeigen wollte. »Es geht doch um eine ganze Menge Geld für dich, oder?«

Jan antwortete nicht. Er dachte an Johanna, und er dachte an Quitéria, und er dachte an sein Leben, das auf den Kopf gestellt war – von Bob, von Löwenstein, von Heidi Jung und der Polizei. Von ihm selbst. Für zwei mal siebeneinhalbtausend Dollar.

Er sah aus dem Fenster auf das grüne, hundebekackte Plätzchen hinunter, das man nach Willy Millowitsch benannt hatte. Der nachmittägliche Verkehr blockierte die Händelstraße, aber die Fenster hielten den Lärm draußen. In einer halben Stunde würden sich die alten Recken des Bob-Keltner-Sextetts treffen, zu was auch immer. Er hoffte, dass alles gut ginge, dass das Konzert stattfände, nicht verhindert würde durch irgendeine offene Rechnung, vielleicht eine unbegleichbare.

»Du kommst erst mal nicht mit rein«, sagte Bob.

»Warum?«

»Es wird eine Menge zu bereden geben. Mehr, als ich mir denken kann wahrscheinlich. Und das meiste wird dich nicht interessieren.«

»Es geht mich nichts an, meinst du.«

»Genau.« Wieder das Grinsen, und wieder fehlte Keltner die Kraft, es groß zu machen.

»Geht's dir gut?«, fragte Jan.

»Na klar.« Bob setzte sich auf.

»Wenn es um das Konzert geht, sollte ich aber dabei sein«, sagte Jan.

»Logisch. Warte einfach an der Bar. Ich hol dich, wenn's so weit ist. Es wird bestimmt ein paar Fragen an dich geben. Wegen diesem Löwenstein zum Beispiel.«

Jan wandte den Blick wieder aus dem Fenster. Als er sprach, bildete sich ein kleiner beschlagener Fleck auf der Scheibe.

»Du hast mir die Rechte an der Aufnahme gegeben. Aber du hast sie gar nicht besessen.«

»Wie kommst du *da*rauf? Wer soll sie sonst haben?«

»Die Band. Richard will seinen Anteil.«

»Das kläre ich.«

»Für mich hörte es sich nicht so an, als wäre er zu Kompromissen bereit.«

»Mach dir keine Sorgen um dein Geld. Das regeln wir.«
Jan antwortete nicht. Er machte sich weniger Sorgen um seines als um das von Löwenstein.
»Ich geh in die Halle«, sagte er. »Falls jemand zu früh kommt.«
»Gut«, sagte Bob. »Ruf an, wenn alle da sind. Ich werde mich noch ein bisschen … frisch machen.«
Jan verließ das Zimmer und fuhr mit dem Lift hinunter in die Halle. Tatsächlich entdeckte er Olaf Kranz, der etwas verloren in der Nähe des Einganges stand und sich suchend umsah. Jan ging zu ihm und begrüßte ihn mit einem herzlichen Handschlag. Kranz sah aus, als fühle er sich unwohl in der Atmosphäre der Halle. Ein paar Meter von der Bar entfernt stand ein Feuchtner-Flügel mit einer elektrischen Mechanik, der selbsttätig und gefühllos irgendwelchen Barjazz vor sich hin klimperte. Jan lotste Kranz zur Bar, die ohnehin als erster Treffpunkt ausgemacht war.
»Peter sucht noch einen Parkplatz«, sagte Olaf Kranz. »Er mag keine Tiefgaragen.«
»Er begleitet Sie?«
»Allein wollte er mich nicht hierher lassen.« Kranz lächelte entschuldigend. Jan war nicht erfreut über die Aussicht, die Wartezeit gemeinsam mit Peter Edelhoff zu verbringen, aber darauf kam es jetzt auf der Zielgeraden wohl nicht mehr an. Er bestellte sich ein Bier und ein Mineralwasser für Olaf Kranz und gab Bobs Zimmernummer für die Rechnung an. Eine Weile saßen sie schweigend nebeneinander auf den klobigen Barhockern.
»Ich freue mich«, sagte Kranz plötzlich. »Auf Bob. Auf alle. Hoffentlich geht alles gut.«
»Ja«, sagte Jan nur. Er behielt die Eingänge im Auge, aber für eine ganze Weile tat sich nichts. Dann kam Heiner herein. Zu Jans Überraschung begleitete ihn Johanna. Heiner entdeckte sie sofort und kam durch die Halle auf sie zumarschiert, Johanna folgte in einigem Abstand. Heiner blieb vor Olaf stehen, sie sahen sich ernst an, dann umarmten sie sich brüderlich. Heiner patschte Olaf kräftig auf die Schultern, aber sein Unterkörper blieb in auffälliger Distanz zu seinem Gegenüber. Johanna trat nah zu Jan und fragte ihn leise nach den Toiletten. Er wies ihr den Weg ins Untergeschoss. Sie entschuldigte sich und ging in Richtung Treppe.

»Wie geht es dir, Mann?«, fragte Heiner.

»Man wird nicht jünger, was?«, antwortete Olaf. »Aber ich habe keine Lust, mich über meine Zipperlein zu unterhalten. *So alt sind wir doch auch noch nicht, oder?*«

Heiner schlug ihm noch einmal auf die Schulter und lachte dröhnend. Dann bestellte er ein Kölsch.

Die Unterhaltung der beiden kam nur langsam in Gang, so wie es ist bei Menschen, die sich lange nicht gesehen haben.

Hätten sie sich gestern das letzte Mal getroffen, könnten sie heute darüber reden, dass ihnen das Frühstücksei geplatzt ist, dachte Jan. Aber nach so vielen Jahren war die Wahl des Themas heikel: Gesundheit, Partner, Karriere – überall lauerten mögliche Fettnäpfchen unbekannter Größe. Jan beobachtete die beiden, wie sie sich langsam und vorsichtig aufeinander zutasteten. Aber die Freude, sich wieder zu sehen, war trotz aller Zurückhaltung bei beiden nicht zu übersehen.

Er entdeckte Vera Petalovich, die die Halle betrat. Jan war erleichtert, dass sie allein kam, ohne ihre Tochter oder sonstige Unterstützung. Ihr Lächeln kam ihm ein wenig unsicher vor. Sie warf einen befremdeten Blick auf den automatischen Flügel, während sie auf die Bar zuschritt, und bedachte die drei Männer mit einem dezenten Kopfnicken. Olaf Kranz rutschte von seinem Hocker und machte ein paar Schritte auf sie zu. Dann sank er auf ein Knie, ergriff ihre Hand und küsste sie.

Vera lächelte auf ihn hinunter. Ein wenig mühsam kam er wieder hoch, und sie fielen sich um den Hals.

»Die Göttin ist wieder da«, sagte Heiner, dabei sah er mit spöttisch hochgezogenen Brauen in sein Glas.

Vera hielt ihm die Hand hin, er spitzte die Lippen und ließ genug Zeit verstreichen, um Jan nervös zu machen, bevor er sie ergriff und sachlich schüttelte.

»Schön, euch zu sehen«, sagte Vera. Zu viert standen sie vor der Bar, ein unbehagliches Schweigen entstand. Jan übernahm das Kommando und dirigierte seine Gäste zu einer der Sitzgruppen der Lobby. Ein unangenehmes Pfeifen in seinem linken Ohr setzte ein, er rieb sich kurz den Nacken. Vera verzichtete auf einen Drink, und erneut wurde Jan Zeuge, wie alte Freunde sich neu kennen lernten.

Neu kennen lernen, für Vera war das mehr als eine Floskel. In ihrem Gedächtnis existierten diese Männer nur als Fotos in einem Album. Aber sie spielte ihre Rolle gut, ließ sich von Olaf anbeten und von Heiner auf Distanz halten.

Das Pfeifen in Jans Ohr wurde stärker, er nuschelte eine Entschuldigung und besorgte sich an der Bar einen Brandy, den er vor Ort kippte, bevor er zwei Bier und zwei Mineralwasser für ihren Tisch bestellte. Dann machte er sich auf den Weg ins Untergeschoss. Auf der Toilette verbrachte er mehr Zeit als nötig. Die Augen geschlossen, kühlte er seine Stirn an den weißen Kacheln. Erst als er jemanden den Vorraum betreten hörte, drückte er die Spülung. Es war Peter Edelhoff, den er sah, als er sich umdrehte.

»Oh, hallo«, sagten sie beide synchron, als sie sich erkannten, um sich dann peinlich unentschlossen anzugrinsen.

»Wir sitzen in der Lobby«, sagte Jan, worauf Edelhoff mit einem »Ach?« antwortete, das Jan einen Moment zu schaffen machte. Er entschloss sich zur durch ein freundliches Nicken gedeckten Flucht und war froh um die Sekunden der Ruhe, die er am Waschbecken genießen durfte, bevor er wieder den Weg zum Gipfeltreffen antrat.

Richard Jung war noch nicht erschienen, aber Vera, Olaf und Heiner hatten offensichtlich einen Weg der Verständigung gefunden, die Stimmung am Tisch war, wenn schon nicht überschäumend, so doch heiter. Jan setzte sich auf eines der freien Sofas, bemüht, im Hintergrund zu bleiben. Kurz darauf erschien Peter Edelhoff. Er stellte sich Vera Petalovich aufs Höflichste vor, setzte sich neben Jan und schwieg fürderhin. Jan tat es ihm gleich, ab und an sorgte er für die Getränkebestellungen, die sich bald auf zwei Kölsch für ihn und Heiner reduzierten. Jan fragte sich, wo Johanna blieb, sie war noch nicht wieder aufgetaucht.

Endlich erschien Richard Jung. Jan hatte ihn nicht kommen sehen, obwohl er sich redlich bemüht hatte, den Haupteingang im Auge zu behalten.

Es war, als wehe ein unangenehm kühler Hauch über die Gruppe. Die Begrüßung war von allen Seiten höflich, doch das Lächeln der drei schon Anwesenden schien vorsichtiger zu werden. *Noch* vorsichtiger, dachte Jan.

Richard Jungs Auftreten war das eines Menschen, der es gewohnt war, ohne weiteres den Anspruch auf Anführerschaft zu erheben. Vor Jans Auge stiegen Ärztekongresse auf, in Dubaier Sieben-Sterne-Hotels und anderswo, auf deren Soiréen Richard Jung – wahrscheinlich im legeren Zweiteiler – einen von nur wenigen Mittelpunkten zu bilden gewohnt war.

Die Beileidsbekundungen aller nahm Jung mit höflichem Nicken zur Kenntnis.

»Könnte ich einen trockenen Martini bekommen?«, fragte er dann in keine bestimmte Richtung, und Jan mühte sich von seinem gut gepolsterten Platz hoch, um die Bestellung weiterzugeben. Als er an der Bar stand, fiel sein Blick auf die Uhr, die über der ansehnlichen Malt-Whisky-Batterie hing – wahrscheinlich waren es die Flaschen, die seinen Blick angezogen hatten.

»Kann ich mal ein Hausgespräch führen?«, fragte er den Mixer. Der junge Mann reichte ihm wortlos ein drahtloses Gerät. Jan wählte Bobs Zimmer, aber niemand meldete sich. Er legte auf; Bob würde auf dem Weg sein. Er brachte Richard Jung seinen Martini und verzog sich wieder in seine Sofaecke, um den Fortschritt der Wiedervereinigung zu beobachten.

Jan bemerkte fasziniert, wie sicher Vera Petalovich sich durch das Terrain der vielen Erinnerungen bewegte, die sie hier umgaben und die sie doch nicht teilen konnte. Ein Lächeln für Olaf Kranz, ein Scherz mit Heiner, ein ernster Blick für Richard Jung, der darunter aufzutauen schien.

»Wo bleibt denn Bob?«, fragte Heiner, und Jan schreckte aus seinen Betrachtungen.

»Muss gleich kommen«, antwortete Jan. »Wir können ja schon mal raufgehen.«

»Ich werde hier bleiben«, flüsterte ihm Peter Edelhoff zu, der immer noch neben ihm saß. Jan nickte, dann bemühte er sich erfolgreich um die Aufmerksamkeit der Anwesenden und dirigierte sie zum Aufzug, der sie zu dem Konferenzraum bringen würde.

»Ich gehe zu Fuß«, beschied ihm Richard Jung mit eisernem Lächeln.

»Gesünder is' es ja«, sagte Heiner und betrat den Lift. Die anderen folgten. Das Konferenzzimmer lag direkt gegenüber dem

Aufzug im dritten Stock. Thermoskannen und Mineralwasserflaschen, Geschirr und Löffel standen, wie bestellt, auf einem Servierwagen neben der Tür. Die Sonne brachte es endlich fertig, durch die grauen Schichten Wasserdampf über der Kölner Bucht zu dringen. Jan schaltete das Neonlicht aus.

»Doch nicht mehr so fit, unser Richard«, sagte Olaf und sah suchend aus der Tür. »Oder hat er sich verlaufen? Ich hoffe, Bob kommt bald.«

Auf der Fensterbank stand ein Telefon. Jan wählte Bobs Nummer und erhielt wieder keine Antwort. Dann ließ er sich von der Zentrale mit der Bar verbinden und hinterließ die Nachricht für Bob, dass sie bereits im Konferenzraum seien.

»Hast du echt nur Kaffee und Wasser?«, dröhnte Heiners Stimme durch den Raum.

»Ich kümmer mich drum«, sagte Jan sofort. Er hätte ohne weiteres nach Alkoholika telefonieren können, aber er war froh um die Gelegenheit, den Raum und die diffusen Spannungen darin hinter sich zu lassen.

Als sich die Aufzugtür geöffnet hatte und er eingetreten war, zögerte er kurz, bevor er den Knopf für das Erdgeschoss drückte. Er hoffte, Bob wäre da, wenn er zurückkäme.

An der Bar bestellte er vier Flaschen Kölsch für Heiner, die er geschlossen und ohne Gläser mitnahm. In einem Sessel der Lobby entdeckte er Johanna. Sie bemerkte ihn nicht. Gedankenverloren sah sie an ihm vorbei, und er beschloss, sie nicht zu stören. Zurück im Aufzug fuhr er, je zwei Nulldreier Flaschen in jeder Hand, hinauf zu Bobs Zimmer. Auf sein Klopfen erhielt er keine Antwort. Er pochte erneut und rief halblaut »Bob!«, aber es rührte sich nichts. Wieder im Konferenzzimmer, nahm ihm Heiner erfreut die Flaschen ab. Mittlerweile war auch Richard Jung da.

»Wo bleibt denn nun Bob?«, fragte Vera.

»Ich geh mal schauen«, sagte Olaf Kranz. »Ich brauch eh Bewegung.«

Jan nannte ihm die Zimmernummer, und der kleine Mann machte sich auf den Weg. Er ging gebeugter, als Jan es in Erinnerung hatte.

Die Unterhaltung zwischen Vera, Heiner und Richard Jung

203

verlief zäh. Sie umkreisten einander wie Faustkämpfer, immer auf der Hut und immer auf der Suche nach einer Lücke. Man sprach über Alltägliches, Berufliches und die Gesundheit. Vera Petalovich hielt sich bedeckt, Jan fragte sich, ob sie den anderen von ihrer Amnesie erzählen würde, wenn sie alle versammelt waren.

Jan sah verstohlen auf die Uhr an der Stirnwand. Sie hatte keinen Sekundenzeiger, und Jan wartete auf eine Bewegung des Minutenzeigers, aber die Zeit schien stillzustehen.

»Hat die Polizei mittlerweile etwas herausgefunden?«, hörte er Heiner fragen.

»Ich möchte dieses Thema hier und heute nicht erörtern. Ist das möglich?«, erwiderte Richard Jung kalt.

»Natürlich«, sagte Vera beschwichtigend. Jan sah wieder zur Uhr, dann zur Tür. Weder Bob noch Olaf Kranz tauchten auf.

»Ich seh mal nach, wo die bleiben«, sagte er und ging aus dem Zimmer. Als die Türen des Aufzugs sich im sechsten Stock öffneten, stand Olaf Kranz vor ihm.

Sein Gesicht war grau, er schnappte nach Luft. Fassungslos sah er auf seine rechte Hand, die er Jan entgegenstreckte. Sie war voller Blut.

»Bob ist tot«, sagte er.

*

Er lag auf dem Boden, auf der Seite. In seinem Hinterkopf war ein großes, blutiges Loch. Daneben lagen die Trümmer des schweren Keramikfußes der Lampe, die auf dem Tisch gestanden hatte.

Jan hatte keine Ahnung, was zu tun war. Langsam ging er neben Bob in die Knie. Es kam ihm vor, als sei seine Hand ferngesteuert, während sie Bobs Hals nach einem Pulsschlag abtastete, doch da war nichts mehr. Die Haut, über die seine Finger strichen, war kühl, und fast meinte er zu spüren, wie sie sekündlich kälter wurde. Er hörte ein Geräusch und fuhr herum. In der Tür stand Olaf Kranz. Sein Blick zeigte, dass er keine große Hilfe sein würde.

»Ich war es nicht«, sagte er leise. »Das müssen Sie mir glauben.«

Jan sagte nichts. Es war ihm überhaupt nicht in den Sinn gekommen, dass dieser kleine, kranke Mann Bob Keltner niedergeschlagen haben könnte.

»Wir müssen einen Arzt rufen. Vielleicht kann man ihm noch helfen.« Das Telefon stand auf dem Tisch. Jan ging das Wort »Fingerabdrücke« durch den Kopf, aber da hatte er den Hörer bereits in der Hand. Er wählte die Notfallnummer, die auf dem Apparat stand, und gab die Zimmernummer durch.

»Sie kommen sofort«, sagte er, nachdem er aufgelegt hatte.

Olaf stand noch immer in der Tür und starrte auf Bob hinunter.

»Er lebte noch, als ich ihn gefunden habe«, sagte er leise.

»Was? Hat er noch was gesagt?«

»Er hat mich noch angesehen. Und mich erkannt. ›Bist du das, Okay?‹, hat er gesagt. Sogar ein bisschen gelächelt hat er.« Entsetzen stand in Kranz' Gesicht geschrieben, er atmete zitternd. Jan konnte ihn kaum verstehen, als er weitersprach. »›Ich wollte alles wieder gutmachen‹, hat er dann gesagt. Und zum Schluss noch: ›Frag Jan. Er hat alles‹ und dann … war Ende.« Sein Blick löste sich langsam von Bob, und er sah Jan an. »*Was* soll ich Sie fragen?«

Auf dem Gang näherten sich schnelle Schritte. Eine junge Hotelangestellte drängte sich an Olaf vorbei ins Zimmer.

»O mein Gott«, sagte sie. Wie Jan eben kniete sie sich neben Bob und tastete nach dem Puls. Dann drehte sie ihn vorsichtig, aber entschlossen auf den Rücken und begann mit einer Herzmassage.

Sie trug ihre langen blonden Haare in einem Knoten zusammengesteckt. Jan fragte sich, wieso er dafür jetzt einen Blick hatte, aber er sah die ganze Zeit auf den bunten Kamm, der den Knoten zusammenhielt.

Nach einer endlosen Minute gab sie ihre Bemühungen auf. Sie sah zur Decke und hatte Tränen in den Augen. Schweigend warteten sie zu dritt auf den Notarzt und die Polizei.

*

»Nach was sollte Herr Kranz Sie wohl fragen, Herr Richter? Können Sie sich vorstellen, was Keltner gemeint hat?«

Hauptkommissar Schneider sah ihn mit einer sehr dienstlichen Miene an. Sie saßen am Tisch des Zimmers neben dem des toten Bob. Die Polizei hatte alle freien Zimmer auf der Etage in Beschlag genommen. Ein Einzelzimmer. Klein, kühl und unpersönlich, ein Hotelzimmer, wie es Millionen auf der Welt geben musste.

Natürlich konnte Jan sich vorstellen, was Bob gemeint hatte: den hellbraunen Umschlag, der in seinem Zimmer lag, in Heiners Haus, in seiner Tasche – ganz zuunterst.

»*Bewahr ihn für mich auf und gib ihn mir nach dem Konzert wieder.*«

Er verspürte einen heftigen Widerwillen dagegen, den Umschlag Kommissar Schneider zu übergeben – zumindest, bevor er seinen Inhalt kannte. Was konnte Bob so wichtig gewesen sein, dass er im Moment seines Todes daran dachte?

»*Und wenn es kein Konzert gibt?*« – »*Dann gehört er dir. Mach damit, was du willst.*«

Nein, Jan konnte sich nicht vorstellen, dass Bob den Umschlag ungeöffnet in den Händen eines Polizisten gewünscht hätte.

»*Mach damit, was du willst.*«

»Tut mir Leid«, sagte er. »Ich habe keine Ahnung, was Keltner gemeint haben könnte.«

Schneider sah nachdenklich auf seinen Notizblock und tippte monoton mit der Spitze seines Kulis darauf. Es klopfte kurz, und ein Mann von der Spurensicherung kam herein. Er hatte Gummihandschuhe an und zeigte Schneider ein geöffnetes Lederetui.

»Das lag in der Nachttischschublade.«

Das Etui enthielt Spritzen und Ampullen.

»Was ist da drin?«, fragte Schneider.

»Die Etiketts sind auf Englisch. Könnte ein Opiat sein, aber ich bin da kein Fachmann.«

»War Keltner ein Junkie?«, fragte Schneider an Jan gewandt.

»Nicht dass ich wüsste. Ich hatte nicht den Eindruck.«

Schneider entließ den Spurensucher mit einem Nicken und tippte weiter mit dem Kuli auf seinen Block.

»Sagen Sie mir doch mal, warum *Sie* nicht verdächtig sind, Herr Richter.«

Schneider sah Jan direkt in die Augen, und Jan hielt dem Blick stand. Über die Antwort auf diese Frage hatte er lange genug nachgedacht. Es war eine der ersten gewesen, die ihm durch den Kopf geschossen waren, als er neben dem toten Bob Keltner gekniet hatte.

»Weil ich noch hier bin«, sagte er. »Wenn ich Bob das angetan hätte, wäre ich doch wohl geflohen, oder?«

Schneider tippte ungerührt weiter mit der Spitze seines Kugelschreibers auf seinen Notizblock. »Sie könnten auch einkalkuliert haben, dass wir das annehmen. Fällt Ihnen *noch* was ein?«

»Ich verliere Geld«, sagte Jan. »Mindestens siebeneinhalbtausend Dollar.«

»Dieselbe Summe, die Sie durch Heidi Jungs Tod gewonnen haben«, stellte Schneider sachlich fest.

»Wenn Sie so wollen«, sagte Jan. Er wunderte sich fast selbst über seine innere und äußere Gefasstheit.

»War der Scheck gedeckt?«, fragte Schneider.

»Ich habe ihn noch nicht eingereicht.«

»Sie haben ihn also noch?«

»Nein. Ich habe ihn nach Lissabon geschickt. Per Post.«

»Warum?«

»Weil dort mein Konto ist.«

»Wer wird ihn da einreichen?«

»Eine Freundin.«

Schneider sah von seinem Block auf und Jan in die Augen. Wieder hielt er dem Blick stand, aber er fühlte einen Schweißfilm auf der Stirn. Das professionelle Misstrauen des Polizisten begann ihn zu zermürben. Als Schneider den Blick wieder auf seinen Block senkte, atmete Jan auf, flach und leise.

»Verliert Löwenstein auch Geld?«, fragte Schneider.

»Nein. Ihm entgeht ein kleines Geschäft, aber es war ohnehin ein Risiko dabei.«

Schneider sah mit gespitztem Mund auf die Kulispitze und begann wieder, damit auf das Papier zu tippen. »Kommen wir zu den anderen«, sagte er schließlich. »Wen von ihnen kennen Sie näher?«

»Keinen. Außer Heiner Küfermann habe ich alle erst in der letzten Woche kennen gelernt. Und Küfermann kannte ich vorher auch nur flüchtig.«

»Die haben sich alle seit über dreißig Jahren nicht gesehen?«
»So ist es.«
»Gibt es da vielleicht offene Rechnungen?«
»Das müssen Sie sie selbst fragen.«
»Das werde ich tun.« Schneider verzog den Mund. »Nun, bisher wissen wir ja noch gar nicht, was mit Mister Keltner passiert ist. Bleiben wir also zunächst bei den Tatsachen …«

Lückenlos und Schritt für Schritt fragte er Jans Erinnerung ab. Von dem Moment, als er Bob allein gelassen hatte, bis zur Begegnung mit dem aufgelösten und blutbesudelten Olaf Kranz. Während er alles, was er wusste, zu Protokoll gab, wurde Jan – und wie anzunehmen war, auch Hauptkommissar Schneider – klar, dass alle in der Gruppe, auch Johanna und Edelhoff, irgendwann allein gewesen waren, unbeobachtet von den anderen: Vera, Richard Jung und Peter Edelhoff, bevor sie kamen; außerdem hatte Jung auffällig lange bis ins Konferenzzimmer gebraucht; Johanna war sehr lange auf der Toilette gewesen, und Olaf Kranz war allein zu Bob gegangen. Nur Heiner schien immer in der Nähe von jemandem gewesen zu sein.

Sie alle hatten genug Zeit, dachte Jan, aber für was? Bob eine Tischlampe auf den Kopf zu schlagen? Er vermochte sich das nicht vorzustellen.

Nachdem Jan noch einmal geschildert hatte, wie er Bob vorgefunden hatte, tippte Schneider wieder eine Weile gleichförmig mit dem Kuli auf seinen Block. Endlich klappte er ihn zu.

»Sie bleiben in der Stadt«, sagte er scharf. »Bis ich Ihnen erlaube, sie zu verlassen. Machen Sie sich eines klar, Herr Richter: Sie haben keinen festen Wohnsitz hier und sind mittlerweile Zeuge in *zwei* Todesfällen. Man kann auch nicht sagen, dass Sie völlig unverdächtig sind. Wenn ich will, sitzen Sie sofort in U-Haft, und das bis zum Prozess, selbst Ihr Dr. Liesegang könnte Ihnen nicht helfen. Also tun Sie schön, was ich Ihnen sage, verstanden?«

Jan nickte.

»Gut«, sagte Schneider. »Gehen Sie jetzt in das Zimmer gegenüber. Der Kollege dort wird Ihre Fingerabdrücke nehmen. Danach warten Sie in der Lobby, es könnte sein, dass wir noch Fragen haben.«

Jan war nicht einmal erleichtert, es hinter sich zu haben, er fühlte sich nur noch erschöpft. Im Zimmer gegenüber gab er seine Personalien zu Protokoll und presste seine zehn tintengefärbten Finger in die dafür vorgesehenen Kästchen auf einem Blatt Papier. Danach forderte der Beamte ihn auf, den Mund zu öffnen.

»Warum?«, fragte Jan.

»Speichelprobe, falls wir einen DNA-Abgleich machen müssen. Ist Routine.« Mit einem Wattestäbchen fuhr er in Jans Mundraum. Jan dachte an den Zigarettenstummel, den er in dem sauberen Aschenbecher in Schneiders Büro zurückgelassen hatte, und ließ die Prozedur protestlos über sich ergehen. Der Beamte deponierte das Stäbchen in einem Plastikröhrchen, das er luftdicht verschloss. »Sie können gehen«, sagte er dann, ohne Jan anzusehen.

Jan verließ grußlos den Raum. Müde ging er zum Fahrstuhl und fuhr in die Halle hinunter. Die Hotelangestellten verbreiteten Normalität, und wenn nicht immer wieder der ein oder andere uniformierte Polizist durch die Halle geeilt wäre, hätte man glauben können, die Welt wäre in Ordnung. Eine junge Beamtin stand in der Nähe der Bar und hielt etwas gelangweilt die Gruppe der Musiker im Auge.

Vera saß jetzt an dem Flügel. Man hatte die Mechanik ausgeschaltet, und sie spielte einen verhaltenen Blues, kühl, aber innerlich glühend. Jan suchte ihren Blick, aber sie hielt die Augen beim Spiel geschlossen. Olaf Kranz und Peter Edelhoff saßen in der benachbarten Sitzgruppe und hörten konzentriert zu. Heiner stand an der Bar und trank ein Kölsch. Johanna saß allein an einem Tisch. Sie schien zu weinen. Richard Jung war nirgendwo zu sehen. Vermutlich hatte er dafür gesorgt, dass er als Erster vernommen wurde – um als Erster gehen zu können.

Jan ging zu Johanna und setzte sich neben sie. Er sagte nichts, griff nur sanft nach ihrer Hand und legte sie auf sein Knie, wo er sie streichelte. Er lauschte Veras Spiel. Es berührte ihn, als wisse sie, was in ihm vorginge; »Jans Blues«, so nannte er das Stück bei sich.

Richard Jung kam zusammen mit einem Polizisten aus dem

Aufzug. Er würdigte Jan keines Blickes und ging geradewegs auf Vera zu. Sie sah auf, als er sie ansprach. Verstehen konnte Jan nichts von dem, was gesagt wurde, aber ihr Blick war ernst, fast erschrocken. Ihr Spiel brach ab, sie schüttelte heftig den Kopf. Richard Jung sah sie noch für einen Moment an, dann drehte er sich jäh ab und verließ die Halle, ohne den anderen auch nur noch einen Blick zu gönnen. Heiners Schultern sanken ein wenig nach unten, während er ihm nachsah. Vera nahm ihr Spiel wieder auf, mit starrem Blick, aber es klang nun fast so mechanisch wie zuvor das des Automaten. Oberkommissar Jürgens sprach mit Heiner, und der folgte ihm sichtlich unwillig zur Treppe.

»Muss ich *auch* mit denen reden?«, fragte Johanna leise.

»Das wird sich kaum vermeiden lassen.« Er bat sie um eine Zigarette, und sie reichte ihm ihre Schachtel. »Wo ist Marco?«, fragte er.

»Bei meiner Freundin Beate. Wie lange wird das hier dauern?«

»Lange, fürchte ich«, sagte Jan.

Er zog an seiner Zigarette und schloss die Augen. Sanft lehnte er seine Wange an Johannas Haar. Eine leichte Bewegung ihres Kopfes antwortete seiner Annäherung. Er genoss den Moment der Ruhe und ihre Nähe, bis Schneiders Stimme in seine Gedanken hineinbellte.

»Frau Küfermann, wenn ich bitten darf.«

Sie schreckten hoch, und Johanna folgte dem Hauptkommissar gehorsam und mit gesenktem Kopf zur Treppe. Jan sah ihr nach, und sein Blick blieb an der Ecke hängen, hinter der sie verschwand, während seine Gedanken um einen Briefumschlag kreisten.

*

Sie roch Rauch und hörte das Feuer knistern, als sie die letzte Treppe emporstieg. Die Tür war nur angelehnt, Qualm strömte durch den Spalt. Sie holte tief Luft und stieß die Tür auf. Blind im dichten Rauch tastete sie sich in die Wohnung hinein. Glas splitterte, und ein heftiger Zug setzte ein. Der Qualm wurde weniger dick, zum ersten Mal sah sie Flammen lodern, angefacht durch die Luft, die durch das geborstene Fenster hereinströmte. Und sie sah die beiden Männer. Gregor, der durch das Fenster aufs Dach kletterte. Und den anderen, der ihm einen Stoß gab.

*

Heiner weigerte sich, mit nach Hause zu fahren. Er ließ das Taxi am »Metronom« halten. Bevor er ausstieg, versuchte er noch, sie zu seiner Begleitung zu nötigen, aber sie weigerten sich übereinstimmend, was ihn zu einer eindrucksvollen Beschimpfung veranlasste.

»Bob ist umgebracht worden, und ihr lasst mich allein! Ihr! Ihr beide!«

Er knallte die Tür zu, aber das war dem Mercedes egal, in dem sie saßen.

»Umgebracht?«, fragte der Fahrer, Jan ging nicht darauf ein. Er tastete nach Johannas Hand, aber sie hatte die Arme verschränkt, als friere sie.

»Alles in Ordnung?«, fragte er.

»Nein«, sagte sie nur. Die Uhr am Armaturenbrett zeigte weit nach Mitternacht, als sie vor Heiners Haustür ausstiegen.

Jan schloss auf. Johanna ging in die Küche und setzte sich. Immer noch hielt sie die Arme an ihren Oberkörper gepresst. Sie atmete zitternd. Auf eine sanfte Berührung Jans schreckte sie zusammen.

Jan seufzte. Er nahm eine Flasche Bier aus dem Kühlschrank und setzte sich neben sie.

»Ich habe gelogen«, sagte Johanna leise, als Jan die Flasche öffnete. »Bei der Polizei.«

»Warum?«

»Ich war bei ihm«, flüsterte sie.

»Bei Bob?«

Sie nickte.

Er spürte Anspannung seinen Rücken hochkriechen. »Wann?«, fragte er.

»Direkt, nachdem wir gekommen sind. Als ich dir gesagt habe, dass ich aufs Klo muss.«

Jan wollte sie berühren, aber sie schüttelte abwehrend den Kopf.

»Lebte er noch?«

»Ja.«

Er zügelte seine Ungeduld. Es strengte ihn an, ihr jede Antwort einzeln zu entlocken »Warst du *im* Zimmer?«

»Ja.«

»Was hat er gesagt?«

»Ich habe nicht mit ihm gesprochen.«

»Ich bitte dich, Johanna! Wie geht das? Du warst *im* Zimmer, aber du hast *nicht* mit ihm gesprochen?«

»Ich habe geklopft. Er hat die Tür aufgemacht. Und gefragt, was ich wollte. Ich konnte nicht sprechen. Er hat gelächelt. Dann hat er gesagt, ich soll reinkommen. Ich hab mich gesetzt. Auf den Stuhl. Dann bin ich wieder aufgestanden und rausgegangen. Das war alles.«

»*Warum* warst du bei ihm?«, fragte Jan.

»Ich wollte ... ich wollte ihm in die Augen sehen.«

Jan schwieg. Er verstand sie genau. Aber wenn sie bei Bob im Zimmer war, konnte sie das in Schwierigkeiten bringen.

»Du musst ihnen das sagen!« Er zitterte vor Anspannung.

»Ich hab doch nichts getan«, sagte sie trotzig.

»Aber du hast gelogen!«

Sie fuhren beide zusammen, als das Telefon zu klingeln begann. Jan stand auf und ging ins Wohnzimmer.

Es war Olaf Kranz.

»Sie müssen mir sagen, was Sie von Bob bekommen haben, Herr Richter«, eröffnete er das Gespräch. Seine Stimme klang gefasst, ganz anders als vorhin in Bobs Zimmer.

Jan zögerte. Zum einen wollte er das Geheimnis mit niemandem teilen, bevor er nicht wusste, was der Umschlag enthielt. Zum anderen konnte er an diesem Telefon ohnehin nicht darüber reden.

»Haben Sie es der Polizei gesagt?«, fragte Kranz.

»Ich habe nichts bekommen«, antwortete Jan.

»Aber Bob hat doch ... Sie *müssen* es mir sagen, Herr Richter.«

»Ich *muss*?«

Eine Pause entstand, bevor Kranz weitersprach. »Ich habe nicht alles erzählt, vorhin. Ihnen nicht und der Polizei auch nicht. Bob hat *noch* etwas gesagt.«

Jan spürte einen kalten Schauer, und es kribbelte in seinen Handgelenken. Er musste verhindern, dass Kranz weitersprach.

»Sind Sie zu Hause?«, fragte er schnell.

»Ja, aber so hören Sie mir doch zu!«

»Ich glaube, der Akku ist alle«, sagte er in die Muschel des altmodischen Telefons, etwas anderes fiel ihm nicht ein. »Bleiben Sie zu Hause, ich rufe gleich zurück.« Hastig drückte er die Gabel nieder. Er rieb sich die Stirn, dann ging er in die Küche. »Wo ist die nächste Telefonzelle?«, fragte er.

Johanna sah ihn verständnislos an. »An der KVB«, sagte sie.

»Ich bin gleich wieder zurück!« Er streifte sich seine Jacke über.

»Hast du eine Telefonkarte?«, fragte Johanna und griff nach ihrer Handtasche.

»Nein.« Er sah sie an und wusste, dass sie verstanden hatte.

»Was ist los?«, fragte sie und reichte ihm eine Karte.

»Olaf Kranz hat wohl irgendwas verschwiegen.«

»Was denn?«

»Das will ich gerade herausfinden. Bleibst du auf, bis ich wiederkomme?«

»Natürlich.« Sie küsste ihn sanft auf den Mund. Er ging hinaus und holte Heiners Fahrrad aus der Garage.

Die Telefonzelle entpuppte sich als nichtüberdachter Metallständer mit magentaroter Leuchtreklame. Im nieselnden Regen suchte er mit klammen Fingern seine Brieftasche nach Olaf Kranz' Nummer durch. Er brauchte drei Anläufe, bis er sie richtig eingetippt hatte. Kranz meldete sich noch während des ersten Klingelns.

»Was war denn los?«, fragte er.

»Heiners Anschluss wird abgehört«, sagte Jan. »Hoffentlich haben Sie nicht schon zu viel gesagt.«

»Oh ...« Kranz schien an der Information zu knabbern.

»Was haben Sie verschwiegen?«, fragte Jan. »Was hat Bob gesagt?«

»Nein, Herr Richter. So geht es nicht. Bevor ich das erzähle, *muss* ich wissen, was ich Sie fragen sollte. ›Frag Jan. Er hat alles.‹ Das sagt man doch nicht einfach so, wenn man stirbt.«

Jan nagte an seiner Unterlippe. »Bleibt das zwischen uns beiden?«

»Ja!«, antwortete Kranz heftig. »Sie können mir vertrauen«, setzte er dann leiser, aber umso eindringlicher hinzu.

»Gut«, sagte Jan. »Aber nicht hier und nicht jetzt. Morgen. Wo können wir uns treffen?«

»Kommen Sie zu mir nach Mengenich. Peter ist um neun aus dem Haus. Dann sind wir ungestört. Haben Sie die Adresse?«

»Ja.«

»Gut. Dann bis morgen«, sagte Olaf Kranz, und Jan legte auf. Ihm war nach einem Schnaps. Er fuhr langsam zurück zu Heiners Haus. Er wusste nicht, was er Johanna sagen sollte. Er wollte ihr nicht von dem Umschlag erzählen, schon gar nicht jetzt, wo Olaf Kranz so vage zusätzliches Ungemach angedeutet hatte. Er beschloss zu lügen.

Johanna saß am Küchentisch, vor sich ein leeres Schnapsglas. Sie schenkte einen Fernet ein und schob Jan das Glas zu, sobald er Platz genommen hatte.

»Und?«, fragte sie.

Jan trank, bevor er antwortete. »Ich glaube, er wollte nur mit jemandem reden. Er scheint etwas durcheinander. Ich fahr morgen mal zu ihm.«

»Soll ich mitkommen?«

»*Du* solltest morgen zur Kripo gehen und deine Aussage vervollständigen. Vielleicht ist so noch was zu retten.«

»Du hast ja Recht«, sagte sie, ohne ihn anzusehen.

»Na*tür*lich hab ich das. Die kommen garantiert dahinter. Schließlich haben sie unsere Fingerabdrücke genommen. Und sie werden deine im Zimmer gefunden haben. Geh morgen zu diesem Hauptkommissar und erzähl ihm die Wahrheit. Das ist das Beste.«

Sie nickte, dann griff sie nach dem Glas und trank es leer.

»Jan?«, fragte sie, fast schüchtern. Zwischen ihren Augen war eine steile Falte erschienen.

»Was ist?«

»Ich möchte allein schlafen«, sagte sie und ahnte wohl kaum, wie erleichtert er ihren Wunsch aufnahm.

»Wie du meinst«, sagte er und lächelte. Sie gab ihm einen Kuss und verließ die Küche. Jan hörte sie die Treppe hinaufgehen und die Tür hinter sich schließen.

Während er sich Fernet nachschenkte, drehten sich seine Gedanken um den Umschlag.

Bobs Vermächtnis.

Eine Aufgabe.

Noch eine.

Er trank das Bier leer und stand auf. Als er das Küchenlicht ausschaltete und in den Flur trat, fiel sein Blick auf die offene Wohnzimmertür. Er dachte an das Telefon und an Quitéria. Aber sie würde jetzt arbeiten, wahrscheinlich alle Hände voll zu haben. Um diese Stunde war viel los im »Cool Moon of Lissabon«, hoffentlich. Dann dachte er an die abgehörte Leitung und stieg die Treppe hoch in sein Zimmer. Im gelben Licht der alten Holzlampe unter der Zimmerdecke wühlte er die Schmutzwäsche in seiner Tasche nach dem Umschlag durch. Er holte ihn hervor und sah sich nach etwas um, mit dem er ihn sauber öffnen konnte, aber er entdeckte nichts, also zwängte er seinen kleinen Finger in die winzige Öffnung, die die Gummierung am Rand gelassen hatte; zu guter Letzt zerstörte er den Umschlag dabei fast vollständig. Er enthielt zwei weitere Umschläge. »Vera« stand auf dem einen und *To whom it may concern* auf dem anderen. Die Frage, ob das auf ihn zuträfe, brauchte Jan sich nicht zu stellen. Auch diesen Umschlag zerriss er weitgehend beim Öffnen, dann hielt er einen sauber gefalteten Stapel Briefpapier in Händen. Er zögerte kurz, bevor er ihn auffaltete.

Die Blätter waren von blassem Beige und trugen den Aufdruck eines Brüsseler Hotels. Sie waren gefüllt mit einer krakeligen, blauen Kuli-Handschrift. Jan entzifferte etwas mühsam den ersten Satz. Er war in Englisch geschrieben. »Wenn dies jemand liest«, stand da, »werde ich nicht mehr am Leben sein.«

Er hatte es wieder nicht gewagt, Bob seine Liebe zu gestehen. Sie hatten zusammen bei Campi Kaffee getrunken, dann war Bob gegangen. Als zöge ihn etwas hinter ihm her, war er ihm gefolgt. Wie ein schäbiger, kleiner Detektiv in einem schäbigen, kleinen Film. Er ahnte, was Bob von Gregor wollte, als er ihn in dem Haus in der Lintgasse verschwinden sah, und es nagte an ihm. Er drückte sich in den Hauseingang gegenüber. Lange brauchte er nicht zu warten. Als Bob wieder auftauchte, las er etwas in seinem Gesicht, das ihn erschreckte. Er sah ihm nach, aber er wagte nicht, ihm weiter zu folgen. Plötzlich tauchte ein bekanntes Gesicht auf, und er blieb, wo er war, ohne genau zu wissen, warum.

*

Er schlief nicht. Erst als hinter den Jalousien der Tag langsam anbrach, fielen ihm die Augen zu, aber er dämmerte nur in dem Gefühl, klirrend wach zu sein. Jedes Geräusch im Haus oder auf der Straße ließ ihn hochschrecken. Als er Johanna aufstehen hörte, wartete er, bis sie das Haus verließ, dann sprang er aus dem Bett und ließ sich im Bad kaltes Wasser über den Kopf laufen. Es war Viertel vor neun. Hastig zog er sich an und ging aus dem Haus, Bobs Brief in dem zerrissenen Umschlag steckte in der Brusttasche seiner Jacke. Auf der Kölner Straße hielt er sich ein Taxi an, er war zu ungeduldig, um den Weg bis nach Mengenich mit dem Fahrrad oder der Bahn zurückzulegen, aber der Verkehr stellte seine Nerven auch im Auto auf eine harte Probe. Es war fast zehn, als er endlich ankam. Das Haus war ein schmucker Bungalow in einer Reihe anderer. Es stammte aus den Sechzigern, der Vorgarten war sorgfältig gepflegt. Sauber gestutzte Rosenstauden zeigten erste grüne Triebe. Jan zahlte, stieg aus und blieb einen Moment vor dem Haus stehen, um durchzuatmen. Schon nach drei Atemzügen öffnete Olaf Kranz die Tür. Er trug einen dunkelblauen Jogginganzug, und seinem Gesicht war anzusehen, dass er genauso wenig geschlafen hatte wie Jan.

»Kommen Sie rein, kommen Sie«, sagte er und winkte ihn zu sich, als drohe hier draußen irgendeine Gefahr.

Jan trat in die Diele. Sie wirkte frisch renoviert. Die sachliche

Architektur des Gebäudes wurde in der Einrichtung fortgeführt, schwarzweiße Drucke und gerahmte Fotografien hingen an den Wänden. Kranz führte ihn in einen großzügigen Raum mit deckenhohen Fenstern. In einer Ecke stand ein gusseiserner Ofen mit Glastür, ganz ähnlich dem, den Vera Petalovich in ihrem Wohnzimmer hatte. Kranz wies auf ein helles Sofa und setzte sich selbst auf einen Polsterhocker.

»Ist Ihnen jemand gefolgt?«, fragte er.

»Nein. Warum?«

»Nun, wenn schon das Telefon abgehört wird …«

Jan schüttelte den Kopf. »Das tun die wegen Heidi Jung. Ich glaube nicht, dass da so schnell eine Verbindung hergestellt wird.«

»Wenn Sie sich da mal nicht irren«, sagte Kranz mehr zu sich als zu Jan.

»Wie meinen Sie das?«

Kranz wedelte abwiegelnd mit der Hand. »Was hat Bob Ihnen gegeben?«, fragte er.

Jan nahm den Brief aus der Brusttasche und reichte ihn Kranz. Er zog fahrig die Blätter hervor und starrte auf das oberste Blatt. Ärgerlich kniff er die Lippen aufeinander.

»Mein Englisch war noch nie besonders«, sagte er. »Bob hat sich immer lustig gemacht darüber. Sagen Sie mir, was drinsteht.«

»Eine ganze Menge. Wo soll ich anfangen?«

»Vorne. Fangen Sie vorne an. Lesen Sie ihn mir vor.« Mit einer dringlichen Geste hielt er Jan die Blätter hin. Er nahm sie zögernd und begann:

»Wenn dies jemand liest, werde ich nicht mehr am Leben sein.«

»O mein Gott«, sagte Kranz leise. Vorgebeugt saß er auf seinem Hocker und starrte zu Boden. Jan fuhr fort.

»Ich kann nicht sicher sein, dass ich das Konzert erlebe, aus verschiedenen Gründen, deshalb schreibe ich diesen Brief. Ich werde ihn Jan Richter geben, denn einen Besseren weiß ich nicht.«

Jan runzelte die Stirn. Über diese Stelle war er schon beim ersten Lesen gestolpert. War er der Beste oder nur der Einzige? Er übersetzte weiter:

»Man hat mir gesagt, ich hätte noch drei Monate, aber man wollte sich nicht festlegen. Vielleicht falle ich noch heute tot um. Sie haben in meinem Schädel Tumore gefunden. Ich war wegen der Schmerzen beim Arzt, da haben sie sie entdeckt. Es sind schon zu viele. Sie können sie nicht mehr wegoperieren. Meistens sind die Schmerzen auszuhalten, aber manchmal fühlt es sich an, als treibe mir jemand einen Neun-Zoll-Nagel in den Hinterkopf. Zuerst haben sie mir Tabletten gegeben, aber die halfen nicht. Erst die Spritzen haben gewirkt. Sie machen süchtig, aber was spielt das noch für eine Rolle? Drei Monate, zwölf Wochen also. Was kann ich damit anfangen? Wie viele offene Rechnungen so ein Leben doch hinterlässt! Aber ich werde keine Zeit damit verschwenden, irgendwelche Schulden einzutreiben. Doch es gibt etwas, an dem ich seit über dreißig Jahren trage – schwer trage. Ich habe geschafft, es einzuschließen, es aus meinem Gedächtnis zu bannen, aber meine Seele hat sich nie betrügen lassen. Es ist ein schmutziger, schwarzer Fleck auf meinem Gewissen, mit dem ich nicht durch die Tür gehen will, die Tür hinüber. Ich habe Jan Richter gebeten, das Sextett noch einmal zusammenzubringen – aber natürlich sind es nur noch fünf von uns. Es war eine überwältigende und eine verwirrende Zeit, damals, als wir groß waren. Es war tatsächlich die beste Band, in der ich jemals gespielt habe. Jan hatte keinen Erfolg, vielleicht war es auch zu spät. Auf jeden Fall hat das Konzert nicht stattgefunden, sonst hätte ich diesen Brief vernichtet. Zu schade.«

»Ja«, sagte Olaf Kranz leise. »Schade.«

»Ich bin also nicht mehr am Leben«, las Jan weiter. »Eine sehr merkwürdige Vorstellung, so beim Schreiben. Ich liege irgendwo in einem Sarg oder auf Eis, während jemand das liest. Wahrscheinlich ist dieser Jemand Jan Richter – Hallo, Jan – aber vielleicht ist es auch jemand anderes. Vielleicht hat mich mein Tumor umgebracht, aber vielleicht auch jemand anderes. Vielleicht fand ja jemand, es gäbe einen Grund dafür. – Vielleicht. Wie dem auch sei, wir haben nicht noch einmal zusammen gespielt. Wir haben einen Teil unserer Leben miteinander verbracht. Und es war ein sehr intensives Leben, für alle von uns. Angefangen bei Richard, der jede Droge ausprobiert hat, die er kriegen konnte. Bis er ein Junkie war.«

Jan sah zu Kranz. »Stimmt das?«, fragte er.

Kranz nickte. »Wahrscheinlich hat es ihm das Leben gerettet, dass die Band sich aufgelöst hat. Sonst …« Er zuckte die Achseln.

Jan las weiter: »Es ist schön zu hören, dass es Richard gut geht. Er ist ein Doktor. Hat Karriere gemacht. Richtet ihm meinen Respekt aus. Er hat einen harten Weg genommen. Ich hoffe, er ist auch glücklich. Denn damals wusste er überhaupt nicht, was das ist: Glück. Er war verliebt – die ganze Zeit, die wir uns kannten, war er verliebt. In eine Frau, die er niemals bekommen würde. Und das wusste er. Also war er unglücklich. Unglücklich zu sein war seine Profession. Aber er war nicht der Einzige, der diese Frau nicht bekommen konnte, er war nur der Einzige, der es von sich wusste. Welche Frau? Vera natürlich. Die Göttin. Die an ihrem Klavier saß und Dinge spielte, die Monk hätten blass werden lassen, wenn er nicht schwarz gewesen wäre.«

Jan hielt inne. »Ab hier wird die Schrift immer unleserlicher«, sagte er, bevor er fortfuhr: »Ich musste eine Pause machen und mir eine Spritze geben. Die Schmerzen wurden zu stark. Ich bin eigentlich ganz gut darin, sie auszuhalten, aber in den letzten Tagen wird es schlimmer. Meine Konzentration leidet unter den Spritzen, aber sie geben ein gutes Gefühl. Eins-a-Dope. Ich habe schon mehr für solchen Stoff bezahlt, und dieser ist sogar legal. Wo war ich stehen geblieben? Richard liebte Vera. Liebte? Liebt er sie nicht mehr? Ich weiß es nicht. Aber Vera liebte Gregor. Den schönen Mann. Den verdammt coolsten Weißen, den Robert F. Keltner junior in seinem Leben kennen gelernt hat. Gregor Vasteels war cool. Es sollte auf seinem Grabstein stehen: ›Gregor Vasteels, *he was cool*‹, aber nicht mal ein Sax haben sie draufgemacht, gar nichts. *Fucking Germans. (Sorry, reader.)* Er war groß und blond und sah besser aus als jeder Nazi im Kino. Und die Göttin liebte ihn. Die Frau, die der kleine Richard liebte. Und der kleine Bob. Der kleine Bob? *Fuck!* Der große Bob Keltner! Der große Bob Keltner liebte die kleine Klavierspielerin! Er sagt es ihr. Er sagt ihr: Baby, der große Bob schenkt dir seine Liebe – und sie sagt: Nein danke! Ich liebe den coolen Gregor. Und da wurde der große Bob so klein wie nie wieder in seinem Leben.«

Jan sah zu Olaf Kranz. Der mied seinen Blick und zog ein paarmal die Nase hoch.

»Ich glaube, an dieser Stelle ist er eingeschlafen. Danach wird die Schrift wieder besser. Er hat sich wohl auch wieder beruhigt.«

Er las weiter vor: »Hey, ich habe mir den letzten Absatz noch mal durchgelesen. Gut, dass ich schon tot bin! (*Hahaha! Keep smiling, dude. Nevermind.*) Der große Bob hat es jedenfalls nicht hingenommen. Er ist zum coolen Gregor und hat gesagt: He, Mann, wenn du weiter in meiner Band spielen willst, dann gib mir die Göttin. Und Gregor hat ihn angesehen, als wisse er gar nicht, worum es geht. Du willst Vera?, hat er gefragt. Dann nimm sie dir doch. Mich interessiert sie nicht. Und dann hat er gegrinst und sich umgedreht auf seinem Bett in seiner Dachkammer. Hat dem großen Bob den Rücken zugekehrt und angefangen zu schnarchen. Also hat Bob seine Zigarette in Gregors Bett geworfen. Und ist aus der Wohnung gegangen.«

Jan brach ab. Olaf Kranz sog zischend Luft ein.

»Ist es das, was Bob gesagt hat? Dass er Gregor Vasteels auf dem Gewissen hat?«, fragte Jan.

»Ja. ›Ich habe Gregor umgebracht, verzeiht mir‹. Das ist, was Bob gesagt hat.« Er sah Jan in die Augen und schüttelte den Kopf. Jan zog fragend die Brauen zusammen.

»Glauben Sie ihm nicht?«

»Ich glaube ihm schon, was die Zigarette angeht«, sagte Olaf Kranz nach etlichen Augenblicken. »Aber ich glaube nicht, dass er Gregor umgebracht hat.«

*

Er sah sie, als er aus dem Fenster klettern wollte. Sein Blick bohrte sich in ihren, sie wollte zurückweichen, doch hinter ihr stand alles in Flammen. Mit ein paar schnellen Schritten war er bei ihr und zog sie zum Fenster. Gemeinsam kletterten sie hinüber zum offenen Dachfenster des Nebenhauses. Sie kannte den Weg, sie war ihn schon einmal gegangen. Als sie drinnen waren, packte er sie brutal und zog sie nah zu sich heran. Sie roch Alkohol in seinem Atem. »Kein Wort zu niemandem, wenn du ihm nicht folgen willst«, sagte er. »Ja«, sagte sie. Sie zitterte, als er sie die Treppen hinunter hinter sich herzog.

*

Heiner spielte Schlagzeug. Jan hörte es bereits, als er in die Straße einbog. Es klang wirr und unkoordiniert, wahrscheinlich war er betrunken. Er schloss auf. Im Erdgeschoss war niemand. Lange stand er vor der Tür zum Keller, bevor er den Mut aufbrachte, sie zu öffnen. Langsam stieg er hinab. Als er die Tür zum Hobbyraum öffnete, sah Heiner auf und unterbrach sein Spiel. Jan entdeckte Marco, der halb versteckt hinter dem Schlagzeug auf dem Boden hockte. Er sprang auf, als er Jan sah. Vor Vergnügen quietschend fiel er ihm um den Hals.

»Jan! Kommst du spielen?«

»Gleich.«

Der Kleine lachte und rannte aus der Tür.

»Mach langsam«, rief Jan ihm nach

Heiner sah ihn verkniffen an. »Ist Johanna wieder da?«, fragte er undeutlich.

»Ich hab sie nicht gesehen.«

»Musste unbedingt weg. Keine Ahnung, warum. Wo warst du?«

»Bei Okay.«

Heiners Kopf sackte ein wenig nach vorn. Unter seinen feisten Brauen sah er zu Jan hoch.

»Aha«, sagte er nur. Sein Blick wurde vorsichtig.

»Bob hatte einen Hirntumor«, sagte Jan.

»Aha?«, sagte Heiner wieder, doch diesmal klang es nach echtem Interesse.

»Wir sollten den Kleinen oben nicht allein lassen«, sagte Jan.

»Tu dir keinen Zwang an. Geh halt wieder rauf.«

»Ich muss mit dir reden.«

»Scheiße.« Heiner hieb mit dem rechten Stock auf das Crash-Becken. »*Ich* muss aber nicht mit *dir* reden!«

»Nein«, sagte Jan, »das *musst* du nicht. Bist du sicher, dass du nicht *willst*?«

»Fick dich ins Knie.« Heiner schloss die Augen und begann, auf das Schlagzeug einzudreschen.

Langsam drehte Jan sich um. Er verließ den Raum und stieg die Treppe empor. Marco saß im Wohnzimmer inmitten eines unübersichtlichen Haufens aus Duplo-Steinen, Plastikkleinteilen aus Überraschungseiern und einem halben Hundert Matchbox-Autos.

»Jan!«, krähte er. »Komm spielen!«

»Opa ist besoffen«, sagte er, als Jan sich neben ihm niederließ.

»Wer sagt das?«, fragte Jan.

»Opa.«

Sie sortierten gemeinsam die Sachen in unterschiedliche Kisten, wobei die Auswahlkriterien von Marco festgelegt wurden. Jan reichte ihm die Teile an, und er legte sie in eine Kiste seiner Wahl. Im Keller trommelte Heiner unbeirrt unrhythmisch vor sich hin.

»Warum ist Opa besoffen?«, fragte Marco, ohne aufzusehen, während er alle blauen Teile aus der einen Kiste in einen Plastikeimer umräumte.

»Opa hat zu viel Bier getrunken«, sagte Jan.

»Und Schnaps«, ergänzte Marco. Immer noch sah ihn der Junge nicht an. »Du trinkst auch Schnaps«, stellte er fest.

»Manchmal.«

»Und warum trinkst du Schnaps?«

Jan sah flehend zur Decke. »Erwachsene mögen Schnaps. Für Kinder ist er ungesund.« Das Schlagzeugspiel im Keller war verstummt. Er hörte Heiner die Treppe heraufpoltern und war tatsächlich ein bisschen erleichtert.

»Opa ist doof, wenn er besoffen ist. Bist du auch manchmal besoffen?«

»Ja«, sagte Jan.

Heiner kam aus dem Keller.

»*Was* musst du mit mir bereden?«, fragte er lautstark, sobald er im Wohnzimmer stand.

Jan wies auf den Jungen und machte eine beschwichtigende Geste, aber Heiner war nicht beeindruckt.

»Was is? Haben wir Geheimnisse vor dem Jungen?«

»Könnte ja sein«, sagte Jan. Marco wandte Heiner und ihm den Rücken zu, auf eine Art, die zeigte, dass er Angst hatte, sich umzudrehen.

»Magst du ein bisschen allein spielen?«, fragte Jan.

»Nein«, antwortete Marco, wie aus der Pistole geschossen.

»Nur kurz. Opa und ich gehen in die Küche.«

»Ich komm mit.«

Heiner stieß ein höhnisches Schnauben aus. »Lass ihn ruhig mitkommen, deinen Liebling. Was macht es für einen Unterschied?«

»Nein«, sagte Jan. Sie starrten einander an, bis Heiner mit einem unterdrückten Fluch den Kopf wandte und aus dem Zimmer ging.

Jan beugte sich zu Marco hinunter. »Spiel einen Moment allein. Bitte«, flüsterte er ihm ins Ohr. Marco nickte. Als Jan sanft über die Wange des Kleinen strich, spürte er, dass sie nass war. Er folgte Heiner in die Küche.

»Der Kleine kann nichts dafür«, sagte er, als er die Tür geschlossen hatte.

»Scheiße. Ich vielleicht? Ich bin nicht sein verdammter Großvater.«

»Heiner! Er ist keine vier. Und er nennt dich *Opa*. Du *bist* sein Großvater.«

»Scheiße.« Heiner riss die Kühlschranktür auf und holte eine Flasche Bier heraus. »Ist die Letzte«, sagte er. »Wenn du auch eine willst, musst du zum Büdchen.«

»Bob hat einen Brief hinterlassen«, sagte Jan und erreichte damit immerhin Heiners Aufmerksamkeit.

Sein Blick wurde vorsichtig. »*Wem* hinterlassen?«

»Mir.«

»Dir? Wieso dir? Was hast du damit zu tun?«

»Mir hat er getraut.«

»Ach. Und mir nicht? Oder den anderen? Was steht drin, in dem Brief?«

»Bob war für das Feuer in Gregors Wohnung verantwortlich.«

»Bob?« Heiner ließ sich vorsichtig auf einem Küchenstuhl nieder und griff nach dem Flaschenöffner. »Hat *er* das gesagt?«

»Er hat es geschrieben.«

»Also hat *Bob* Gregor umgebracht?« Ein lauernder Ausdruck erschien in seinem Gesicht.

»Er hat das geglaubt. Zeit seines Lebens.«

Eine eklige Mischung aus Lachen und Husten brach aus Heiner hervor. »Bob!«, stieß er hervor. »Wer hätte das gedacht?«

»Bob hat das Feuer gelegt. Aber er war nicht der Letzte in der Wohnung«, sagte Jan.

»Wer sagt das?«, bellte Heiner.

Die Klinke wurde heruntergedrückt, und Marco sah herein. »Kommst du, Jan?«, fragte er weinerlich.

»Gleich«, antwortete Jan und bugsierte ihn sanft wieder hinaus.

»Also *wer* sagt das?«

»Olaf«, sagte Jan. »Olaf Kranz. Euer Trompeter.«

»Und woher will er das wissen? War er dabei?«

»Ja. Er war da. Unten auf der Straße.«

»Was hat er denn da gemacht?«

»Er war Bob gefolgt. Er wollte wissen, was er vorhat. Er sorgte sich um ihn. Er war nämlich in ihn verliebt.«

Heiner machte ein spuckendes, angewidertes Geräusch.

»Er hat gesehen, wie Gregor aus dem Fenster fiel«, fuhr Jan fort. »Und er hat gesehen, wer danach aus dem Nachbarhaus gekommen ist.«

Heiner starrte ihn an. »Nachbarhaus. Ja und?«

»Gregor wohnte in der Mansarde. Man konnte von dort leicht über das Dach ins Nebenhaus. Olaf sagt, alle in der Band wussten das, denn Gregor hat den Weg jedes Mal genommen, wenn er seinen Schlüssel vergessen hatte oder seinem Vermieter ausweichen wollte.«

»Wenn Olaf das sagt, dann muss es ja stimmen«, sagte Heiner.

»Stimmt es denn?«

»Keine Ahnung. Das ist dreißig Jahre her.« Er hob demonstrativ die Bierflasche. »Und mein Hirn ist *hier* drin.« Sein Atem ging schwer.

»Aber du weißt, wen er gesehen hat?«

Heiner sah zu Boden, die Bierflasche in der Rechten, und schüttelte langsam den Kopf. »Nnnnnein!«

Jan schloss die Augen. »Olaf hat *dich* gesehen«, sagte er. »Dich und Heidi Jung.«

Heiner sah hoch. Sein Unterkiefer schob sich wütend nach vorn. »Und *das* glaubst du?«

Jan zögerte kurz. »Ja«, sagte er dann.

Heiner explodierte förmlich auf seinem Stuhl. »Raus!«, brüllte er. »Verlass sofort mein Haus! Sofort! Oder ich ruf die Bullen!« Er hob drohend die Flasche, aber Jan entwand sie ihm mit einer schnellen Bewegung. Im Flur rief Marco nach ihm und weinte. Er versuchte, es zu ignorieren.

»Ruf die Bullen, wenn du willst«, sagte er ruhig. »Sie werden sowieso kommen.«

»Wegen so was? Weil einer vor dreißig Jahren aus einem Nachbarhaus gekommen ist? Glaubst du wirklich, die Bullen interessieren sich noch für Gregor Vasteels?«

»Nein. Aber für Heidi Jung.«

»Was ist mit ihr? Was habe ich mit ihr zu schaffen?«

»Sie wollte mir erzählen, wer Gregor umgebracht hat. Ich hab sie nicht ernst genommen, sonst hätte ich die Verabredung mit ihr nicht vergessen. Aber jemand anders *hat* sie ernst genommen. Jemand, der wusste, wo und wann wir verabredet waren. Jemand, der mich bei dem Telefonat mit ihr belauscht hat. Du.«

»Du spinnst ja.« Heiner atmete keuchend. »Warum hätte ich Gregor etwas antun sollen?«

»Weil er ein Verhältnis mit deiner Frau hatte.«

»Hat das Olaf erzählt? Die schwule Sau!«

»Nicht Olaf«, sagte Jan. »Bob.« Er zog Bobs Brief hervor, faltete ihn auf und begann vorzulesen.

»Ich hatte Erfolg: Gregor war tot – und Vera kam zu mir. Sie entschied sich nach seinem Tod für seinen Mörder. Sie, die Göttin, die Gregor einfach so aufzugeben bereit war: *Nimm sie dir*. Der coole Gregor brauchte die Göttin nicht. Denn er hatte seine eigene: Luzia. Luzia war mit Heiner verheiratet, und sie war eine gute Frau, aber sie konnte Gregor nicht widerstehen. Heiner tat so, als wisse er von nichts, aber im Suff hat er sie geschlagen. Dann ging sie natürlich erst recht zu Gregor.«

»Scheiße«, sagte Heiner. »*Das* hat Bob geschrieben?«

»Ja. Stimmt es denn?«

Heiner starrte ihn nur an und schnaubte.

Jan las weiter: »Vera wusste von Gregor und Luzia, und sie litt, aber sie war nicht die Einzige. Auch Heidi liebte Gregor, aber sie wusste, dass sie ihn niemals für sich haben würde. Trotzdem tauchte sie immer wieder bei ihm auf. Er machte sich lustig darüber, erzählte mir und den anderen, wenn er sie wieder mal auf seiner Türschwelle gefunden hatte ...« Jan ließ den Brief sinken. »Du warst da, Heiner. Vielleicht hattest du es nicht einmal vor, aber da war das Feuer, und du hast die Gelegenheit genutzt. *Du* hast Gregor aus dem Fenster geworfen. Aber Heidi war auch da. Und sie hat gesehen, was passiert ist. Sie hat dich gesehen. War es so?«

»Und wenn? Wer will das beweisen?«, brüllte Heiner. Sein Gesicht war krebsrot. Speichel lief aus seinem Mundwinkel. »Ich hab verdammt genug gebüßt für diese Scheiße, diese gottverfluchte Scheiße. Ich habe das Kind von einem andern großgezogen, das war *Luzias* Rache! Und dann? Dann hat sie sich umgebracht! Ohne mir zu sagen, wieso! Lässt mich allein, mit dem Kind. Scheiße! Ich hab genug bezahlt! Und jetzt kommt diese versoffene Schlampe und droht mir mit der Polizei! Ich habe sie ... ich ...« Er rang nach Atem und griff sich an die Brust. Marcos Schreien in der Diele wurde hysterisch. Jan öffnete die Küchentür, doch im selben Moment schloss Johanna die Haustür auf. Sofort stürzte sie auf Marco zu, der ihr um den Hals fiel und schreiend um Trost bettelte.

»Was ist hier los?«, fragte sie.

»Opa und Jan streiten«, stieß Marco hervor.

»Wo ist Vater?«

»Hier in der Küche«, sagte Jan. »Er ist betrunken.«

Den Jungen auf dem Arm, drängte sie an ihm vorbei durch die Küchentür. Heiner stand am Tisch. Mit beiden Händen hielt er sich daran fest und starrte auf Bobs Brief, der dort lag. Er schüttelte den Kopf.

»Kann keiner beweisen«, sagte er.

Plötzlich schien es, als würde die Luft aus seinem Körper gelassen. Seine Knie knickten ein, der Mund öffnete und schloss sich, ohne dass ein Geräusch zu hören war.

»Vater!« Johanna setzte den immer noch schreienden Jungen ab und versuchte, Heiner aufzufangen. In der Enge der Küche gelang es Jan nicht, ihr zur Hilfe zu kommen. Sie konnte den schweren Mann nicht halten. Gemeinsam mit ihm ging sie zu Boden.

Heiner starrte an ihrem Kopf vorbei zur Decke, er rührte sich nicht, nur sein Atem ging rasselnd.

*

Er wartete auf Johanna. Der Notarzt hatte einen Schlaganfall diagnostiziert. Sie war mit im Rettungswagen ins Krankenhaus gefahren, das war vor zwei Stunden gewesen. Jan bereitete ein Abendbrot für Marco und sich. Dann steckte er den widerstrebenden Kleinen in die Badewanne und verbrachte ihn mühsam und unter Vorlesen zahlreicher Kleiner-Eisbär-Episoden ins Bett. Als der Junge eingeschlafen war, blieb Jan noch am Bett sitzen und lauschte den gleichmäßigen Atemzügen des Kindes. Er versuchte, an nichts zu denken, aber es wollte ihm nicht gelingen. Schließlich ging er in die Küche hinunter. Immer noch lag Bobs Brief da. Lange starrte er darauf. Er hatte Heiner nicht alles vorgelesen, und trotzdem hatte es gereicht, ihn niederzustrecken. Er blätterte ihn auf und las.

»Nach Gregors Tod kam Luzia zu mir, um zu trauern. Zu mir, nicht zu Heiner. Denn er trauerte gar nicht um seinen Nebenbuhler – wer will es ihm verdenken. Luzia blieb bei mir, die ganze Nacht. Ich glaube nicht, dass Heiner das weiß, aber wie kann ich sicher sein? Ich habe weder ihn noch Luzia wieder gesehen, nachdem ich fortgegangen war. Ich tröstete also Luzia, ich liebte Vera, tröstete auch sie, Vera trauerte um Gregor, Richard liebte Vera und hasste mich dafür, mit ihr zusammen zu sein, Heiner war froh, dass Gregor tot war, und Okay war in mich verknallt und verstand nicht, was vorging. Niemand *verstand*, was vorging. Es war ein Kraftfeld aus Emotionen, das am Ende einfach nicht mehr zu kontrollieren war. Die Band zerriss schließlich durch diese Spannung. Von heute aus betrachtet glaube ich, dass es diese Kraft war, diese immensen *Vibrations*, die unsere Musik hat groß werden lassen. Aber am Ende war es nicht mehr zu ertragen, für mich nicht und für die andern auch nicht. Die Band musste daran zerbrechen, und jeder von uns hat gelitten. Die Blicke zwischen Richard und mir, zwischen Heiner und seiner Luzia, oder Okay, der an meinen Rockschößen hing wie ein kleiner Hund, bis ich ihn verjagt habe, wir mussten uns trennen, sonst wäre vielleicht *noch* ein Mord passiert. Die Band ist zerbrochen und ich auch. Mein Inneres dörrte aus unter der Last meines Gewissens. Ich habe versucht, die Erinnerung zu verdrängen, aber es gelang mir nicht. Vielleicht war das Schlimmste das Wissen, Veras Liebe geraubt zu haben. Und diese Liebe hielt nicht, konnte nicht halten. Vera hat mich verlassen, und auch meine Liebe zu ihr. Auch sie konnte das Wissen nicht ertragen, wurde jeden Tag kleiner und weniger, und eines Morgens wachte ich auf und konnte sie nicht wieder finden. Sie war fort und kehrte nicht zurück. Nur das Verlangen war noch da, und blieb. Sechzehn Jahre habe ich es ertragen, dann ging es nicht mehr. Ich brauchte Veras Verzeihen. Ich habe sie aufgesucht. Sie war schön und stark wie je, sie hatte eine Tochter, die schon zwölf wurde – natürlich nicht von mir. Sie hat sich jemand anderen dafür gesucht, nicht Bob. Ich habe gestanden, was ich ihr angetan habe. Es hat ihr den Verstand geraubt. Es war der schrecklichste Moment in meinem Leben, als sie mich ansah und fragte: ›Wie sind Sie hier hereingekommen? Ich kenne Sie nicht.‹ Ich habe ihr in die Augen gesehen und nicht für eine Sekunde geglaubt, dass sie scherzt. Ich wollte Verzeihung, aber sie hat mich aus ihrem Leben geworfen. Ich existierte nicht mehr, an dem einen Platz, an dem es mir wichtig war zu sein, existierte ich nicht mehr, war eliminiert. Ich bin davongeschlichen wie ein Dieb in der Nacht. Die Sonne schien, es war ein goldener Tag im September, aber für mich war nur noch Dämmerung. Meine Musik ist immer schwächer geworden, über all die Jahre schon, und es wurde schlimmer und schlimmer. Aber sie merken es nicht. Niemand merkt es, nur ich selbst, und das umso genauer. Sie applaudieren immer, aber der Applaus ist so schal wie die Musik, die sie dafür kriegen. Der große Bob Keltner bestand am Ende nur noch aus einer leeren Hülle. Sagt es ihnen, wenn ihr wollt, sie werden es nicht glauben.«

Jan legte den Brief aus der Hand. Er las ihn nun schon zum dritten Mal, aber es wurde nicht leichter, ihn zu ertragen. Er rieb sich die Stirn. In seinem Zimmer lag der andere Umschlag, adressiert an Vera. Er konnte sich kaum vorstellen, ihn ihr tatsächlich zu geben, aber er wusste, dass er keine Wahl hatte. Es stand ihm nicht zu, Vera Petalovich die Entscheidung abzunehmen. Er musste Bobs letzte Aufgabe für ihn erledigen.

Mit müden Augen las er weiter:

»Nun sitze ich hier – irgendwo im *Hotel Nowhereland* –, und schreibe auf, was ich für wichtig halte. Seit einem Monat weiß ich, dass ich sterben werde. Und wenn ihr das lest, hat das Vierteljahr, das sie mir gegeben haben, nicht gereicht, mir den einen Wunsch noch zu erfüllen: die leere Hülle, die Bob Keltner war, noch einmal mit der Kraft der Musik zu füllen. Ich hatte die Hoffnung, aber sie hat sich nicht erfüllt. Hat der Typ, der die großen Schrauben stellt, anders entschieden, oder fand es einer von euch gerecht, mein Leben noch weiter zu verkürzen? Sei's drum: Es ist vorbei. Ich hatte eine Reihe sehr guter Jahre, aber ich hoffe, dass sie mir die letzten zweiunddreißig in der Hölle anrechnen. *Adios Muchachos.*

Bob Keltner
Brüssel, im März 2004«

Jan faltete den Brief sorgfältig zusammen und steckte ihn ein. Er fror. Die Uhr an der Wand tickte leise, das war das einzige Geräusch im Raum. Als er draußen einen Wagen halten hörte, sprang er auf und sah aus dem Fenster. Johanna stieg aus einem Taxi. Jan beeilte sich, ihr zu öffnen. Mit hängenden Schultern kam sie auf ihn zu, lehnte sich an ihn, als sie ihn erreichte. Er strich über ihr Haar.

»Er liegt im Koma«, sagte sie leise. »Sie haben keine Hoffnung.«

Sie ging voran in die Küche und setzte sich, ohne die Jacke auszuziehen. Jan blieb in der Tür stehen. Er schwieg.

»Marco im Bett?«, fragte sie, ohne aufzusehen.

»Ja.«

»Holst du mir einen Schnaps?«

»Klar.« Er ging ins Wohnzimmer und fand noch eine Flasche Sechsämtertropfen im Schrank. Er brachte sie in die Küche.

Johanna weinte. Als er hereinkam, putzte sie sich hastig mit einem zerfledderten Papiertaschentuch die Nase.

Er schenkte zwei Gläser ein. Sie tranken schweigend, und er

füllte sie erneut. Mit steifen, ungelenken Bewegungen schälte sie sich aus ihrer Jacke und ließ sie achtlos zu Boden gleiten.

»Worüber habt ihr gestritten?«, fragte sie.

Jan sah zu Boden. »War nicht so wichtig«, sagte er.

Zu seiner Erleichterung insistierte sie nicht. »Ich war bei der Polizei, heute Nachmittag«, sagte sie stattdessen. »Um ihnen zu erzählen, dass ich in Bobs Zimmer war.«

»Und?«

»Ich weiß nicht, es war komisch. Zuerst haben sie gefragt und gefragt. Was ich von ihm wollte. Warum wir nicht geredet haben. Immer wieder. Da habe ich ihnen gesagt, dass er vielleicht mein Vater ist ... war. Sie haben gesagt, das könnten sie feststellen, in ein paar Tagen. Und dann ...«, sie griff wieder nach ihrem Glas, »... dann kam ein Anruf. Ich weiß nicht, wer da angerufen hat. Der Kommissar hat in den Hörer gefragt: ›Ist das Ihr Ernst?‹, dann musste ich rausgehen, auf den Flur. Und dann kam der andere Polizist raus, dieser Jürgens, und hat gesagt, ich könne gehen. Einfach so. Also bin ich nach Hause. Und ab da weißt du ja ...« Sie begann wieder zu weinen. »Was mach ich denn jetzt?«, fragte sie.

Jan wusste es nicht.

*

Sie hörte den Motor laufen, als sie aus der Schule kam, und dachte sich nichts dabei. Mutter war nicht in der Küche. Sie suchte nach ihr und fand sie nicht im Haus, also ging sie zur Garage. Das Tor war zu, und nun wunderte sie sich zum ersten Mal über das Motorgeräusch. Das Tor war verschlossen, auch die Tür an der Seite. Sie holte einen Stuhl von der Veranda und kletterte darauf, um durch das kleine Fenster zu sehen. Ihre Mutter saß auf dem Fahrersitz und schien zu schlafen. Plötzlich hörte sie die Stimme ihres Vaters. »Was machst du da?«, fragte er. Er trat neben sie und sah in die Garage. Sie verstand nicht, warum er zu weinen begann.

*

»Da rein?«, fragte der Fahrer misstrauisch. Jan nickte, und der Mann steuerte vorsichtig den schmalen Waldweg entlang. Das Taxameter stand bei fast siebzig Euro, aber der Fahrer würde Jans Kreditkarte akzeptieren, und um einen in seiner finanziellen Gesamtsituation letztlich zu vernachlässigenden Betrag zu sparen, war Jan nicht zu einer Odyssee mit der Bundesbahn bereit gewesen.

Vera Petalovich stand in Gummistiefeln vor ihrem Haus und sah dem Wagen entgegen. Der Fahrer fragte erwartungsvoll, ob er warten solle, aber Jan schickte ihn nach Köln zurück. Er stieg aus und ging mit gemischten Gefühlen auf Vera zu.

Göttin in Gummistiefeln, dachte er, als er näherkam, und er meinte das durchaus respektvoll. Ihm fiel auf, dass sie hier, in ihrem Reich, ein natürliches Selbstbewusstsein ausstrahlte, das ihr gestern, beim Ausflug in ihre Vergangenheit, gänzlich abgegangen war. Jan sah sie noch vor sich, mit verschlossenem Gesicht am Flügel, ihrer selbst und der Situation nicht sicher, obwohl sie gespielt hatte, wie wohl nur sie es vermochte.

Sie kam auf ihn zu, so gemessen man in Gummistiefeln gehen konnte. »Ihr Anruf hat mich überrascht, Herr Richter«, sagte sie mit ernstem Lächeln und streifte den Arbeitshandschuh von der Rechten, um ihm die Hand zu reichen. »Einen Kaffee?«

»Gerne«, sagte Jan und folgte ihr ins Haus. Zum zweiten Mal nahm er in dem Chrom-Leder-Sessel unter Vera Petalovichs Kalligraphien Platz, während seine Gastgeberin in der Küche verschwand. Hinter der Glastür des Ofens brannte ein ansehnliches Holzfeuer. Jan zog den Umschlag aus der Tasche und legte ihn vor sich auf den Glastisch.

Vera kam mit Tassen und einer Thermoskanne ins Zimmer zurück. Als sie das Tablett auf dem Tisch abstellte, entdeckte sie den Umschlag. Sie hielt inne. Erwartung, Angst, Hoffnung und Trauer – es war eine ganze Reihe von Empfindungen, die Jan in ihrem Gesicht entdeckte, während sie ruhig dastand und auf den Brief hinabsah.

»Der ist von Bob«, sagte sie, als gäbe es gar keine andere Möglichkeit. Sie setzte sich, ohne den Blick von dem Umschlag zu nehmen. Der Kaffee war vergessen. »Hat er an die anderen auch geschrieben?«

»Nein«, sagte Jan. »Nur mir.«

»Ihnen?« Jetzt erst hob sie den Blick von dem Brief. Ihre Blicke trafen sich, und plötzlich schüttelte sie heftig den Kopf. »Nein«, sagte sie, und noch einmal: »Nein. Ich werde *nicht* fragen, was er Ihnen geschrieben hat. Was ich nach Bobs Willen erfahren soll, wird hier in *diesem* Brief stehen. Alles andere geht mich nichts an.«

»Ich weiß nicht ... Da ist etwas, das Sie wissen sollten, bevor sie ihn lesen.«

Sie schwieg fragend.

»Bob hat geglaubt, er ...« Jan unterbrach sich mit einer hilflosen Geste. »Sie wissen ja gar nicht, was er Ihnen erzählt hat, bei seinem letzten Besuch, oder?«

»Nein. Das weiß ich nicht. Wissen Sie es?«

Jan nickte.

»Und? Meinen Sie, ich sollte es wissen?«

»Nein«, sagte er. »Es war nämlich nicht die Wahrheit. Er hat sich geirrt.«

Sie nahm den Umschlag in beide Hände, ohne irgendwelche Anstalten, ihn zu öffnen. Nachdenklich sah sie ihn an. »Und dieser Irrtum steht hier drin«, sagte sie, wieder in einem Ton, als gäbe es gar keine andere Möglichkeit.

»Ja«, sagte Jan. »Er hat sich sein Leben lang geirrt.«

»Das tun wir alle.« Mit langsamen Bewegungen griff sie nach der Thermoskanne und schraubte sie auf, ohne hinzusehen. »Weiß die Polizei von diesem Brief?«, fragte sie.

»Nein. Nur Sie und ich. Olaf Kranz weiß von dem Brief an mich, aber nichts von diesem. Wenn Sie es nicht wollen, wird niemand davon erfahren.«

Sie nickte, ohne ihn anzusehen. »Bob hat Ihnen vertraut«, sagte sie. »Ich tue es auch.« Der Umschlag lag vor ihr auf dem Tisch. Sie stellte die Kanne wieder ab, ohne Kaffee eingeschenkt zu haben. Dann bedeckte sie den Brief mit den Handflächen und schloss die Augen. Regungslos saß sie da, nicht einmal ihr Atmen konnte Jan wahrnehmen. Ein Scheit im Ofen knackte, in der Stille des Raumes klang es wie ein Schuss. Vera reagierte nicht. Dann, ohne jede Ankündigung, sprang sie von ihrem Stuhl auf. Den Umschlag in der Hand, war sie mit drei schnellen Schritten am Ofen, öffnete die Tür und warf ihn hinein. Dann kniete sie sich vor die offene Klappe des Ofens und sah lächelnd dem Spiel der Flammen zu. Erst als auch der letzte Rest des Papiers verglommen und verweht war, stand sie wieder auf; bleich, aber ein Ausdruck von Kraft war in ihren Augen.

Jan hatte zunächst eine spontane Bewegung in ihre Richtung gemacht, alles in ihm wollte den Brief retten, aber er hatte inne gehalten. Es war zu spät – und es war nicht seine Aufgabe. Vera Petalovich hatte sich entschieden. Gegen die Irrtümer ihrer Vergangenheit, und es stand ihm nicht zu, nach dem »Warum« zu fragen.

»Bob hat Ihnen geschrieben«, sagte Vera. »Er hat Ihnen seine Irrtümer anvertraut. Jetzt sind Sie im Besitz von Antworten auf einige sehr alte Fragen. Aber ich werde diese Fragen nicht stellen, Herr Richter.« Sie lächelte ihn an, und er meinte eine Träne in ihrem Augenwinkel zu sehen.

»Gut«, sagte Jan. »Ich denke, das ist gut.« Er erhob sich und reichte ihr die Hand. »Ich werde jetzt gehen.«

Sie ergriff die Hand und schüttelte sie. »Danke«, sagte sie.

»Darf ich Ihnen noch eine Frage stellen?«, sagte er, als er seine Jacke bereits anhatte.

»Bitte«, antwortete sie.

»Was haben Sie mit der Haarsträhne gemacht, die Sie mir beim letzten Mal abgeschnitten haben?«, fragte er.

»Ich habe sie dem Wind gegeben«, sagte sie ernst.

»Dem Wind?« Jan sah sie verblüfft an. »Und was hat der damit gemacht?«

Unter den gehobenen Brauen erschien ein Lächeln in ihren Augen, versehen mit einer Prise Spott. Die Träne war verschwunden. »Wie«, antwortete sie, »könnte ich *das* wohl wissen?«

*

»Ich hab's schon gehört«, sagte Löwenstein, ohne seinen Blick von den Kugeln vor sich zu nehmen. Er versenkte die angepeilte Rote mit einem satten Klacken.

»Jemand hat ihm den Schädel eingeschlagen«, sagte Jan. »Mit einer Tischlampe.«

Löwenstein stieß ein leises, mitleidiges Lachen aus. »Hat man nicht auch Drogen gefunden?«

»Medikamente.«

»Opium, immerhin.«

Jan lehnte sich neben den Queuehalter an die Wand. Ihn fröstelte, seine Jacke war feucht vom Regen, der wieder eingesetzt hatte, als gehöre ihm die Welt.

»Woher weißt du das?«, fragte er.

»Verbindungen«, antwortete Löwenstein lässig, »gehören zum Geschäft.« Klack, machte es wieder.

»Weißt du noch was, was ich nicht weiß?«, fragte Jan.

»Auch wenn man ihm den Kopf *nicht* eingeschlagen hätte: Lange hätte er es ohnehin nicht mehr gemacht. Er hatte wohl einen Hirntumor.« – Klack – »Aber es stehen noch Untersuchungen aus.« Löwenstein unterbrach sich bei der Vorbereitung seines nächsten Stoßes und sah auf. »Woher weißt du von den Medikamenten?«

»Von ihm selbst.«

»Schau an …« Löwenstein beugte sich wieder über den Tisch. »Du hast also versucht, mich in ein Geschäft mit einem todkranken Junkie hineinzuziehen?« Er versenkte eine Kugel im rechten Mittelloch.

»Nein. Er hat es mir erst postum mitgeteilt, sozusagen.«

»Was soll das heißen?«

»Keltner hat mir einen Umschlag zur Aufbewahrung gegeben, bis nach dem Konzert. Wenn das Konzert nicht stattfände, sollte ich damit machen, was ich will.«

»Und? Hast du ihn aufgemacht?«

»Ja.«

»Unterschlagung von Beweismitteln nennt man so was.« Der nächste Stoß ging knapp, aber doch deutlich daneben. »Aber keine Angst. Ich verpfeif dich nicht. Ist nicht meine Art.« Er richtete sich auf und sah Jan an, mit der Art von gütiger Miene, mit der Marlon Brando Angebote zu machen pflegte, die man nicht ausschlagen konnte. »Hast du dir überlegt, ob du nicht doch mein

Geschäftsführer werden willst? Wenn du ›Ja‹ sagst, bau ich dir hier einen tollen Club rein. Was sag ich, Club – einen Jazz*palast*.«

»Du weißt doch, dass ich meine Clubs lieber selbst aufbaue«, antwortete Jan.

»... und immer wieder damit Pleite gehst. Wann wirst du endlich schlau?«

Jan zuckte die Achseln. »Wenn ich erwachsen bin.«

Löwenstein wandte sich wieder dem Pooltisch zu. »Kann ich sonst noch was für dich tun?«

»Du kannst mir einen Rat geben.«

Er lachte und drehte sich Jan wieder zu. »Was hast du ausgefressen?«

»*Ich* nichts.«

»Wer denn?«

»Sagen wir: Ich weiß etwas, das ich lieber nicht wüsste.«

»Dann vergiss es einfach wieder«, sagte Löwenstein. »Mach ich immer so. War noch nie falsch.« Löwenstein ging um den Tisch herum, auf der Suche nach der nächsten Stoßposition.

»Und wenn es um Mord geht?«, fragte Jan.

Löwenstein richtete sich auf und sah ihn an.

»Dann erst recht.«

»Das ist dein Rat?«

»Das ist mein Rat.«

»Gut. Danke.«

»Was hast du jetzt vor? Bleibst du in der Stadt?«

»Nicht länger als nötig.« Jan stieß sich von der Wand ab und ging die Stufen der ehemaligen Bühne hinunter. Der Bühne, die *er* gebaut hatte, in *seinem* Jazzclub. Auf der jetzt ein Pooltisch stand.

»Übrigens: Haben die Bullen diese DNA-Geschichte bei dir gemacht?«, rief Löwenstein ihm nach.

»Ja«, antwortete Jan.

»Dann kriegen sie dich! Egal, was du angestellt hast!«

»Ich hab nichts angestellt.«

Löwenstein lachte knurrend. »Irgendwas hat jeder angestellt.« Er beugte sich wieder über den Pooltisch. Ohne sich noch einmal umzudrehen, ging Jan zur Tür. Ilja saß auf einem Barhocker neben der Kasse. Er trug Walkman-Kopfhörer und nickte Jan grinsend zu. Jan ignorierte ihn und ging hinaus.

Der Regen hatte die Asche auf dem Parkplatz schwer gemacht. Er schlug den Kragen der Regenjacke hoch und zog die Kappe ins Gesicht. Von der Straße aus warf er noch einen Blick auf das ehemalige »Cool Moon«, dann ließ er es hinter sich zurück.

*

Bob öffnete auf sein Klopfen und grinste, wie er immer gegrinst hatte, aber er meinte zu spüren, dass ihm etwas fehlte. »Komm rein«, sagte Bob, und er folgte ihm ins Zimmer. »Eben war ein Mädchen da. Wirklich komisch. Klopft an die Tür, kommt rein und sagt kein Wort. Und dann ist sie wieder gegangen. Echt seltsam. Kam mir vor, als würde ich sie kennen, aber ich kann mich nicht erinnern, woher.« Er rieb sich mit geschlossenen Augen den Hinterkopf, als habe er Schmerzen. »Bob, sag mir die Wahrheit. Weshalb bist du wieder hier?« Bob sah ihn ernst an. »Wegen euch«, sagte er. »Wegen euch allen. Sogar wegen dir. Lasst mich noch einmal mit euch spielen. Bitte.« Er schloss die Augen wieder. Plötzlich zuckte er zusammen, wie vom Blitz getroffen. Halt suchend griff er um sich und riss die schwere Lampe vom Tisch. Sie zerschellte auf dem Boden. Er machte ein, zwei unsichere Schritte, dann fiel er nach hinten. Sein Hinterkopf schlug in den Scherben der Lampe auf. Er lag still, nur seine Lippen bewegten sich noch. »Hilf mir«, flüsterte er. Richard Jung drehte sich um und ging aus dem Zimmer.

*

Johanna sah nicht auf, als er hereinkam. Sie saß mit Hauptkommissar Schneider in der Küche, ihr Blick war abwesend starr, und ihre Augen lagen in dunklen Höhlen. Jan sah, dass sie geweint hatte. Schneider nickte ihm zu, als er die Küche betrat, aber er sagte nichts.

»Was ist denn los?«, fragte Jan.

Johanna löste sich aus ihrer Starre und stand auf, hastig. »Er wird dir alles erzählen«, sagte sie. Immer noch sah sie weder ihn noch Schneider an. Sie verließ die Küche und lief die Treppe hoch.

»Wo ist der Junge?«, fragte Jan.

Schneider zuckte die Achseln. »Scheint nicht im Haus zu sein. Nehmen Sie doch Platz.«

Jan setzte sich auf Johannas Stuhl. »*Was* werden Sie mir erzählen?«

»Unsere Ermittlungen sind weitgehend abgeschlossen«, sagte Schneider. »Erlauben Sie, dass ich rauche?«

»Geben Sie mir bitte auch eine«, antwortete Jan.

Schneider gab ihm Feuer, und beide atmeten tief den Rauch ihrer Zigaretten ein.

»Zu unserem Erstaunen waren doch mehr Leute in Mister Keltners Zimmer, als anfangs angenommen. Noch vor Frau Küfermann, die uns das gestern berichtet hat, meldete sich der Anwalt von Herrn Jung – das ist übrigens Ihr Dr. Liesegang – und berichtete, entgegen seiner ersten Aussage sei Herr Jung doch in Keltners Zimmer gewesen. Damit ist er den Ergebnissen unserer Spurenauswertung nur ganz knapp zuvorgekommen. Herr Jung habe ein privates Gespräch mit Herrn Keltner geführt und dann das Zimmer verlassen. Damit waren nur Frau Petalovich und die Herren Küfermann und Edelhoff *nicht* in Keltners Zimmer, bevor er starb. Allerdings …«, Schneider zog an der Zigarette und schüttelte wie bedauernd den Kopf, »… allerdings ist Keltner gar nicht ermordet worden. Nach dem Ergebnis der Obduktion ist er eines natürlichen Todes gestorben. Der Mann hatte mehrere Tumore im Körper, unter anderem im Gehirn. Die Spurensicherung hält es für wahrscheinlich, dass er im Todeskampf die Lampe vom Tisch gerissen hat und beim Sturz mit dem Kopf darauf geschlagen ist.«

Jan dachte an Bobs Brief. »… *die leere Hülle, die Bob Keltner war, noch einmal mit der Kraft der Musik zu füllen.*« Bob hatte sein Ziel denkbar knapp verpasst.

»Damit wäre der Fall Keltner abgeschlossen; bleibt der Fall Heidi Jung. Und damit … kommen wir zu den schlechten Nachrichten. Herr Küfermann ist vor wenigen Stunden gestorben, ohne das Bewusstsein wiedererlangt zu haben.«

»O Scheiße«, flüsterte Jan.

Schneider redete ungerührt weiter. »Die zweite schlechte Nachricht: Unser Labor hat unter den Fingernägeln der toten Heidi

Jung Hautpartikel gefunden. Offenbar hat sie sich gewehrt. Diese Partikel waren trotz der relativ langen Zeit, die die Leiche im Wasser gelegen hat, ausreichend für eine DNA-Analyse. Und die ergab zweifelsfrei, dass die Partikel von Heiner Küfermann stammten.«

»Aha«, sagte Jan nur. Es gelang ihm nicht, Überraschung vorzutäuschen. Schneider sah ihn unter hochgezogenen Brauen an.

»Das beweist zwar, dass Küfermann für ihren Tod verantwortlich war. Aber es bleiben Fragen: Die wichtigste wäre die nach dem Motiv. Ihre Reaktion ermutigt mich zu der Frage, ob *Sie* mir dabei vielleicht helfen können?«

Jan rieb sich mit beiden Händen die Augen, aber der Druck hinter seiner Stirn wollte nicht nachlassen. »Das ist eine lange Geschichte«, sagte er.

»Ich habe Zeit«, antwortete Schneider.

»Gut. Ich muss nur ... Wenn Sie mich eben einen Moment entschuldigen würden«, sagte Jan und stand auf. Er schloss die Küchentür hinter sich und ging ins Wohnzimmer. Auf dem Tisch stand die Flasche Sechsämtertropfen. Er schraubte sie auf und führte sie zum Mund. Doch er hielt inne, bevor seine Lippen ihren Hals berührten. Lange Sekunden stand er regungslos, genoss den Duft der Kräuter und des Alkohols, der der Flasche entströmte. Endlich ließ er sie sinken. Sorgfältig schraubte er sie zu und stellte sie in den Schrank. Nach einem kurzen Zögern nahm er den Telefonhörer ab und wählte Quitérias Nummer. Er schloss erleichtert die Augen, als sie sich meldete.

»Ich bin's«, sagte er. Und dann: »Ich vermisse dich.«

»Kommst du zurück?«, fragte Quitéria.

»Ja«, antwortete Jan. »Ich komme zurück.«

»Das ist gut«, sagte Quitéria. Sie legte auf.

Jan lächelte.

»Geht's besser?«, fragte Schneider, als er wieder in die Küche kam.

»Ja«, sagte Jan. »Viel besser.«

*

Er hatte dem Jungen hundert Escudos versprochen, wenn er ihm den Weg zeigen würde. Der Kleine führte ihn zu einer schäbigen, von Unrat umgebenen Hütte. Er gab ihm das Geld, und der Junge rannte davon. Ein alter Schwarzer erschien in der Tür. Lange musterte er ihn misstrauisch, doch dann fragte er: »Bist du das, Bob?« – »Ja, Jojo«, antwortete er. Er ging auf den Mann zu, und sie umarmten sich lange. »Seit wann lebst du hier, Jojo?«, fragte er, als sie an einem wackeligen Tisch in dem nach Katzenurin stinkenden Wohnraum saßen. »Seit ich in die Hölle gekommen bin«, antwortete der Alte. Er grinste zahnlos, aber als er Bobs Blick bemerkte, wurde er ernst. »Manche von uns kommen in die Hölle, obwohl sie noch leben«, sagte er. »Aber mir scheint, du weißt das schon.« – »Ja«, antwortete Bob. »Ich weiß das schon.«

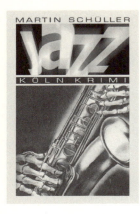

Martin Schüller
JAZZ
Broschur, 210 Seiten
ISBN 3-89705-166-4

*»Liest sich wie ein Kölsch
nach dem anderen.«*
Die Zeit

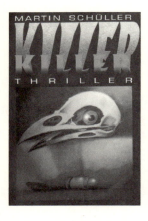

Martin Schüller
KILLER
Broschur, 208 Seiten
ISBN 3-89705-223-7

*»Ein fesselndes Netz aus
Wirren und Verstrickungen.«*
Choices

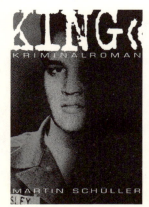

Martin Schüller
KING
Broschur, 352 Seiten
ISBN 3-89705-254-7

»Subtil und atmosphärisch.«
Badische Zeitung